The Most Freedom Scientist in History:

A New Reading of Karl Marx's Capital

NEWTON, MAXWELL, MARX:
Spirit, Freedom, and the Scientific Vision

THOMAS K. SIMPSON

Translated by Kaykhosro Daryabeigi

DORRANCE
PUBLISHING CO
EST. 1920
PITTSBURGH, PENNSYLVANIA 15238

Dorrance Publishing Co
585 Alpha Drive
Suite 103
Pittsburgh, PA 15238
Visit our website at *www.dorrancebookstore.com*

ISBN: 979-8-89211-151-5
eISBN: 979-8-89211-649-7

تا انسان

چون خورشید راستین خویش

به دور خود بگردد!

این ترجمه را به مادر و پدر، به فرزندان، به خانواده ی سخت کار، به تمامی کارگران کارخانه ها، کارگران خانگی، کودکان کار و زحمتکشان در شهر و روستا که ناخواسته تمامی کمبود ها و کاستی ها، بار تولید و باز تولید این جهان را بر دوشهای خسته و تن های در هم شکسته شان می کشند، و به تمامی روشنفکران، اندیشمندان و دانشمندانی که به راه های گوناگون زنجیره ی تکامل یا رشد و توسعه ی بینش انسانی را به پیش برده و می برند و به ویژه به مارکس که راه آزادی راستین انسان را گشوده و معیار آن را در اختیار ما قرار داده است و از جانب او به یکایک انسانها پیش کش می کنم.

سپاسگزاری:

در اینجا لازم است از تمامی کسانی سپاسگزاری کنم که بدون دلگرمی، همراهی و پیشنهادهای ارزنده در واژه یابی، ویراستاری، طراحی جلد و صفحات ویژه کتاب و راهنمایی های آنها در مورد چگونگی انتشار، این کتاب نمی توانست به گونه امروزین منتشر بشود و از کمبودهای بیشتری برخوردار می بود.

معرفی نویسنده

توماس ک. سیمپسون معلم کالج سنت جان در آناپولیس در ایالت مریلند و سانتافه در ایالت نیومکزیکو در آمریکا بود. او در دانشگاه آمریکایی قاهره تدریس کرده و یکی از بنیانگذاران" مدرسه ی کی" (The Key School) در آناپولیس (Annapolis) در ایالت مریلند (Maryland) بود. او در مؤسسه پلی تکنیک رنسلر (Rensslaer)، کالج سنت جان (St. John's College)، دانشگاه وسلین (Wesleyan University) و دانشگاه جان هاپکینز (Johns Hopkins University) تحصیل کرد، جایی که در سال ۱۹۶۸ دکترای خود را در تاریخ علم دریافت کرد. پس زمینه ی او همچنین شامل مهندسی و ادبیات کلاسیک بود. طیف گسترده علائق سیمپسون شامل مدارس، موزه ها و به طور کلی گسترش آن چیزی بود که جورج اِلدِر دِیوی (George Elder Davie) "هوش دموکراتیک" نامیده است.

فهرست مطالب

پیش درآمد مترجم

مختصری در باره چرایی و ضرورت ترجمه ی مقاله کنونی

این کتاب در واقع شامل مجموعه ای از سه مقاله ی جدا گانه میباشد که نویسنده در مورد نیوتن، ماکسول، و مارکس در بین سالهای ۱۹۸۶ تا ۱۹۹۲ برای دایرهٔالمعارف بریتانیکا نوشته است. این سه مقاله در این کتاب گرد هم آمده و مقدمه ای بر آن نگاشته شده است که در آن به معرفی دیالکتیک افلاطون به عنوان آغاز داستان و برداشت نویسنده از آن پرداخته و سپس به گونه مختصری روند زندگی و شکل گیری نظرات نیوتن و ماکسول را توضیح می دهد. اما، در مورد مارکس، به روند زندگی او اشاره ای نمی کند و تمامی مقدمه خود را به این اختصاص می دهد که چرا سرمایه ی مارکس نه تنها یک کار علمی بلکه بینشی از علم را به دست می دهد که راهگشای مشکلات انسان است.

اما اینکه چرا تمامی کتاب ترجمه نشد، به خاطر اصرار دوستانی بود که متن را دیده و خواهان آن بودند که همین قسمت انتشار بیابد و قسمتهای بعدی در چاپ (های) بعدی آورده شوند. دلیل آن بود که اگر چه به نیوتن و ماکسول به لحاظ علمی و اهمیت آنها در شناخت روند دیالکتیک بایستی پرداخته شود، اما در شرایط اجتماعی فعلی ایران، شناختی درست تر از آزادی خواهی فراموش شده ی مارکس و کمک به کسانی که میخواهند مارکس و بویژه کتاب سرمایه را بخوانند از اهمیت عملی بیشتری برخوردار است. بنابراین، ترجمه ی فعلی به پیش در آمد نویسنده و مقاله ی او در باره ی مارکس بسنده کرده است. امید است که قسمتهای مربوط به نیوتن و ماکسول هم ترجمه شده و در چاپ (های) بعدی مورد استفاده ی همگان قرار گیرند.

دلایل عنوان "مارکس آزادی خواه ترین دانشمند تاریخ"

انتخاب نامی همچون "آزادیخواه ترین دانشمند تاریخ" برای مارکس، که تمامی سیستم های سیاسی که به نام تئوری های او به خودکامه گان و تمامیت خواهان تبدیل شدند، به نظر عجیب و غیر منطقی به نظر می رسد. در عین حال، این انتخاب ربطی به نظرات و عملکردهای طرفداران و حتی برخی کم و کاستی ها در مارکس و یا نظراتش ندارد، همان گونه که اشتباهات نیوتن (در مورد حرکت اجسام آسمانی) و طرفداری او از سیستم فئودالی انگلیس و یا اَینشتَین (در مورد فیزیک کوانتوم) و تشویق آیزنهار به تولید بمب اتمی چیز قابل توجهی از درستی اساس نظرات آنها در مورد قوانین نیرو و نسبیت نمی کاهد، جدا از آن که در علم همواره ما به درک های جدیدتری می رسیم و نظرات نا پخته تر را تکمیل و یا کلا با نوع گویاتری عوض می کنیم. در نتیجه، از آنجا که مارکس خود را نماینده ی سوسیالیسم علمی و بنیان گذار دیالکتیک ماتریالیستی می داند، قوانین دیالکتیک و علم بر او و نظرات او نیز حاکمند. همان گونه که مارکس می گوید: "دیالکتیک، هر شکل بوجود آمده ای را در حال حرکت و بنابراین از جنبه ی قابلیت در گذشت آن نیز مورد توجه قرار می دهد، زیرا دیالکتیک حکومت هیچ چیزی را بر خود نمی پذیرد و ذاتاً انتقاد کن و انقلابی است[۱]."

مارکس کار خود را بر اساس تجزیه و تحلیل جامعه سرمایه داری از طریق دنبال کردن حرکت کالا شروع می کند و در این جریان روابط اجتماعی سرمایه داری را علت از خود بیگانگی کار انسان، نبود آزادی

---

[۱] کارل مارکس، لندن، ۲۴ ژانویه ۱۸۷۳. پی گفتار برای چاپ دوم جلد اول سرمایه، ترجمه ایرج اسکندری. ص ۶۱-۶۰.

خود انگیخته در کار و زندگی به گونه ای عام می بینند. این تئوری در نهایت به این نتیجه می رسد که سرمایه داری شرایط نفی خویش را فراهم کرده است و این امکان را به طبقه ی کارگر می دهد که در روند انقلاب قدرت را به دست گرفته و جامعه ی آزاد آینده را تشکیل بدهد. در عین حال، از بررسی روند اتوماتیزه شدن در سرمایه می توان نتیجه گرفت که حتی اگر کار انسان بتواند به گونه ای کامل با ماشین جایگزین شود، روابط سرمایه داری و جامعه ی سرمایه داری مبتنی بر آن نیز از بین خواهند رفت. به عبارتی، انقلاب قهر آمیز اگر چه تنها راه نفی سرمایه داری نیست، اما اگر شرایط اقتصادی -اجتماعی فراهم باشند، سریعترین و مطمئن ترین راه خلاصی از مصیبت های اجتماعی و زجر میلیونها و بلکه میلیارد ها انسان می باشد. عدم توسل به انقلاب اجتماعی و به انتظار نشستن برای آن که سیستم سرمایه داری (و به ویژه بزرگترین شرکتهای سرمایه داری و سرمایه داران آنها) به تناقض درون خود واقف شده و بخواهد بر ضد خود به یک خودکشی دست بزند، همانند خواسته ی مسیح است که برای رسیدن به او فرد بایستی ابتدا در درون خود بمیرد، در حالی که اینک بیش از دو هزار سال گذشته است و این خود کشی درونی در آنجا هم که اتفاق افتاده باشد مهمترین اثری که در روابط اجتماعی داشته است، تسکین روحی و فریب روانی فرد برای ندیدن آن روابط اجتماعی می باشد که در آن در بند شده است.

در عین حال، مهم آن است که در مورد جامعه ی آینده، مارکس به جز یک اصول کلی پیشنهاد دیگری نمی کند و وقتی که تحت فشار قرار می گیرد تا نظر دقیق تری بدهد، آن را به آیندگان رجوع می دهد. او حتی خود را مجاز نمی داند که دست به چنین کاری بزند، چرا که دیالکتیک او می گوید که آینده را آیندگان در جریان پراتیک اجتماعی روزمره می سازند و نه از طریق برنامه های از پیش مشخص شده. بدین طریق، جامعه ی آینده ی کمونیستی که مارکس در نظر دارد جامعه ای

بدون تحرک و غیر علمی و با نفی استفاده از ماشین همراه نیست. در عوض، در حالی که آزادی رسمی را که از سرمایه داری به ارث برده است ادامه می دهد، ولیکن آن را با آزادی واقعی که خود را در خود انگیختگی کار انسانی نشان می دهد تکمیل تر می کند، یعنی آن خود انگیختگی که بر اساس آن انسان به دور خورشید راستین خویش می گردد. بدین طریق، اگر در جامعه ی سرمایه داری، روند پیشرفت علمی توسط عده ای محدود تعیین می شود، این حرکت خود انگیخته ی انسان ها است که در فرآیند خود، سمت و سوی پیشرفت علم در جهت منافع آنها و به همین گونه اجتماع را تعیین می کند. می توانیم انتقاد کنیم که این نظریه ای ایده آلیستی است، اما مارکس هم چنان آزادی خواه ترین دانشمند تاریخ باقی می ماند، زیرا تنها اوست که به این درک دیالکتیکی در شکل تکامل یافته رسیده است. تمامی نظریاتی که به هر طریقی جامعه ی طبقاتی را ابقاء می کنند، چیزی بیش از آزادی رسمی اروپایی-آمریکایی نمی توانند به پیش بگذارند که به گونه ای بنیادین از آزادی واقعی انسان به دور است.

اما، بر خلاف عنوان این ترجمه مبنی بر آزادی خواهی مارکس، انتقادی که از مارکس می شد و کماکان ادامه دارد این است که نظریات او با تکیه بر دیکتاتوری طبقه ی کارگر همه چیز را تبدیل به ابزاری برای خدمت به یک سیستم بسته و تمامیت خواه می کند و مثال روسیه و بلوک شرق و غیره همواره همچون چوبی بر سر آدم فرود می آمد و می آید[۲].

---

[۲] متاسفانه، حتی نویسنده ی برجسته ای همانند کارل پوپر بدون در نظر گرفتن این محدودیت های علمی که اجتناب ناپذیر بودند، با استناد به اشتباهات و یا کمبودها زیر بنای تئوری های مارکس را نیز به زیر پرسش می کشاند و این گونه می گوید که مارکس روشنفکران را گمراه کرده است (پس چرا بر مارکس می تازیم؟ ...، علی رغم شایستگی های خود، پیامبری کاذب بود. پیامبر مسیر حوادث تاریخ بود و پیام های او تحقق نیافتند؛ .... مسأله بسیار مهمتر آن است که مارکس بسیاری از مردمان روشنفکر را بدین عقیده گمراه ساخت که غیب گوئی تاریخی شیوه ای عملی است از برای سنجش و برخورد با مشکلات اجتماعی. (ادامه در زیرنویس صفحه بعد)

جنبش مارکسیستی-لنینیستی در روسیه و تمامی جهان، به واقع در جریان حرکت خود به چنین نظریه ی اشتباهی مهر تأکید زدند. البته این به مفهوم آن نبود که تقصیر را به گردن انقلابیون روس انداخت و این که در تئوری مارکس اشتباهی وجود نداشت که به واقع نمی توانست این

جامعه ی باز و دشمنانش. ترجمه ی فارسی از علی اصغر مهاجر، ص۳۱۷-۳۱۶.) جدا از اینکه هیچ کجا مارکس خود را پیامبر جدیدی معرفی نکرده است، گویا، میلیونها روشنفکر اروپایی کودکانی دبستانی بودند که فریب مارکس را خورده باشند. از آن گذشته، چگونه کارل پوپر نمی گوید که نیوتن، اَینشتَین، Bohr (بور)، Schrödinger (شرودینگر)، Max Planck (ماکس پلانک) و غیره موجبات گمراهی تمامی دانشمندان دنیا در عصر خودشان و تا سالها یا قرنهای بعد نشده اند. این گونه نظر دادن ها، در واقع نشان دهنده ی عدم درک از حرکت پدیده های علمی، دیالکتیک و نظریه ی تاریخی مارکس است (با وجود اشکالات این نظریه و یا برداشت ها ی دلبخواهی از آن). مثلاً، کارل پوپر اعلام می کند که دیگر نبایستی به ساخت هیچ تئوری تاریخی دست زد چون تاریخ متعلق به حاکمان است. او پیش بینی مارکس بر اساس نظریه ی خود را این گونه می بیند که مارکس به اشتباه دیگران افتاده و از طریق تاریخ مکتوب حاکمان نتیجه گرفته است و نه از طریق بررسی تاریخ واقعی توده ها (مارکس در واقع خاتمِ معماران نظام های بزرگ قدس به شمار می آید. و ما باید مکتب او را در همین نقطه ی ختم نگاه داریم و نظام عظیم دیگری جای نشین آن نکنیم. ما مردم، امروز دیگر به قدوسیت نیازی نداریم. نیاز ما به مهندسی خرده کار اجتماعی است." همانجا، ص ۳۷۵"). او با استناد به فلاکت کارگران که مارکس در کتاب سرمایه به آنها اشاره می کند، نتیجه می گیرد که سیستم اقتصادی که توسط مارکس تشریح و انتقاد شد دیگر در هیچ کجا وجود ندارد ("ما باید بکوشیم تا سرمایه گرائی بی لجام بر افتد و دخالت گرائی اقتصادی به جای آن مستقر گردد. این درست همان چیزی است که رخ داده است. آن نظام اقتصادی که به شرح و نقد مارکس در آمده، در همه جا نا پدید شده است. "همانجا، ص ۳۶۵.) نظری که اگر چه در مورد اضافه نشدن فقر مطلق در سطح متوسط کل جهان واقعیت دارد، اما نشان نفهمیدن تعریف مارکس از سیستم سرمایه داری به عنوان یک رابطه اجتماعی ست. البته، بنظر مترجم کارل پوپر در نقل قول اولی که آورده شد مسئله ی ریشه ای درستی را مطرح می کند و آنهم ضرورت " مهندسی خرده کار اجتماعی" می باشد (که بنظر مترجم هم می تواند در ساخت جامعه ی سوسیالیستی بر اساس خواسته های اکثریت افراد جامعه و هم برای گسترش رابطه ی تنگاتنگ بین کمونیستها و توده های مردم در شرایط سرمایه داری بجای رابطه ای به دور از زندگی روزانه مردم و متمرکز در سلولهای انقلابی جدا از مردم و کارگران به کار گرفته شود). به هر حال به نکات درست و لغزش های کارل پوپر بایستی در جایی دیگر پرداخت. در اینجا مسئله بر سر مطرح کردن برخی نظرات بود که مانع درک مارکس به عنوان یک آزادی خواه واقعی می باشند. در انتهای این ترجمه، به مسائلی چند در مورد ضرورت تکمیل برخی نظریات مارکس بر اساس داده های جدید و نیازهای امروزه اشاره شده است.

چنین باشد. نه به این خاطر که سرمایه داری بهتر شده است (بهتر شدنی که در سایه ی انقلابات سوسیالیستی و برای جلوگیری از انقلابات سوسیالیستی در این کشورها صورت گرفت و نه به خاطر خوب شدن سرمایه داری و در نتیجه بعد از سقوط امپراطوری شوروی تمامی آن بهتر شدن ها زیر ضربه ی مستقیم قرار گرفته و دور ریخته می شوند) بلکه به این خاطر که تحلیل مارکس و انگلس اساساً نمی توانست پیشرفتهای روانشناختی و روانکاوی، علم اعصاب، ژنتیک، شکل گیری مغز و شخصیت کودک در ۸-۷ سال اول زندگی، نقش رابطه ی جنسی در شکل گیری شخصیت فردی و روابط اجتماعی و بسیاری مسائل دیگر را که در زمان آنها وجود نداشتند و یا بسیار اولیه بوده و هنوز از قدرت نظری لازمی برخوردار نبودند در نظر بگیرند.

مارکس از آن جهت آزادی خواه ترین دانشمند است که علیرغم محدوده ی تاریخی که در آن قرار داشت، آزادی را برای تمامی افراد جامعه می خواهد و نه برای اقلیتی از جامعه و این را از طریق برانداختن آن روابط اجتماعی می بیند که این آزادی را غیر ممکن می سازد. کارل پوپر درست می گوید که در جوامعی همانند روسیه، نه تنها آزادی مدعا شده تثبیت نشدند (اگر چه برای مدتی کوتاه بین سالهای ۱۹۱۷ تا حدود ۱۹۲۸ آزادیهای وسیعی وجود داشت، در سالهای منتهی به و بعد از تصفیه های استالینی از بین رفتند)، که در روند تکامل انقلاب روسیه، از سطح آزادی رسمی اروپایی-آمریکایی نیز به شدت عقب افتاده و بالاخره از صحنه ی اجتماعی رخت بر بست. حتی می توان به اشکالات نظری مارکس اشاره کرد. اما، کارل پوپر بجای رفع کمبودهایی که ذاتی روند پیشرفت هر نوعی از علم (و از جمله دیالکتیک) است، با کنار زدن مارکس و با دفاع از سرمایه داری و گفتن اینکه "ما باید بخواهیم تا سرمایه داری نا محدود جای خود را به سرمایه داری میانجی گرانه بدهد. و این دقیقاً چیزی ست

که اتفاق افتاده است[۳]" ما را در آزادی رسمی یا صوری یعنی در سرمایه داری نگه می دارد. اما جان یا روح آزادی خواه انسان به هیچ چیزی به جز خود انگیختگی کار او، به جز تبدیل شدن به خورشید راستین خویش و به دور آن گشتن برای آینده ای شکوفا تر در جامعه ای آزاد به چیز دیگری بسنده نخواهد کرد. در این مسیر، مارکس با ما خواهد بود و روزی که از او و برای رسیدن به هدف او (که هدف خود ماست) گذر کنیم، با خوشحالی برخاسته از پیروزی دیالکتیک به ما بدرود خواهد گفت.

---

[۳] *جامعه ی باز و دشمنانش*. کارل پوپر. ترجمه ی فارسی از علی اصغر مهاجر، ص ۳۱۶-۳۱۷.

چرا ترجمه ی این کتاب؟

تجربه ی روزمره و عملی مترجم در جنبش کارگری، روشنفکری و کمونیستی تا سال ۱۹۸۳، تجربه ی شکست جنبش کمونیستی نه تنها در ایران که در تمام جهان، خشک مغزی، کم سوادی، کمبودهای روانی و رفتاری چه فردی، گروهی یا اجتماعی و به ویژه اصرار بر تکرار اشتباهات گذشته، مترجم را به مسیری برای شناخت عمیقتر شکل گیری تفکرات و سمت گیریهای اجتماعی انسان از طریق باز خوانی عمیقتر و وسیعتر از علم، ساختار مغز، ساختار و چگونگی شکل گیری شخصیت فردی و اجتماعی و به همین گونه ارزیابی دوباره ای از سیستم سرمایه داری امروز و رابطه ی آن با مشکلات امروزین و گذشته بشری کشاند. نتایج این فرآیند از یک طرف عمیق تر شدن عشق به تمامی انسان ها و از طرف دیگر درک عمیق تر مشکلاتی بود که در مقابل آحاد انسانی قرار داشت و به ویژه درک این که دیوار چین انسان ها را از هم جدا نمی کند. در این درک، حتی تقسیم طبقاتی اجتماع و وحشتناک ترین قساوت ها، انسان ها را مگر در همان محدوده ی معین از هم تمیز نداده و در مقابل هم قرار نمی دهد. این نه به معنای رد مبارزه ی طبقاتی، نه به معنای رد ضرورت نفی جامعه سرمایه داری که مارکس از آن می گوید و نه به معنای طرفداری از جنبشی خلقی-پوپولیستی می تواند ترجمه بشود.

در این فرآیند بازنگری، چراغ راهنمای مترجم این باور بود که هیچ چیز مطلقی وجود ندارد و هر چیز در حال تغییر است. در نتیجه، اینکه چرا افراد و جامعه ی انسانی و در دنیای فکری مترجم به ویژه کمونیست ها به دنیای فکری مطلق گرایی افتاده بودند به مهمترین مشغله فکری او تبدیل شده بود. اگر چه در این نوشته فرصت نیست که این مسئله را بسط داد، فقط به این اشاره می شود که جنبش اخیر مردم ایران

تمامی روندی را که مترجم تجربه کرده بود با عینیتی انکار ناپذیر در جلوی چشمان او زنده کرد. با وجود کران جان فشانی ها و رشادت ها و علیرغم صدمات جسمی و روحی و روانی بی حدی که به ویژه بخش فعال جامعه متحمل شده و کماکان در زیر شدیدترین ضربات قرار دارند، از نظر مترجم، در روش برخورد اجتماعی-روشنفکری-سیاسی گویا هیچ چیزی تغییر اساسی نکرده است. اگر چه فعالیتهای تک گرا، خود مرکز بین، منفی بین، طرد کننده، انحصار گرایانه، نقص دانش سیاسی، برخوردهای جزم گرایانه و همانند آنها چیز جدیدی نیستند، بروز برخورد های خوارکننده و حتی رکیک پدیده ای جدید در فضای مجازی امروز و به ویژه در بین خود کمونیست خوانده ها بود که در تجربه اجتماعی-سیاسی گذشته ی مترجم اتفاق نمی افتادند.

اما، وجه دیگری نیز بود که در جریان آشنایی با برخی فعالین جنبش بیشتر روشن شد. فرار از مبارزه طبقاتی، ترویج توانایی سرمایه داری برای مدیریت بحران ادواری آن (به واقع همانند کارل پوپر) و جلوگیری از انقلابات اجتماعی با تکیه بر قبول ابدیت سرمایه داری، تلاش برای تطهیر آن و بازگشت به نظریات ملی گرایانه و گاهاً شوینیستی. اما، افراد این جریان نظری لزوماً به گونه ای آگاهانه به دفاع از سرمایه داری بر نخاسته بودند. جدا از زمینه ی شکست جنبش کمونیستی در سطح جهانی، آن چه برای مترجم دوباره اهمیت پیدا کرد عدم شناخت مارکس بود. مترجم دوباره به خاطر آورد که بخش اعظم نیروهای مارکسیست مارکس را نخوانده بودند. آن بخشی هم که مطالعه گر بود، عموماً از طریق نوشته های لنین مارکس را می شناخت. فقر از دانش مارکس که دقت علمی را می طلبید قسمت اعظم جنبش را به مطالعه ی لنین، استالین، مائو، چه گوارا، بیژن جزنی و بعدها مکتب فرانکفورت و غیره کشانده بود. جریان هایی که بر بستر یک مطلق گرایی یا به علت کمبودهای نظریات مارکس و انگلس دلسرد شده بودند، یا در محدوده ی تاریخی معینی قرار

داشتند که نمی توانستند نظریات علمی مارکس را در جامعه ی شدیداً عقب مانده ی خود به پیش ببرند، مارکس را درست نخوانده بودند، شرایط اجتماعی آماده نبود، و یا بسیاری دلایل دیگر. اما، برای مترجم چنین می نمود که با درکی علمی و واقع گرایانه از ماتریالیسم تاریخی و دیالکتیک مارکس نمی شد علل شکست جنبشهای کمونیستی را به خیانت، سازش کاری، تجدید نظر طلبی، و بسیاری توجیهات این چنینی مربوط کرد. بنابراین، کلید (های) گم شده ای بایستی وجود می داشت. البته، عده بسیاری از روشنفکران چه در خارج و چه در ایران سعی کرده اند به این کمبودها اشاره کنند. از درون جنبش کمونیستی آلمان (کلارا زتکین، روزا لوکزامبورگ) در زمان لنین، جنبش کمونیستی در شوروی (تروتسکی، بوخارین و بسیاری دیگر) در زمان استالین، جنبش چپ جدید، مکتب فرانکفورت، آنتونیو گرامشی، کارل پوپر و بسیاری دیگر که نکات مهمی را هم پیشنهاد کرده اند. البته، در اینجا فرصت نیست که به تمامی این مسائل پرداخته شود و مترجم خود را به مسائل مطرح شده در این کتاب محدود کرده است.

مترجم از همان دوره ی جنبش انقلابی سال ۵۷ متوجه شده بود که در میان نیروهای چپ و به ویژه طرفداران جنبش چریکی اشتیاق چندانی برای مطالعه ی آثار بنیان گذاران کمونیسم نبود و این مسئله بعدها در رابطه با نوشته های مارکس و به ویژه کتاب *سرمایه* ی او (که البته در دسترس هم نبود) برجسته شد. یکی از دلایل عدم مطالعه ی مارکس و بویژه کتاب *سرمایه*، ایدئولوژی آلمانی (که هنوز ترجمه ی کامل آن به فارسی وجود ندارد) و تا حدودی دیالکتیک طبیعت انگلس سختی خوانش آنهاست. سختی *سرمایه* آن چنان است که بسیاری وقتی *سرمایه* را شروع می کنند نمی توانند از فصل اول فراتر بروند چرا که سخت ترین و فلسفی ترین بخش *سرمایه* است (خود مارکس به این سختی اشاره کرده

است)[۴]. این مشکل، برای کل جنبش چپ گذشته که به عنوان یک مجموعه در جریان انقلاب روسیه و به همراه آن رشد کرده و بعدها به زائده ای از آن تبدیل شده بود، و به گونه ای اخص برای جنبش چریکی ایران و همین گونه جنبش جریان به اصطلاح خط سوم که بعدها شکل گرفت، مطالعه ی مارکس (و حتی لنین در جنبش چریکی) در دستور کار نبود. از طرف دیگر، مترجم در جریان مطالعه و برداشت خود بین سالهای ۲۰۰۳ تا ۲۰۰۷ که خود را برای مدرسه ی پزشکی آماده می کرد، به این نتیجه رسیده بود که سرمایه کتابی علمی و بحث آن در رابطه با کالا مشابه تحلیل نیوتن از نیروی حرکت و نظر او در مورد انسانها با نسبیت همخوانی دارد. منتها، مدرسه پزشکی و مسائل دیگر روند مطالعات او را کند نمود. اما، در این مدت، به این نتیجه رسید که اگر چه نظرات مارکس در مورد انسان بیشتر شبیه به تئوری نسبیت آینشتَین بودند، پروسه ی شناخت و آگاهی از تفکر و اندیشه عمیقتر بوده و بیشتر در سطح ذرات حرکت می کرد تا در سطح سلولها و یا ساختارهای بزرگتر، و بعدها به این نتیجه رسید که نه نسبیت آینشتَین و نه فیزیک کوانتوم دلیل رد نظرات مارکس نبوده و با اصول اساسی نظری او نه تنها ناسازگاری ریشه ای ندارند[۵] که

---

[۴] اسلوب تحلیلی که من به کار برده ام و تاکنون در مورد مسائل اقتصادی اعمال نشده بقدر کافی قرائت فصل اول را دشوار کرده است و بیم آن می رود که فرانسویان که همواره در نتیجه گیری بی صبرند، پیش از آنکه رابطه ی اصول کلی را با مسائل فوری و مبرم مورد علاقه وافر خود بشناسند، به مناسبت اینکه نتوانسته اند از این مرحله عبور کنند، زده و دلسرد شوند. این نقصی است که من نمی توانم علیه آن کاری بکنم جز اینکه بهر صورت خوانندگان طالب حقیقت را متوجه کرده و در برابر آن مجهز سازم. برای علم شاهراه وجود ندارد و خوشبختی رسیدن به قله های درخشان آن فقط نصیب کسانی می شود که از خستگی بالارفتن در جاده های پر نشیب و فراز آن نهراسند. (کارل مارکس، نامه به ناشر ترجمه فرانسه کاپیتال، لندن، ۱۸ مارس ۱۸۷۲) نقل شده با مختصری تغییر در ترجمه ی ایرج اسکندری از جلد اول، ص ۶۱.

[۵] این را می توان حتی در نقطه نظر نویسنده این کتاب نیز مشاهده کرد. البته بایستی این را توضیح داد که درک از فیزیک کوانتوم نسبت به زمانی که نویسنده این کتاب را نوشت هم در سطح عمومی تغییر کرده و هم درک های جدیدی از فیزیک کوانتوم و به همین گونه عملکرد آن در سیستم موجود زنده و از جمله انسان ایجاد کرده که نویسنده به آنها دسترسی نداشت.

حتی می توانند تأیید کننده آن باشند. اما در درون جنبش چپ، در تضاد دیدن نظریه نسبیت و فیزیک کوانتوم با نظریات مارکس در برخی موجب شده بود تا این نظرات علمی به صورت منفی و سرمایه دارانه ارزیابی شوند، در برخی دیگر دلیلی شد تا از جنبش کمونیستی کنار بکشند، و در خارج از جنبش کمونیستی هم عده زیادی حتی مارکس نخوانده او را طرد و رد می کنند. نتیجه چیزی نبود به جز این که هر سه گروه به دامن سرمایه داری بلغزند.

برای شناخت بیشتر این مشکل و در میان گذاشتن آن با دیگران، مترجم خود را در آغاز حرکتی در جهت همان کاری دید که نویسنده این کتاب انجام داده بود و بنابراین تصمیم گرفت تا ببیند که قبلاً چه کسانی به نظر مشابهی رسیده اند. کتاب نویسنده به نظر مترجم به خوبی از وظیفه ی خلاصه کردن هر سه جلد سرمایه و دیدن تقارن قانون کالا در سرمایه داری و قوانین نیرو در فیزیک نیوتن بر آمده بود، اگر چه در مورد رابطه ی نظرات مارکس با نظریه ی نسبیت و فیزیک کوانتوم چیزی برای گفتن نداشت. اما، جدای از این کمبود، توضیح بسیار عالی نویسنده از هر سه جلد سرمایه در یک مختصر و به ویژه روشن کردن سختیهای سرمایه می توانست فرد مشتاق را از سختی در آغاز خواندن سرمایه (به ویژه در این عصر کمبود وقت، سرعت و اینترنت) برهاند و خوانش تمامی سرمایه به وسیله ی عده بیشتری از علاقمندان را ممکن گرداند. بدین خاطر بود که مترجم وظیفه ی کار بر روی این ترجمه را به عهده گرفت. امید است که علیرغم مشکل بودن خواندن پیش در آمد[۶] نویسنده، خواندن این اثر نه تنها بتواند خوانش سرمایه را برای عده بیشتری از علاقمندان ممکن سازد، بلکه دلیلی باشد تا بر حوزه های

[۶] اگر چه خواندن پیش درآمد برای درک مقاله ی مربوط به مارکس برای کسانی که با افلاطون و دیالکتیک او آشنا باشند از اهمیت حیاتی برخوردار نیست ولیکن خواندن آن مسائل جانبی مهمی را روشن می کند.

مختلف دانش تا آن حد که می توانیم احاطه بیابیم و بتوانیم در روند پیشرفت خود به عنوان یک انسان و جامعه ی انسانی شرکت آگاهانه داشته باشیم.

سرانجام، لازم است گفته شود که نویسنده یا مترجم نه بر چنین باوری هستند که نظرات ارائه شده پاسخ نهایی برای رفع کمبودها، بهبود سازی دستاوردهای مبارزه ی انسانی و یا نوش دارویی برای حل مشکلات اجتماعی میباشند، نه اینکه با ساده انگاری علت شکست انقلابات سوسیالیستی را خوانش اشتباهی از سرمایه ی مارکس بدانند، و نه آن که بر آن باشند که خوانش درست مارکس مشکلات پیش پای انقلاب اجتماعی جهان و یا ایران را برطرف کرده و مدینه ی فاضله ای را ممکن سازد. هدف نویسنده در پیش در آمد او بر این کتاب مشخص خواهد شد. اما، هدف نهایی مترجم کمک به پیشبرد این نظر است که: انسان یک ابزار و وسیله نیست. انسان دارای یک جان (به تعبیر نویسنده یک روح) است که می تواند با توسل به توانایی آن یعنی از طریق خرد به شهود بلاواسطه از عدالت و کلیت درستی، حالت گذار و نادرستی پدیده ها پی برده و خود را از چرخه ی مصیبت و نادرستی نجات داده و به تیغه های بالاتری از شهود برسد. اما، رسیدن به این جان و شهود بلافاصله (که همواره برای هر جسمی و از جمله آدمی نسبی می باشد)، اساساً از طریق دیالکتیک و پراکسیس[۷] (کِرد اندیش) اجتماعی و علمی خود انگیخته، در ساختاری از مغز و حتی کلیت آن تنی انجام می شود که کیفیت تغییر و انعطاف را

---

[۷] پراکسیس (کِرد اندیش) اجتماعی از نظر مارکس در درجه ی اول در جنبش کارگران و در خود کارخانه ها مد نظر است چرا که از نظر او، یک شورش کارخانه تمامی جان اجتماعی را در وحدت کارگران نمایش میدهد و نتیجه چنین اعتصابی بیش از دهها مبارزه ی "سیاسی" است که کارگران از آن به دور هستند و حتی کارگران را منحرف می کنند.(کارل مارکس. پاسخ به یک شهروند پروسی. ۱۸۴۴: بدینسان، هر چقدر که یک شورش صنعتی ممکن است محدود باشد، در خودش دارای یک روح جهانی ست: و هر چقدر که یک شورش سیاسی جهانی باشد، شکل غول آسای آن شکاف باریکی را می پوشاند.)

حفظ و تقویت کرده، و در نتیجه قابلیت آن را به دست آورده باشد که به شهود[۸] رسیده، به خورشید راستین خویش تبدیل گشته و به دور آن به چرخد.

---

۸ شهود معنایی آن جهانی و اعجاز آمیز دارد و در عرفان و تصوف از آن استفاده می شود. اما، در اینجا منظور آشکار شدن از طریق فرآیندی غیر ریاضی می باشد، همانند زمانی که پس از مدتی غور و کنکاش پیرامون یک پدیده، در لحظه ای غیر منتظره انگار که همه چیز با هم آن چنان خوانایی پیدا می کند که فرد به خود می گوید، "آها، الان می فهمم." در این لحظه همه چیز جای خود را می گیرد بدون اینکه فرد درآن لحظه بتواند تمامی تلاش خود را در یک لحظه ی معین به خاطر بیاورد و یا آنها را با هم سبک و سنگین کند. در این لحظه ی معین به ناگهان هماهنگی و معنای معینی بر تمامی اندیشه و هستی فرد حاکم می شود که فرد هیچگاه نمی توانست با گذاشتن پدیده ها در کنار هم و با نظم دادن در چینش آنها به این سامان جدید اندیشه برسد.

توضیحاتی برای آسان کردن خواندن این ترجمه

مشکلاتی در انتخاب و به کارگیری واژه ها

مانند هر کتابی که به فلسفه و علم می پردازد، مشکلات واژه و ترجمه ی آنها در اینجا نیز بروز می کنند. در اینجا، سعی شده تا برای برخی واژه ها جایگزین فارسی اتخاذ شود که در فرهنگ واژه ی فارسی در دسترس مترجم نبودند. فرض بر این شد، که اگر مشکلی در واژه ی فارسی باشد بهتر از استفاده از واژه ی انگلیسی می باشد که در کل بیگانه است و برای چاپ بعدی از تخصص اهل واژه برای جایگزینی و بهتر شدن آنها استفاده خواهد شد. در عین حال، چندین واژه هستند که حتی در بین علمای فلسفه معنای متفاوتی می توانند داشته باشند. در بین این واژه ها، روح مهمترین آنهاست و اشاره ی مختصری به آن می کنیم.

همان گونه که نویسنده می گوید، کلمات Soul و Psyche برای افلاطون مترادف بودند. اما در جریان توضیح اجزای این روان، به واقع، روان افلاطونی نه روان به معنای جاری که در روانشناسی از آن استفاده می کنیم، بلکه بایستی با توجه به شناخت جدید و توسعه یافته ی ما به معنای روح باشد که ترجمه ی Spirit می باشد.

در ادبیات فارسی، واژه ی روح به معنای نفس و جان هم مورد استفاده قرار می گیرد. به نظر می رسد که جدای از خود واژه ی استفاده شده، هر سه ی اینها به یک هسته ی مرکزی در وجود انسانی اشاره می کنند که می تواند به گونه ای شهودی و بدون تکیه ی مستقیم و محاسبه گرانه به حواس، به آن برسد. حد اقل در سنت افلاطونی، این بدان مفهوم نیست که انسان جدای از تمامی حواس بتواند به آن شهود برسد،

اما استفاده از حواس نه به صورت آزمایشگاهی بلکه از خصلتی درونی و دربرگیرنده ی کلیت برخوردار است تا از جزئیات مستقل از هم.

در کتاب حاضر، به علت آن که نظرات نویسنده از دنیای غرب بر آمده است، معنای واژه ای Spirit همان روح است که حد اقل هاله ای از عدم مادی بودن را در خود دارد. با این وجود، وقتی که نویسنده این روح را توضیح می دهد، بیشتر پدیده ای مادی ست تا غیر مادی. بدین معنا، این کلمه بیشتر به معنای جان قابل ترجمه بوده و به تعریف ابوعلی سینا نزدیک می باشد که انسان را متشکل از تن یا بدن، جان یا روح، و نفس یا روان می بیند. با این حال به نظر می رسد که ابوعلی سینا در مواردی جان و نفس را یکی می داند. اما، طبق نظریاتی دیگر، جان همان روان است و به نظر می رسد این نظری باشد که مولوی با آن همساز باشد. از این گذشته، در فرهنگ دهخدا به این اشاره می شود که از نظر "مولر" و "یوستی"، جان همان کلمه ی اوستایی "گیان" است که معنای زندگی کردن را می دهد. اما "هوشمان" معتقد است که از کلمه ی سانسکریت "ذیانه"[۹] به معنای فکر کردن است. به هر حال، غرض از این توضیحات آن است که مترجم بایستی با در نظر گرفتن تمامی این مفاهیم واژه هایی را انتخاب می کرد که هم در بین فیلسوفان گذشته و هم در حال حاضر وحدت نظری در مورد آنها وجود ندارد.

اگر چه مترجم بر این است که ترجمه ی واژه ی Spirit یا روح به معنایی که نویسنده مطرح می کند به معنای جان بیشتر نزدیک است تا روح (که بیشتر موضوعی غیر مادی به نظر می رسد)، اما از آنجا که به علت درگذشت نویسنده امکان روشن کردن این مسئله وجود نداشت، در

---

[۹] معنای واژه های روح، روان، جان و اشارات به منابع آنها در این پیش در آمد مترجم همگی از فرهنگ واژه ی دهخدا می باشند.

این ترجمه با بی میلی به همان واژه ی روح ترجمه می شود [۱۰] و امید است که استادان واژه بتوانند در این زمینه کمک بکنند تا در چاپ بعدی از آن استفاده بشود.

در مورد برخی واژه های دیگر مسئله بر سر انتخاب واژه ای با ریشه ی فارسی بود یا عربی. واقعیت آن است که اگر چه در بسیاری موارد ریشه ی فارسی وجود دارد، به خاطر عدم استفاده از آن ریشه ها، واژه ها

---

[۱۰] شاید لازم باشد تا به درک مترجم اشاره ای بشود چرا که نه از موضع یک ایده آلیست که از موضع یک پزشک نورولوژی مادّه گرا به پدیده ها برخورد می کند و بنابراین وجود روح را به معنای چیزی مستقل از ماده قبول ندارد. در این دیدگاه، روح یا جان خود را در یک شناخت بلاواسطه و در عین حال آنی از تمامی فرآیندهایی می بیند که در درون سلسله ی عصبی می گذرد و این می تواند با اطلاعات جدید در باره ی چگونگی روند انتقال داده ها با سرعت کوانتومی در بافتهای موجود زنده و از جمله عصبی مطابقت کند که می تواند انقلابی نوین در درک ما نه تنها از نورولوژی که کلیت ساختار سلولی موجود زنده ایجاد کند. در این رابطه، اگر در یک نظر ایده آلی، در زمان مرگ روح از جسم جدا می شود (یا به زبان فردوسی جان به جان آفرین داده می شود)، در یک استعاره ی علمی، می توان بر طبق فیزیک کوانتوم افق رویداد سیاهچاله را بخاطر آورد که اگر چه به نظر از سیاهچاله جداست ولیکن، از یکطرف نشان پای آن چیزی ست که در سیاهچاله وجود دارد و از طرف دیگر دریچه ایست به سوی شناخت دنیای آنسوی سیاهچاله. به عبارتی اگر سیاهچاله را تن (یا بدن یا جسم) در نظر بگیریم، افق آن همان جان (پدیده ای کاملاً مادی) است که اگر بخواهیم از سپهری بجای مرگ از زندگی یا جان نقل کنیم: در سایه نشسته ست و به تن مینگرد. اما، این جان، فقط به تن نمی نگرد، و با نظاره بر دنیای مه آلود به عنوان موضوع خود دنیای پر تلاطم روان خود را شکل میدهد که چیزی نیست مگر شناخت لحظه ای دنیای فراسوی سیاهچاله در سطح افق رویداد. اما زمانی که این شناخت به درون افق رویداد وارد شود (در لحظه ی collapse of wave function، سقوط تابع موج) با آن یکی می شود و شناختی منطبق با خرد (یا ساختار درونی افق رویداد) را ممکن می سازد. در این شرایط، در اصطلاح فلسفی-عرفانی، وحدت وجود بین تن (سیاهچاله)، جان (افق رویداد) و روان (دنیای بیرون در سطح افق رویداد) شکل گرفته است که در شهود متبلور می شود. در قلمرو بیولوژی بدن و مغز، تن همان اندام فیزیکی ماست، خرد زمانی شکل می گیرد که سقوط تابع موج از طریق میکروتیوبیول ها (microtubules)-یا آن چه علم در آینده بتواند ثابت کند- به ویژه در سلولهای عصبی صورت می پذیرد، و روان را می توان به آن حالت متغیر و عدم قطعی دانست که قبل از سقوط تابع موج در اندام انسان و به ویژه مغز در ساختار غیر میکروتیوبیولی و به عبارتی در بزرگ ساختار (macrostructure) آن جریان دارد.

ممکن است در محاوره و یا حتی در خواندن عجیب به نظر برسند. در برخی موارد نیز یک مفهوم در واژه ای با ریشه ی عربی خلاصه تر بود تا با ریشه ی فارسی مگر آن که مترجم دست به نوآوری می زد. در این موارد، اگر چه به پیشنهاد مترجم اشاره شده است، به جز چند مورد، در ترجمه فعلی روانی و رساندن معنا بر فارسی بودن برتر شمرده شده است و امید است در چاپ بعدی پیشنهادات اصلاحی راهگشا باشند.

چند نکته ی تکنیکی در خواندن این ترجمه

۱. مترجم سعی کرده است که از ترجمه ی آزاد و ناشی از برداشت خود دوری کند. بدین خاطر سعی کرده است که اگر امکان برداشتهای مختلف وجود داشت در عین ترجمه ی واژه به واژه، تا حد ممکن معنای متن را حفظ کرده و به خواننده امکان بیشتری بدهد تا تعبیر خود را بکند.

۲. هر آن چه که در پرانتز آمده است در اساس توسط مترجم برای روانی خواندن اضافه شده اند. اگر موضوعی در پرانتز به وسیله ی نویسنده آمده باشد، پسوند (-ن) به آن اضافه شده است.

۳. از آنجایی که میزان موضوعات درون پرانتز توسط نویسنده نا چیز هستند، خواننده می تواند در هنگام خواندن از مطالب اضافه شده ی درون پرانتزها صرف نظر کند.

۴. در بخش پایانی واژه نامه، برخی لغات انگلیسی و ترجمه ی آنها آورده شده اند تا اگر خواننده لازم ببیند کلمات دیگری را جایگزین و یا پیشنهاد کند.

۵. در تلاش برای استفاده ی کمتر از واژه های با ریشه ی غیر پارسی و یا غیر مادی، واژه های زیر به وسیله ی مترجم به جای انگلیسی برای نو آوری پیشنهاد شده و به کار رفته اند. هر چند که امید است در چاپ های بعدی و با همیاری متخصصان واژه ی فارسی بتوان واژه های مناسبتری جایگزین شوند: کِرد اندیش، شکفته شونده، شکوفنده، کاهنده، کاهنده گرا، وازِش، واز شوندگی، رانش، هستانه، هستانه سازی، سه-گفتی، سه-خوانی، سوگواره، سوگ باز(ان)، فراسو، فراسو روی، فراسویی، فراسو رونده، فرآینده. البته ممکن است قبلاً این واژه ها به وسیله ی دیگران نیز مورد استفاده قرار گرفته باشند ولیکن مترجم به آن منابع دسترسی

نداشته است. معادل انگلیسی واژه های فوق در انتهای کتاب آورده شده اند. در اینجا در مورد دو واژه توضیح بیشتری داده می شود.

۶. واژه ی "نشد" در فرهنگ واژه و یا ادبیات فارسی وجود دارد اما نه به معنای ویژه ای که در این ترجمه از آنها استفاده شده است. نشد بجای کلمه ی اپوریا ی یونانی-فلسفی استفاده شده است که به نقطه ی تناقض حل نشدنی درونی در یک جدل (متن، بحث و یا تئوری)، به نقطه ی عدم عبور از این تناقض، نقطه ی بدون بازگشت، و نقطه ی مرگ جدل گفته می شود.

۷. واژه ی "دَمَند" در این ترجمه برای حرکات آنی و غیر قابل پیش بینی ذرات درون اتم ترجمه شده است. واژه ی اصلی یونانی (Clinamen) برای حرکت اتم ها است و به معنای "گذشتن از کنار چیزی" می باشد. از نظر دموکریتوس، حرکت اتم حرکتی ست چون سقوط به پایین، مانند قطره های باران، در خلائی عمیق و بدون قطعیت در زمان و مکان. این حرکتی است اتفاقی که آزادی انسان از طریق "شکستن بندهای سرنوشت" را تضمین می کند. در انگلیسی معاصر، واژه (swerve) استفاده می شود که معنای آن تغییر ناگهانی و غیر قابل انتظار جهت می باشد. در فیزیک جدید، از واژه (swerve) به لحاظ فلسفی برای خمیدگی یا چرخش های رو به بالا یا رو به پایین (swerve up and swerve down) الکترون ها استفاده می شود. در فیزیک کوانتوم از آن به عنوان چرخش رو به بالا و چرخش رو به پایین (spin up or spin down) یاد می کنند. برای این واژه، معادلی که هم حرکت آنی و هم این کجی یا خمیدگی یا چرخش را معنا بدهد با تغییری در واژه ی دَمَنده از فردوسی (بپوشید پس جوشن کارزار ——— به رخش دمنده بر آورد بار) حاصل شد. دم به معنای آنی (ناگهانی) و لحظه، و نَد به معنای خمیدگی و کجی. در عین حال این واژه درک دموکریتوس و لوکریتوس از آزادی در حرکت اتم را حفظ می کند.

۸. **شماره ی زیرنویس های ترجمه ی فصل مربوط به مارکس برابر با شماره ی آنها در اصل کتاب نیستند. علت این عدم همخوانی ضرورت برخی توضیحات در صفحات مختلف بوده است. زیر نویس ها ی ترجمه بدین طریق با زیر نویس های کتاب تطبیق می یابند:**

۱۶-۱۹→۱-۴ ۲۱-۲۲→۵-۶ ۲۴-۲۵→۷-۸

۲۸-۴۸→۹-۲۹ ۵۰-۵۲→۳۰-۳۲ ۵۴-۶۱→۳۳-۴۰

سرانجام، مترجم یقین دارد که این ترجمه دارای پاره ای کم و کاستی ها می باشد که فقط با بازبینی خوانندگان و پیشنهادات نیکو کننده ی آنها می توانند برداشته شوند و با صمیم قلب از هر پیشنهادی استقبال می کند.

تیر ۱۴۰۲
جولای ۲۰۲۳

پیش درآمد نویسنده

نیوتن، ماکسول، مارکس: سه ستون میراث فکری غربی ما هستند، با این حال امروزه هر کدام از آنها بیشتر در دانشنامه ها (دائرة المعارف ها) و تاریخ ها مورد تقدیر قرار می گیرند تا اینکه خوانده شوند. این سه متفکر چه وجه اشتراک دیگری دارند، که آنها را در اینجا در یک کتاب گرد هم می آورد؟ من معتقدم که هر کدام از آنها چشم اندازی از علم را — اگر چه، نه به عنوان (موضوعی) جدا از سایر فعالیت های انسانی بلکه — در رابطه با تفکر ما، کردارهای اخلاقی ما، نیروهای تولیدی ما و با آشکار شدن عمومی روح انسان در خود جای داده است.

اگر ما صرفاً به این متفکران شگفت انگیز احترام بگذاریم بدون اینکه واقعاً آنها را بخوانیم — و علاوه بر این، آنها را با ذهن باز بخوانیم — اشتباهی اساسی خواهیم کرد. نه تنها اغلب آنچه را که معمولا تصور می کنیم منظور آنها نیست، بلکه تفکر آنها غنی تر از آن است که ما تصور می کنیم، و به واقع آنها نوری دارند که (می توانند) بر سردرگمی های فعلی ما بیاندازند. به گونه ای خلاصه، آنها به سادگی به گذشته تعلق ندارند، و نه آن که به راحتی در گفته هایی می گنجند که ما به راحتی آنها را درون آنها می گذاریم. (برعکس) ما با اتخاذ رویکردی متضاد و با فرض اینکه این نویسندگان برای آینده نوشته اند — (که) در واقع برای ما نوشتند — چیزهای زیادی برای به دست آوردن داریم. اگرچه ما امروز آنها را بر بسترهای جدیدی می خوانیم و زبان آنها ممکن است شگفت انگیز یا عجیب به نظر برسد، ایده های آنها در حال حاضر می توانند به همان اندازه تازه باشند که در آن زمان بودند.

سه اثر بزرگ در میان نوشته های بسیار آنها برجسته اند: ***Principia*** (*پرینسیپیا / اصول*) از نیوتن، ***Treatise*** (*تریتیز/ رساله*) از

ماکسول در مورد الکتریسیته و مغناطیس و ***Capital*** (*سرمایه*) از مارکس. در طول سال هایی که در هیئت علمی آن چیزی (بودم) که در دانشکده سنت جان در آناپولیس در (ایالت) مریلند و سانتافه در (ایالت) نیومکزیکو به عنوان (پروژه ی) "کتابهای بزرگ" شناخته است، من این سه کتاب را با نتایج همیشه پاداش دهنده شان خوانده، دوباره خوانده و مورد بحث قرار داده ام. برخی از افکار من در مورد آنها در مقالات نوشته شده برای سری سالانه ی دایره المعارف بریتانیکا، (به نام) *ایده های بزرگ امروز*، آورده شده اند که سردبیر اجرایی آن (سری سالانه) جان ون دورن یکی از فارغ التحصیلان و بیناترین دوستان (دانشکده ی) سنت جان بود. سه فصل اصلی کتاب حاضر، سه فصل از این مطالعات را، هر کدام در مورد یکی از این کتابها باز نشر می کند.*[11]

برداشت من از آنچه که زمینه ی شیفتگی من برای باز نشر این سه مقاله در این کتاب می باشد (آن) حس بی قراری ایست که طی سالها به خاطر آشکار شدن تناقض شدیدی که بین آنچه که بایستی به عنوان انسان باشیم و آنچه که واقعاً هستیم در من رشد کرده است. خرد انسانی، و اراده ی جدی برای شکل دادن به یک جهان بهتر، به نظر می رسد در نوعی اسارت گرفتار شده است؛ ما پیشرفت های عظیمی در علوم و سازمان های تکنولوژیکی می کنیم، اما به نظر می رسد که در تلاشهای مان برای جهت دادن این توانایی ها به اهداف والاتر مسدود شده ایم. به نظر می رسد باید به نوعی یاد بگیریم که هوشمندانه تر با هم فکر کنیم و مهارت های علمی جدید خود را به سمت غلبه بر گرسنگی، بیماری، جهل و جنگ بگردانیم که امروزه در کمین جهان نشسته اند.

---

[11] *سه مقاله ی این کتاب ابتدا در شماره های پایینی "ایده های بزرگ امروز" منتشر شدند: "علوم به عنوان معما: یک خوانش گمانه ای از اصول نیوتن، ۱۹۹۲، ص ۱۶۹-۹۶". "رساله ماکسول و احیای کهکشان، ۱۹۸۶، ص ۲۶۷-۲۱۸"، " به سوی خوانشی از سرمایه، ۱۹۸۷، ص ۱۲۵-۷۴".

این غیر قابل قبول است که عادت بی فکرانه یا تعصب همچنان بایستی ما را در چنین چنگی نگه دارند. به نظر من در حال حاضر بدیهی است که ما هنوز تنها در آستانه ی یادگیری آن چیزی هستیم که معنای آن ممکن است انسان شدن به معنای کامل باشد. با این حال، این صرفاً مسئله ی حسن نیت نیست، حتی اگر ما می توانستیم که آن را فرا بخوانیم: (چرا که) ما هنوز همه چیز را باید یاد بگیریم. انسانیت خود در واقع در بحبوحه ی فرآیند ی تکاملی است که وقفه کنان اما مطمئناً در الگویی از توسعه به جلو می رود، (فرآیندی) که من(آن را) دیالکتیکی می نامم، (که) در عین حال (هم) دردناک و (هم) هیجان انگیز است.

سه نویسنده ی ما خود در این فرآیند غرق شده اند. به طرق مختلفی، آنها در این حس مبارزه بر علیه اسارت محدود کننده شریک می باشند، و هر کدام به پیروزی ای می رسند که نشان دهنده ی پیشرفت تفکر انسان است. با هم، آنها چشم انداز قابل توجهی را ارائه می دهند، (چشم اندازی) که از بالاترین اهمیت برای شناخت و پیگیری برخوردار است.

اگر چه این مقالات بیش از دو دهه پیش نوشته شده اند، تلاش نکرده ام برای مطابقت با یافته های جدید یا منعکس کردن تغییرات در تفسیرهای خودم تغییراتی در آنها بدهم. در عوض، تصمیم گرفته ام که آنها را همان گونه بگذارم که برای اولین بار ظاهر شدند، در حالی که کار جالب خوانش جدید هر سه ی آنها با هم را انجام می دهم. با این حال، قبل از اینکه این امر بلند پروازانه آغاز شود، معقول به نظر می رسد که آن گونه ای که در این پیش درآمد به آن می نگرم، نگاهی کوتاه به پروژه ی کلی داشته باشیم.

این سه اثر، و حتی مقالات من در مورد آنها، به گونه ای کلی داستان های کاملاً متفاوتی را برای خوانندگان مختلف خواهند گفت. با

این حال، من به حسی قوی از داستانی کلی رسیده ام که آنها را به هم پیوند می دهد، (داستانی) که می بینم از خلال این آثار جریان می یابد، و همان گونه که ادامه می یابد، شکل و قدرت می گیرد. خوانندگانی که موافق هستند ممکن است این طرح را مفید بدانند. دیگران ممکن است آن را به عنوان چالشی بگیرند که لبه های تیز افکارشان را بر می انگیزد. (به هر حال، این) مقالات جداگانه بدون دخالت دیدگاهی که من در اینجا (در این دیباچه) بر آن اصرار دارم به استقلال خودشان ادامه خواهند داد. بزرگترین آرزوی من آن است که این جلد پیوند زنده ای بین افکار قدرتمند این سه نویسنده ی بزرگ و امیدها و نگرانی های خوانندگان عصر امروز ایجاد کند.

اصطلاح دیالکتیک در تفکر من در مورد این مسائل (نکته ی) مرکزی و کلید آن وحدتی است که اکنون در می یابم که این سه مقاله را به هم متصل می کند. من کمی دیگر در مورد درک خودم از منشاء آن (دیالکتیک) در *گفتگوهای* افلاطون و معنایی که برای دنیای امروز ما ابقاء می کند به گونه کامل توضیح خواهم داد. این هگل بود که نشان داد این مفهوم افلاطون، (وقتی که) از نظر زمان ترجمه شود، به نظریه ی وازش[۱۲]

---

[۱۲] وازِش ترکیبی از واز (باز) و اِش مصدر است و در اینجا به معنای ترکیبی از باز شدن وگشایش بکار رفته شده است (همان گونه که تاریخ در جریان دیالکتیک از مرحله ای به مرحله ی دیگر می رود یا گشایش می یابد.) در ترجمه ی رسمی، unfolding به معنای آشکار شدن به کار رفته است. اگر چه یکی از معانی این واژه ی انگلیسی همان آشکار شدن است، اما معانی متفاوتی دارد. اگر چه با باز شدن یک پدیده ممکن است چیزی آشکار شود، اما ضرورتاً چنین نیست. از آن گذشته، آشکار شدن نمی تواند مفهوم گشایش جدید را نشان بدهد و بیشتر همانند آشکار شدن چیزیست که قبلاً وجود داشته است، در حالیکه، دیالکتیک یک روند فعال است. در این ترجمه، در آن جا که unfolding درمورد تاریخ به کار می رود، به وازش (وازشی، واز شونده) ترجمه شده است (نه تنها همانند باز شدن مفعولی یک تومار لوله شده بلکه به گونه ای فاعل، تاریخ در حال اتفاق و گشایش است). اما زمانی که از همین کلمه در مورد علم و یا پدیده های جاری استفاده می شود به کلمه ی شکفته شونده و یا شکوفنده ترجمه شده است که دوباره همان معنای فاعلی را با خود حمل می کنند.

تاریخ جهان تبدیل می شود. با پیروی از این سرنخ، من هر مرحله ی تاریخی را به عنوان آغازی با برخی تأیید(ات) تازه یا بینش جدید می بینم، اما پس از آن از یک مرحله ی سرخوردگی، شکست یا نا امیدی عبور می کند، زیرا مرحله ی اول چهره ی تاریک و محدودیت های ذاتی خودش را آشکار می کند. با این حال، پس از آن، در گام سوم، از این تاریکی، پیشرفت های واقعاً جدیدی در آگاهی بر می خیزد که تجربه ی این دو مرحله قبلی را در بر می گیرد، در حالی که فراسوی هر دو می رود. با گذشتن از خلال همه چیز، هیچ چیز پشت سر جا گذاشته نمی شود، و به این طریق تاریخ فکری گذشته ی ما هم در معنای جدیدی از وضعیت فعلی ما و هم در بینش ما از چشم انداز آینده گنجانیده می شود. بنابراین، ما ممکن است که از در برگرفتن تفکرات گذشته ی خود در بدن زنده ی تجربیات حال خود سخن بگوییم؛ و این، به نظر من امروز کلید علاقه ی حیاتی خواندن آثار کلاسیک است.

بنابراین، در نوشتن در باره ی نیوتن، ماکسول و مارکس، سعی کرده ام آن دیدی را به دست بدهم که هر کدام با آن آغاز می کند، (یعنی هم آن) ناخشنودی (نظری) بدون آرامشی که هر کدام بر مبنای آن کشمکش می کند، و (هم) پیشرفت های غیر مترقبه ای که هر کدام در گشایشی پیاپی دیگری برای پیشبرد چشم انداز ذهن انسان به آن می رسد. بینش های جداگانه آنها حقایق پیکره ی متناقض و پیچیده ی روح انسان در زمان ما هستند. مبارزات آنها عمق و ابعاد نا امیدی را که امروزه بسیاری احساس می کنند، اندازه گیری می کند. با این حال، مهمتر از همه، دیدگاه های پیاپی آنها از امکانات روح انسان، از لحاظ تاریخی (باهم) جمع می شوند تا احساسی از یک چشم انداز را بدهند، (چشم اندازی) که من متقاعد شده ام، می تواند به ما قدرت بدهد.

دیالکتیک و خط بخش شده ی افلاطون

تناقضی که ما امروز با آن زندگی می کنیم مدت ها پیش توسط افلاطون پیش بینی شده بود — او از آتنی ها صحبت می کند، اما به نظر می رسد که او به آینده نگاه کرده و ما را نیز دیده است. او می گوید، ما با پاها و سری بسته در غاری زندان هستیم که به وسیله ی نوری دروغین روشن شده است. ما مسحور نمایش سایه هایی هستیم که بر دیوار مقابل ما افتاده است. داستان افلاطون به ظاهر یک تصویر ساده است، هر چند که (داستانی) بازگوکننده (می باشد) — اما آن گونه ای که افلاطون آن را در (کتاب) *جمهوری* توسعه می دهد، به سرعت غنا و ظرافت می یابد. در پشت این تصویر، چشم انداز بزرگتر افلاطون از *سُول* (*soul*) یا روان (Psyche) انسان قرار دارد. روان کلمه ای یونانی است که افلاطون استفاده کرد؛ و ما هنوز هم آن را به کار می بریم.

این مفهوم از زمان افلاطون چرخش های زیادی داشته است و امروزه اصطلاح روان، هنگامی که به عنوان *سُول* ارائه می شود، ممکن است برای برخی از ما ناخوشایند باشد. (البته) دشوار است که مطمئن شویم (کلمه ی روان) در آن زمان، در جهان قبل از ورود مفهوم خدا، چه معنایی داشت، و امروزه (نیز) به سختی می توان در مورد معنای آن توافق کرد. با این حال، از بسیاری جهات، چه ما موضوع آن را به عنوان *سُول* یا *روان* بخوانیم، شرح افلاطون ما را متأثر می کند. او ما را به فکر می اندازد، و من پیشنهاد می کنم که ممکن است، تقریباً به دلیل همین جنبه ی فکری (کاونده نگری) که زمان با خودش می آورد، ثابت کند که پزشک خوبی حتی برای مدرن ترین نیازهای ما می باشد.

افلاطون به روان به عنوان عملکردی وابخش شده فکر می کند. تقسیم بنیادی بین هوش یا ذهن ما، (یعنی بین) جایگاه قدرت استدلال

ما از یک طرف و دامنه ی *احساس* (ما) از سوی دیگر می باشد. او پیشنهاد می کند که این را می توان به شکل خط نازک مستقیمی تصور کنیم، و می توانیم به آن به شکل عمودی (ایستا) ترسیم شده و به دو وابخش نابرابر بخش شده فکر کنیم (به تصویر صفحه ی بعد نگاه کنید).

بخش پایین تر و بزرگتر نشان دهنده ی قلمرو وافر حواس، مملو از رنگ های شگفت انگیز، اشکال وسوسه انگیز و صداهای دلربا می باشد. ذهن بخش کوچکتر و بالایی را اشغال می کند. هر قلمرو دوباره تقسیم شده است: بخش بالایی قلمرو حواس حوزه ی *ادراک* چیزهای واقعی است، در حالی که بخش پایین تر، دوباره بزرگتر و وافر تر، (قلمرو) تخیل (پنداره) است —داستان ها، و تصویر بی حد و حصر از چیزهایی که ممکن است (زمانی) بوده یا هنوز هم ممکن است بوجود بیایند. قلمرو فوقانی ذهن، به شیوه ای مشابه تقسیم خواهد شد، اما ما برای حال حاضر این پرسش ظریف را که این تقسیم (فوقانی) ذهن چگونه باید درک شود را به تعویق می اندازیم.

افلاطون، زمانی که می خواهد که ما این تقسیمات (روان) را به شیوه ی کوک رامشگری (موسیقی) انجام دهیم — به گونه ای که هر بخش به همان نسبتی تقسیم می شود که در آن تمامی خود خط بخش شده است، مهمترین نکته را در مورد وحدت درونی روح مطرح می کند. بنابراین، کل به شدت خود-مانند و هماهنگ خواهد بود. نسبت های ریاضی قرینه گی ها را روشن می کنند، بنابراین ممکن است بگوییم که دو قلمرو درونی شبیه یکدیگر هستند، و هر کدام به نوبه ی خود شبیه کل می باشد: *(نسبت) ذهن به قلمرو حواس همان گونه است که نسبت ادراک به تخیل (در قلمرو حواس) می باشد.*

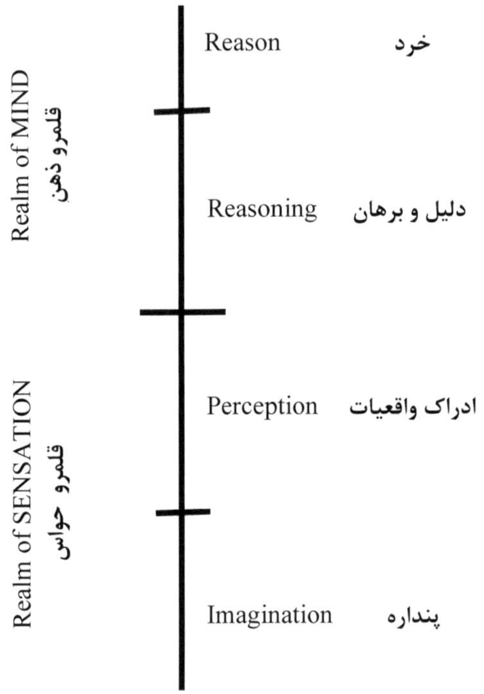

اگر (چیزی) اضافه کنیم، و واقعاً بایستی این کار را بکنیم، ما فراتر از آزمون لغت به واژه ای می رویم که از افلاطون به ما رسیده است، که با اولین تقسیم خط، *(نسبت) کل خط به بخش بزرگتر، همان گونه است که (نسبت) بخش بزرگتر به کوچکتر*: بنابراین (کل) خط، و از اینرو همچنان هر قسمت آن، آن گونه تقسیم می شوند که از زمان افلاطون تا Le Corbusier (لی کوربوزیر) به عنوان بخش طلایی شناخته می شود، (که) بعضی معتقدند زیباترین نسبت ها می باشد. با این اضافه (ی بالا)، روح نه تنها خود-*مانند* می شود؛ بلکه سراپا زیبا تر می شود. این تصویری

از هماهنگی یا صلح است، چشم اندازی از آنچه که ممکن است هماهنگی کامل روح باشد.

با این حال، گام بعدی، که ما آن را به تعویق انداختیم، ممکن است مشکل آمیز تر به نظر برسد. برای افلاطون (این) بیشترین اهمیت را دارد که بخش بندی بیشتری بکند، (یک بخش بندی) در قلمرو ذهن، (و) قابل مقایسه با آنهایی که قبلاً در بخش پایین تر (خط) و (همین گونه) تمامی خط انجام داده ایم. او بخش پایین ذهن را ***Logos*** ***لوگوس*** *(گفتار یا گفتمان* می نامد؛ (یعنی) استدلال منطقی یا اثبات، یا حتی، در واقع، *نسبت*، که همتای لاتین آن است). ما ممکن است این را به عنوان قلمرو نقش *استدلالی* ذهن در نظر بگیریم: اثبات چیزها در استدلال های گام به گام، یا در مراحل متوالی یک فرآیند محاسبه. من پیشنهاد می کنم این را *دلیل و برهان* بنامیم، تا حالت گام به گام و سرشت آن به عنوان یک فرآیند را القاء کند.

پس چه چیزی برای بخش بالایی قلمرو ذهن، بالاترین بخش روح باقی مانده است؟ افلاطون آن را ***nous*** (*نوس*) می خواند، اصطلاحی که کلماتی مانند *ادراکی* ("*noetic*") را به ما می دهد، اما این پرسش باقی می ماند که *نوس* چگونه باید ترجمه شود. از استفاده ی از آن در گفتگو، متوجه می شویم که به معنای بینش مستقیم به حقیقت و به ویژه دسترسی به نور *خوبی* می باشد که بدون واسطه ی کلمات یا *دلیل و برهان* می باشد. بگذارید فوریت آن را به گونه ای ساده با ترجمه ی *نوس* به عنوان خرد به رسمیت بشناسیم، (چیزی) که وحدت بینش را تلقی می کند. این در مقایسه با اصطلاح طولانی تر ***reasoning*** (*دلیل و برهان*) است که از آن برای تشخیص فرآیند بسیار متفاوت، مداوم و استدلالی *گفتمان* (*logos*) استفاده می کنیم.

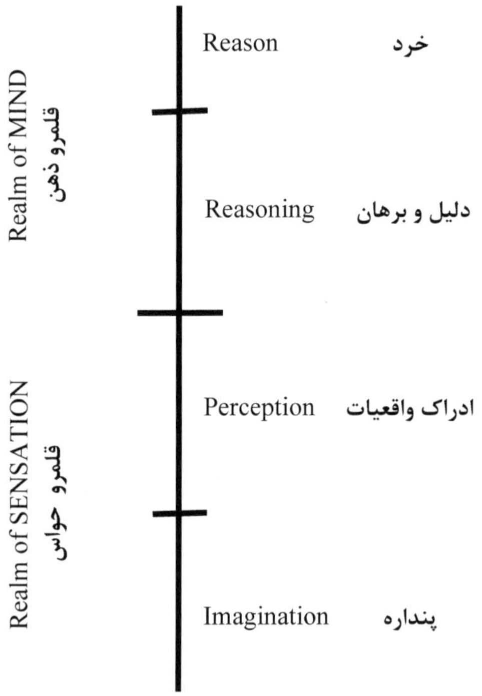

خرد در این معنای بسیار خاص (آن) است که به ما اولین حقایق را می دهد، حقایق اساسی یا گامهای اولیه ای، که استدلال های قیاسی و مرتبط بایستی بر اساس آنها تاسیس شده یا به پیش بروند. این شبیه به آن دیدی می باشد که (مثلاً) ممکن است زمانی پس از عبور از یک سری مراحل طولانی، در نهایت حقیقت یک تظاهر هندسی را به عنوان یک کل، (و) در یک چشم به هم زدن درک می کنیم و می گوییم "آها! حالا *می بینم*!" *نوس* همه چیز را کامل می بیند، و برای آن، کل، (موضوع) اولیه می باشد: (که) گاهی اوقات از آن به عنوان *شهود فکری* یاد می شود.

با این حال، در استفاده از این عبارت، باید مراقب باشیم که این

تصور را ایجاد نکنیم که صرفاً (موضوعی) فکری است، زیرا برای افلاطون به همان اندازه و به واقع مهمتر از آن (موضوعی) "اخلاقی" می باشد: دیدن چیزی به عنوان (موضوعی) درست، در همان زمان به معنای دیدن آن به عنوان (موضوعی) خوب می باشد. افلاطون تمایلی ندارد که ذهن را به عنوان یک ماشین محاسبه ببیند: ما (چیز) خوب را دوست داریم، که سرانجام مسیر نهایی همه ی عشق هاست: ما هرگز بدون ملاحظه فکر نمی کنیم.

برخی از مدرن ها ممکن است با این موافق نباشند که چنین قلمروی از *خرد* یا بینش فکری مستقیم وجود دارد، (همان گونه که بسیاری از آنها-ن) می گویند که "تمامی حقیقت نسبی است"[۱۳]، که آنچه ما "حقیقت" می نامیم صرفاً نتیجه ی تربیت فرهنگی و عادت اجتماعی است— در واقع بسیاری از یونانی ها، از جمله سوفیست ها بودند که همین را گفتند. اگر چنین بود، تمایزی که ما (بین خرد و *دلیل و برهان*) ایجاد کرده ایم از بین می رفت، *نوس* نقشی نمی داشت، و تمامی کار ذهن به اشکال مختلف *دلیل و برهان* (منتهی) می شد.

با این حال، برای افلاطون، *خرد* ضروریست و پایه و اساس تمامی چیز های دیگر می باشد. اگر چنین نبود، تمامی حقیقت به واقع فقط نسبی یا مشروط می بود، هیچ چیز واقعاً *خوب* (موجود) نبود، و زندگی بدون معنا می بود؛ و (اما) افلاطون معتقد نیست که قضیه این گونه باشد. بدیهی است که تصویر او از روح، جهانی از همان نوع را پیش فرض می کند که خانه اش باشد. مدرن هایی که به وجود چنین حقیقتی شک دارند، باید به همان اندازه به وجود چنین جهانی نیز شک کنند.

می توانیم کلماتی در مورد (مسئله ی) علّیت اضافه کنیم. چگونه به پرسش *چرا* پاسخ بدهیم؟ ارسطو و افلاطون در همه ی چیز ها موافق

---

[۱۳] به مسئله ی نسبیت در آخر ترجمه کتاب پرداخته خواهد شد.

نیستند، اما در این مورد توافق دارند: پاسخ نهایی به پرسش "چرا" هرگز از نظر هل دادن ها و کشیدن ها (ی موقتی در درون یک روند یا فرآیند) نیست، بلکه همیشه در قالب هدف یا پایان عمل است. زیرا اگر در مورد جهان درست باشد که خوب در واقع (مسئله) بنیادین است، پس خوب به نوبه ی خود علت واقعی همه چیز است: اصطلاح یونانی برای پایان یا هدف *telos* (*تی لوز*) می باشد و بنابراین توضیحات در این حالت ***theological*** (***الهیات / غایت شناسی***[۱۴]) نامیده می شوند. انواع دیگر علل، مانند هل دادن و کشیدن، تنها (موضوعاتی) ثانویه هستند— (یعنی) وسیله ای برای (رسیدن) به هدف یا به گونه ای ساده حوادث می باشند. (به واقع) هر کجا و تا هر حد که ذهن درگیر باشد، این پایان است که سببی می باشد، و وقتی توضیح یک عمل را می پرسیم، در نهایت آنچه که می خواهیم بدانیم، هدف آن (عمل) است. با این حال، توضیح غایت شناختی در علم مدرن دیگر مورد تأیید نیست. بنابراین اگر بخواهیم بین افلاطون از یک طرف و سه دانشمند ما ن از طرف دیگر ارتباط برقرار کنیم- همان گونه که در واقع ما پیشنهاد می کنیم- راه زیادی در پیش رو داریم!

در آغاز یک بحث جدی در مورد علوم، برای اشاره به توجیه این گشت و گزار در چنین نظریه ی عجیب و غریبی از روح، اجازه بدهید تا به سادگی اظهار کنم که بدون آن بخش بالای مشکل ساز (خط بخش شده افلاطون) و حقیقتی که به آن اشاره می کند، نه کار نیوتن، نه ماکسول و نه حتی مارکس، امروزه برای ما بیش از علاقه ای تاریخی می بودند، دقیقاً به این دلیل که حقیقت واقعاً در جهان وجود دارد، و آنها به آن (حقیقت) می پردازند: (و) اگر ما امروزه در اسارت هستیم، فقط به این دلیل است که خود را از این حقیقت جدا شده می بینیم. (به واقع) اگر ما خاطره ای

---

[۱۴] به مسئله ی مفهوم خوب و غایت شناسی در آخر کتاب پرداخته خواهد شد.

از آزادی نداشتیم، هیچ حسی از اسارت، انقیاد یا بردگی نمی داشتیم. بنابراین، اضطراب اسارت که من در ابتدا از آن صحبت کردم، در این شرایط، در واقع پیامی از (طرف) آن چیزی ست که افلاطون آن را *نوس* و ما آن را خرد می نامیم.

اسارت و غار

این سقراط است که در *جمهوری* (همان گفتگویی که در آن خط وابخش شده ارائه می شود-ن)، داستان *غار* را می گوید. سقراط از ما می خواهد که زندانیانی را تصور کنیم (می گوید آنها "مانند ما" هستند-ن). با توجه به این برداشت، این زندانیان— ما خودمان— اسارت همیشگی را تحمل می کنیم، با بدنمان، (و) با سر خودمان، به گونه ای محدود شده ایم که فقط می توانیم به سمت یک دیوار بزرگ در مقابل خودمان نگاه کنیم. آنجا چهره های شگفت انگیزی—که ما نمی توانیم بدانیم که آنها فقط سایه هایی هستند— امیدها و پیروزی ها و همچنین ترس ها، محرومیت ها و نا امیدی هایی را که دوره های زندگی ما را پر می کنند، بازی می کنند. نور از آتش پشت سر ما این سایه ها را (بر دیوار) می افکند، در حالی که بازیگران این نمایش بردگانی هستند که به عقب و جلو می روند— هنوز پشت سر ما و ناشناخته به ما— اشیاء سفالی را حمل می کنند، که سرچشمه ی سایه هایی هستند که ما بسیار مجذوب آنها هستیم. (سخت است اذعان کنیم که افلاطون هرگز وارد سینمایی نشده باشد، هرگز تلویزیونی ندیده باشد!-ن)

ما زندانیان هرگز شک نمی کنیم که این سایه ها حقیقتاً (می توانند) به همان اندازه زیبا و نجیب، مطلوب یا وحشتناک باشند که به نظر ما می رسند. آنها موضوعات امیدهای ما، ستایش و سرزنش، بدترین مصیبت ها و بزرگترین پاداش های ما هستند. ما، خوانندگان افلاطون، نباید این غار را به عنوان (چیزی) تاریک یا ناخوشایند تصور کنیم، یا اینکه در بیشتر موارد، این زندانیان هیچگونه حسی از اسارت خود داشته باشند. غار تئاتر زندگی آشنای ماست. به گونه خلاصه، (این غار) *هیچ کمبودی ندارد به جز حقیقت*. زندگی زندانیان کمبودی ندارد به

جز آزادی. در واقع، زندانیان چگونه می توانند بدانند که واقعیت آنها سایه هایی محض، نور آنها دروغین، (و) خانه ی آنها چیزی بیش از گودال کنده شده ای در یک جهان بزرگتر نیست؟

در واقع، آنها ممکن است در این شگفت باشند که آیا در غار چیزی پایدار می ماند (در غار همه چیز گذراست، چیزی نمی ماند)، یا اینکه آیا زندگی معنایی فراتر از گذر لحظه ای و ناپدید شدن حوادث دارد (در غار ندارد). شاید در میان زندانیان عده ای باشند که از (طرح) چنین پرسش هایی ناراحت بشوند و شک بکنند که ممکن است در جایی چیزی پایدار وجود داشته باشد. همان گونه که سقراط در جای دیگری می گوید، مثل این است که آنها چیزی را به خاطر می آورند.

این یکی از استعاره های بزرگ افلاطونی است، و در واقع، قبل از اینکه *جمهوری* به پایان برسد، به ما در یک اسطوره نشان داده می شود که هر کسی پیش از این، در قلمروی قبل از زایش، گالری بزرگ جهان واقعی فراتر از غار را دیده است .تنها *یادآوری* آن بینش است که باعث می شود ما به غار شک کنیم و احساس کنیم که زندگی در آن اسارت است .البته، به عنوان اسطوره، خودش تنها از سایه های بیشتری تشکیل شده است: (و) از آنجا که نمی تواند چیزی را ثابت کند، به شیوه ای شگفت انگیز در خود فرو می رود. این اسطوره ی به خاطر آوردن تنها در صورتی می تواند کارآ باشد اگر که خودش به یادآوری خدمت کند: (یعنی) فقط اگر خرد را به دیدن و تأیید حقایق خود بر انگیزد می تواند کارآ باشد.

از نظر *خط بخش شده* و تصویر روح، مسئله اکنون به بالاترین بخش شک آور (آن) تبدیل می شود. اگر چنین قلمرو حقیقتی وجود نداشت، غار به سادگی *همه* چیز می بود. *دلیل و برهان* ، کارکرد محاسبه گری متعلق به قلمرو *گفتمان* (*logos*)، تصور می شود که میدان کافی برای

ذهن را فراهم کند. در قلمرو سایه، نظریه پردازی بی پایان، دوره دادن و تخصص در مورد پدیده ها وجود دارد. الگوهای مکرری در میان سایه ها وجود دارد که می توانیم یاد بگیریم آنها را تشخیص دهیم و باور خود را بر آنها قرار دهیم. این باورها بر زندگی ما حکومت می کنند. علوم مدرن به گونه ای فراگیر به عنوان چنان حوزه های *دلیل و برهان* بی حد و حصر درک می شوند— در واقع تصور می شود که آنها دقیقاً *به دلیل* آزادی دلیل و برهان از محدودیت های هر خرد بالاتری شکوفا می شوند. خرد بالاتر اینک به عنوان تعصب در نظر گرفته شده و به عنوان" متافیزیک" مورد تمسخر قرار می گیرد. ما متوجه شده ایم که نظریات ما چقدر گذرا هستند: تاریخ نشان داده است که چگونه آنها با جمع آوری داده های جدید جابجا شده و تغییر می کنند. بنابراین درک عمومی از علوم مدرن، انکار ضمنی وجود بخش چهارم خط بخش شده می باشد.

به عنوان زندانی، چگونه می توانیم این قدرت را به دست بیاوریم که حقیقت استعاره زندان را درک کنیم، خودمان را در آن زندانیان تشخیص بدهیم و برای آزادی فریاد بکشیم؟ به وضوح، تنها همان استعداد خرد در درون ما می تواند ما را قادر به گفتن" بله" به آن داستان کرده و با نوری بسیار متفاوت با نور زندان تأیید کند. خرد آن دانای بی کلام است که حقیقتی را تشخیص می دهد که نه کلمات و نه شواهد حواس می توانند آن را تضمین کنند.

چنین حقیقتی (یعنی خرد) ذاتاً در اولویت قرار دارد، و در حالی که بحث در کلمات و شواهد حواس از اهمیت غیر قابل انکاری برخوردارند، با این حال اینها پس از آن به دنبال می آیند و عملکرد آنها فقط اشاره کردن (به)، (و) نه فاش کردن (محتوای چیزی است). به هر حال، این (توضیح) معنای *آموزش* به معنای سقراطی آن را نشان می دهد: نه (ابزاری) برای اطلاع رسانی یا به سادگی انتقال (اطلاعات)— نه برای

ریختن دانش در یک ظرف خالی— بلکه برای بیرون کشیدن آن چیزی که در حال حاضر (در آن) وجود دارد، و به شدت یادآور حقیقتی قبلاً شناخته شده است. از آنجا که حقیقت را نمی توان در کلمات گفت، در سکوت می آید و در پوششی از *رمز و راز* ظاهر می شود. گفتمان (Logos) قادر نیست که این را توضیح بدهد.

از آنجا که این یادآوری از (آن) دنیایی ست که در تضاد کامل با دنیای روزانه ی غار و تمامی پاداش های آن می باشد، آگاه شدن از اسارت (موجب) بردن رنجی حاد می شود، و ما در آن (آگاهی) بذرهای تراژدی (سوگواره) را مشاهده می کنیم. اگر بخواهیم غار را ترک کنیم، ابتدا لازم است که از آنچه که می کنیم باز بمانیم تا (بتوانیم) کشف کنیم که با نوری کاذب هدایت می شده ایم و سپس به گونه ای کامل (در جهت مخالف آن) برگشت کنیم.

در گفتگوهای افلاطونی، شیوه ی این کشف دردناک، از طریق پرسش کردن است، و در میان آنها شاید *گرگیاس* باشد که به گونه چشمگیری این فرآیند را ترسیم می کند. گرگیاس مردی با نیت خوب است که در شرایط غار موفقیت واقعی به دست آورده است: او به گونه وسیعی ستایش می شود و به عنوان متخصص هنر جدیداً فرموله شده ی rhetoric (شیوا زبانی) خیلی مؤثر است، و هنگامی که از او خواسته شود، خوشحال است که گزارش وافری از این ابزار شگفت انگیز زندگی انسان ارائه دهد. با این حال، وقتی که دعوت سقراط را می پذیرد تا بگوید که هنرش چیست، در مسیری خطرناک وارد می شود. او هیچ مشکلی در ستایش قدرت های خود ندارد، اما همان گونه که در جریان گفتگو تحت فشار قرار می گیرد تا به یک تعریف مناسب رخنه کند، هر تلاش او با اعتراف خودش به طرز اسف باری نارسا می ماند. سرانجام او با این پرسش مرکزی مواجه می شود که آیا تعریف این هنر شگفت انگیز نبایستی

شامل *عدالت* باشد، ملاحظه ای که تا این لحظه به گونه ای کامل (از تعریفهای او) حذف شده است.

به نظر می رسد این پرسش هرگز به ذهنش خطور نکرده باشد؛ او به ایستی نامنتظره می رسد، در یک *بن بست* وحشتناک— در یونانی، *aporia* (نشد)، (یا) نقطه ی بدون عبور. او، در مقابل یک گردهمایی عمومی دست پاچه کننده، به بی میل ترین تشخیص شکست، و تصدیق اینکه هنر او، اگر چه قدرتمند و مؤثر، هیچ چیز با ارزشی نبوده است، می رسد. با این حال، این شکستی است که در عین حال شامل یک موفقیت بزرگتر می باشد، چرا که هرچند به گونه اجمالی، به هر حال او نگاهی به نور عدالت انداخته است (که) فراتر از آن تاریکی ایست که در آن زندگی کرده است .دیالکتیک، که سقراط شاید استاد نهایی آن باشد، نور *نوس* (خرد) را در ذهن خود گرگیاس بیدار کرده است. او با تناقض در گزارش خود از خودش (به جایی) هدایت شده است تا چیزی را که در تمام زندگی خود فراموش کرده است به یاد بیاورد.

ما اکنون الگوی چیزی را در مقابل خود داریم که افلاطون به ما آموخته است که *دیالکتیک* بنامیم، و او آن را به عنوان الگوی هر یادگیری جدی پیشنهاد می کند. این یک فرآیند سه گانه است که ساختاری از روح را، شبیه به آنچه که توسط *خط بخش شده* متصور شده، با یک نیروی مثبت پیش فرض می کند، همان گونه که گرگیاس در ابتدا با چنان اعتماد به نفسی در ستایش هنر خود انجام داد. این (مرحله) با یک نفی شدید، با سقوط و نا امیدی ناشی از *aporia* (نشد) دنبال می شود. سرانجام، از این تاریکی، یک *شناخت* کاملاً جدید، مرحله سوم سه گانگی دیالکتیک پدیدار می شود. تنها در این صورت است که نور از چهارمین (بالاترین-ن) بخش *خط بخش شده* امکان پیشرفت به سمت یادگیری جدید را که کل فرآیند بایستی به آن برسد، امکان پذیر می کند.

در صحنه ی نمایش یونان، همان گونه که در *اورستیا* ی اسکیلس نشان داده شده است، سه نمایشنامه ی سه-گفتی، این الگوی سه لایه ی بی انتهای غرور، سقوط و طلوع چیزی نو، (یعنی) چشم اندازی قبلاً غیر قابل تصور را تکرار می کنند— در مورد اسکیلس، (این) زایش مفهومی جدید از عدالت در آتن است. همان گونه که اظهار کرده ایم، برای افلاطون، این دیالکتیک الگوی هر یادگیری جدی می باشد. (اینک) ما باید ببینیم که (این دیالکتیک) تا چه حد ممکن است راه را برای درک غنی تری از فرآیند یادگیری طولانی که نشان کننده ی پدیدار شدن علوم مدرن است، باز کند.

دیالکتیک وارد تاریخ می شود

دقیقاً در این مرحله است که ما مدرن ها چیز جدیدی برای گفتن، اخباری نو برای افلاطون داریم. سکون غیر قابل تحول شرایط انسانی که زمینه ی سوگواره ی (تراژدی) باستانی و همچنین فلسفه ی افلاطون بود، در تکرار بی انتها و چرخه ی تکراری فرآیندهایی قرار دارند که ما توصیف کردیم. یک فرد، یا حتی کلیتی از مردم، ممکن است یاد بگیرند— ممکن است تا حدودی از غار آزاد بشوند— اما پس از آن چرخه ی غیر قابل گریز تکرار می شود. (بنابراین) ممکن است بگوییم که *زمان*، به معنای مدرن ما، (هنوز) اختراع نشده بود، زیرا اساساً هیچ چیز تغییر نکرد، (و) هیچ چیز اصالتاً جدیدی نمی توانست بوجود بیاید.

همتای این (چرخه ی تکراری سوگواره) در سُول یا روان، ناتوانی نهایی معینی در قالب آن چیزی بود که یونانیان آن را *Ananke* (*ضرورت*) می نامیدند. استعداد فکری *نوس*، که ما اینجا آن را خرد می نامیم، فقط تا این حد می توانست به پیش برود.

قدرت های انسانی نه تنها به این طریق محدود می شدند، بلکه به گونه ای نابرابر در میان انسانیت توزیع می شدند: مفروض بر آن بود که ما در انسان بودن شبیه (هم) هستیم، براستی (هم هستیم)، اما در ظرفیت ها یا ارزشهای خودمان از برابری به دور بودیم. اعتقادی که ما امروز بر آن صحه می گذاریم، که *تمامی آدمها برابر آفریده شده اند* (و این دوره با یک علامت ستاره با این تأکید که آدمها (مردها-ن) در اینجا زنان را نیز در بر می گیرد) برای افلاطون ناشناخته و در واقع آشکارا نادرست یا پوچ به نظر می رسید. از نظر او، برخی از افراد به وضوح ارزش بیشتری نسبت به دیگران دارند، اگرچه در جامعه ی واقعی آتنی، اغلب

این ممکن است روشن نباشد، که بزرگترین اعتبار (هم) در واقع به افراد با بیشترین ارزش داده می شد.

تفاوت (با عصر افلاطون)، (وجود) اسطوره ی خلقت (در) کتاب مقدس است که ما به طرق بی شماری در آن سهیم هستیم، جدا از آن که (به آن) ایمان داشته باشیم یا نه. این جهان بینی اثر اعطای اهمیت مطلق، از طریق توجه الهی، به هر فرد را دارد— (یعنی) چیزی که هیچ همتایی در تفکر افلاطونی ندارد. در نتیجه، در اصل هیچ محدودیتی برای باز بودن امکانات برای هیچ روح فردی وجود ندارد، و همچنین هیچ محدودیت تزلزل ناپذیری برای تکرار سوگواره ی اشتباهات و محدودیت های نسل های قبلی وجود ندارد. با مفهوم خدا به عنوان یک خالق قادر مطلق، همه چیز ممکن است، و بنابراین نظم جدیدی از امید هم برای فرد و هم برای بشریت به عنوان یک کل بر می خیزد.

امروز فرهنگ ما، نهادهای ما و فلسفه های ما با این دیدگاه جدید آغشته شده اند، (دیدگاهی) که همه ی ما در آن درگیر هستیم، خواه ما دکترین الهیات (غایت شناسی) را که از آن برخاسته است، بپذیریم یا نه.

مفهوم *تاریخ* به عنوان داستانی واز شونده، *علم* به عنوان دانش پیشرونده، و *پیشرفت* به عنوان مشخصه ی جامعه ی مدرن— همگی جنبه هایی از این عقیده هستند که نیازی به پذیرش شکست های گذشته به عنوان محدود کننده ی چشم اندازهای آینده ی بشریت نیست. حتی تردید کننده ترین (افراد) در مورد دست آورد های آنچه که امروز به عنوان پیشرفت در نظر گرفته می شود، احتمالاً اصلاح طلبان هستند، افرادی که به هیچ وجه امید را رها نکرده اند، اما به سادگی (فقط) برنامه ی متفاوتی دارند.

همه ی اینها در مفهوم (قدیمی) ما از soul (در غالب روان) و همان گونه که خواهیم دید، در مفاهیم ما از خرد و دیالکتیک نیز منعکس شده اند. قدرتهای soul (روان قدیمی) (نیز) به گونه مشابهی بی حد و مرز شده اند، تلاش های آن Transcendent (فراسو رونده) و بالاترین کار آن نه تنها *دانستن*، بلکه *خلاق بودنش* می باشد. دانشمندان امروز احساس می کنند که در شکل دادن به آینده ای نقش دارند که هر شکلی که بگیرد، چیزی خواهد بود که جهان هرگز قبلاً ندیده است.

این دیدگاه جدید از سُول (متفاوت با روان) انسان سزاوار یک نام متفاوت است. من این روان فعال و خلاق را Spirit (روح) می نامم. جالب توجه است که استفاده از اصطلاح روح در چارچوب (نظریات) تروتسکی[۱۵] و مارکس (که متوجه تغییر شکل جهانی ست که در آن زندگی می کنیم) به همان اندازه مناسب خواهد بود که از آن در ارتباط با آگوستین یا هگل استفاده شود (جایی که رابطه ی صریحی با روح القدس در کتاب مقدس مسیحی دارد—روح به عنوان خدا در جهان و درون ما). بنابراین روح اصطلاحی است که ما اکنون برای بالاترین استعداد سُول انسان استفاده خواهیم کرد؛ در (زبان) آلمانی هگل، (این) اصطلاح Geist (گایست) است که به گونه مساوی به عنوان ذهن یا روح ترجمه می شود. این هنوز (همان) بالاترین، خرد درونی مستقیم افلاطون است، اما با جنبه کاملاً جدید ی از تلاش بسوی دانش از چیزی که هرگز قبلاً شناخته نشده است، و ساخت چیزی کاملاً نو بر روی زمین.

پیش از این، ما اصطلاح دیالکتیک افلاطون را برای اشاره به آن فرآیند سه گانه ی یادگیری که به بینش فکری خرد منجر شد، به کار

---

[۱۵] مترجم با چنین نظری درمورد تروتسکی موافق نیست. به نظر مترجم، تروتسکی از همان اشکالاتی رنج می برد و در همان پروسه ای که به مسخ انقلاب سوسیالیستی روسیه منجر شد و به ویژه پس از اکتبر ۱۹۱۷ به گونه ای مستقیم دست داشت.

گرفتیم. بگذارید اینک هگل را در استفاده از همان اصطلاح برای اشاره به یک دیالکتیک تاریخی دنبال کنیم، یک فرآیند متقابلاً سه گانه که در زمان تاریخی توسعه می یابد و به بینش های کاملاً جدیدی برای بشریت منجر می شود.

این دیالکتیک به این معنای مدرن (آن) است که، من پیشنهاد می کنم، آثار سه نویسنده ی ما را (به هم) پیوند می دهد، و با وجود تفاوت های عظیم در دیدگاه های آنها و گزارشهایی که ارائه می دهند، از کار آنها، یک اندام تفکر انسانی در حال توسعه می سازد. آنها عمیقاً با یکدیگر صحبت می کنند، حتی زمانی که مواضع به ظاهر مخالفی اتخاذ می کنند و با یک جهت گیری بنیادین (متفاوتی) حرکت می کنند. ما اکنون می توانیم ببینیم (همان گونه که آنها نمی توانستند-ن)که آنها به سمت درک همواره غنی تری از کار ذهن انسان حرکت می کنند. خوب خواندن آنها ممکن است برای به دست آوردن این روح (جان) و پیوستن به این فرآیند در حال انجام باشد، که نسبت به آنها، کمتر به شرایط خودمان مربوط نیست، و این که به طرق مهمی که به سختی می توانیم تشخیص دهیم، عواقبی برای آینده ی ما دارد.

مهم است که این را به گونه ای ساده به عنوان دیالکتیک ایده ها در نظر نگیریم. سه نویسنده ی ما نه تنها ایده های جدیدی از علم و هزینه های جدید درک انسان را مطرح می کنند، بلکه همه (ی آنها) جهان را تغییر می دهند. این ممکن است در مورد مارکس مشهود باشد، اما در مورد نیوتن و ماکسول کمتر صدق ندارد، که به معنایی دو عصر متوالی تکنولوژی، (یعنی) انقلاب صنعتی و عصر اطلاعات را براه انداخته یا شاید به نحوی احسن تسخیر کردند.

آنچه که یک دیالکتیک تفکر بود، که (در آن) برای افلاطون عمل تنها به صورتی مشتق (از تفکر) دنباله روی کرده بود، اکنون به

عنوان دیالکتیک عمل در رویدادها گنجانیده می شود. مارکس به این درگیری نزدیک اندیشه و عمل نام جدیدی خواهد داد (البته واژه ای از فرهنگ باستانی)، *praxis* (*کِرد اندیش*). با این حال، خواه به صراحت مارکس را در نظر داشته باشیم یا نه، همان گونه که آثار نیوتن، ماکسول و مارکس را در دنیای مدرن ردیابی می کنیم، (دیالکتیکی) که از آن صحبت می کنیم به گونه فزاینده ای دیالکتیک به عنوان *کِرد اندیش* خواهد بود.

بنابراین، دیالکتیک وارد تاریخ می‌شود و با آن شناسایی می شود. آنچه که مکالمه ی چرخه وار سقراطی بود، اینک به گفتگوی دیالکتیکی بین نسل ها و بین خودمان، گذشته ی ما و آینده ای که همیشه در دست خودمان است، تبدیل شده است. شاید ما به اندازه ی کافی گفته ایم تا نشان بدهیم که چگونه دیالکتیک ریسمانی خواهد بود که سه نویسنده ما را به یکدیگر و همه ی آنها را به خودمان و اضطراب زمان خودمان متصل می کند. ما برای اینکه مدتی طولانی با افلاطون درنگ کرده ایم نیازی به عذرخواهی نداریم. در دیالکتیک، مراحل اولیه در آنچه که پس از آن اتفاق می افتد گنجانیده می شوند، و هیچ چیز پشت سر جا نمی ماند. دیالکتیک اصطلاح خود افلاطون است، و اگر الگوی دیالکتیک راهنمای ما در تعقیب گفتگو در دنیای مدرن بشود، آن وقت همان گونه که به پیش می رویم، همیشه با برگشت افلاطون تلاقی خواهیم کرد (همان گونه که یک بار Scott Buchanan مشاهده کرد-ن).

نیوتن

نیوتن، ماکسول و مارکس، وقتی با هم خوانده شوند، داستانی قانع کننده از پیشرفت دیالکتیکی طولانی روح انسان را می گویند. من آن فهمی را ترسیم کرده ام که اصطلاح دیالکتیک در اینجا از آن استفاده می شود—(یعنی) در شکل مدرن کنونی دیالکتیک تاریخ، هر چند همیشه با فرم قدیمی تر و ریشه ای از گفتگوهای افلاطون در ذهن. تصویر او از خط بخش شده و تصویر او از غار، همراه ما خواهند بود.

بیایید اذعان کنیم که مانند بسیاری از داستان ها، این یکی (نیز) هیچ آغاز واقعی ندارد، حداقل نه از زمانی که افلاطون، ارسطو و ریاضی دانان و ستاره شناسان باستان نوشتند. همان گونه که خواهیم دید، داستان ما در سنت کتاب مقدس نیز ریشه دارد. نیوتن بر اساس تمامی این بنیان ها (تئوری های خود را) می سازد.

گزارش فعلی ما باید تا حدودی دلبخواهی آغاز شود، فقط با یک اشاره کوتاه به دکارت، که با یک حرکت زمینه ی بلاواسطه برای نیوتن را فراهم کرد.

دکارت امکان دیدن کل بدنه طبیعت به عنوان یک سیستم واحد، یکسره کمّی و ریاضی را نشان داد. بدین طریق، (درک) کارهای طبیعت به گونه کامل و سراسر شفاف به هوش انسان تحویل داده شد— هر چند منحصراً در آن سطحی که به عنوان دلیل و برهان سنجیدنی شناسایی کرده ایم و بدون پیچیدگی های مسائل نهایی معنا یا خوبی. بنابراین، این (نگرش) یک پیروزی (برای) ذهن ریاضی بود و در عین حال به نظر می رسید که آزادی خوشایندی از پیچیدگی ها و نبود تردیدهای درنگ و تفکرات سطح بالاتر می باشد.

در پشت تمام تنوع کیفی و رنگ ظاهری طبیعت، در حقیقت تنها یک اندازه ی بی شکل و تمایز نیافته و یک واقعیت اساسی وجود دارد که دکارت آن را *extension* (افزونه) نامید. به نظر من این (افزونه) همان ماده ی مرموزی را نشان می دهد که اقلیدس در کتاب پنجم عناصر (Elements, Firth Book)، (در) گزارش خود از نرخها و نسبت ها در باره ی آن می نویسد: (جایی که) او صرفاً آن را *اندازه* (*megethos, magnitude*) می خواند. در اینجا اقلیدس فراتر از هندسه و حساب، فراتر از شکل و عدد می رود تا فقط با یک Continuum (پیوستار) که زیر بنای همه ی آنهاست معامله کند.

برای اقلیدس، این صرفاً یک شیئ فکری می باشد، اما من پیشنهاد می کنم که (با به کار بردن آن) در سه بعد، این پیوستار ریاضی (همان) افزونه ی دکارت می شود. او به عنوان ماده ای که زیربنای تمامی طبیعت است، به (افزونه) هستی واقعی می دهد، و با این حرکت، او برای ما دنیایی را به عنوان یک شیئ ریاضی واحد به ارمغان می آورد.

به گونه مشابه، روشی که دکارت در هندسه ی تحلیلی خود نشان می دهد، امکان معامله با دنیای جدید را با استفاده از یک جبر جهانی امکان پذیر می کند. هر پرسشی اکنون می تواند به عنوان یک مسئله ی قابل حل بیان شود که بر اساس یک مقدار ناشناخته بیان می شود که تنها با یک نماد واحد و کاملاً انتزاعی نشان داده می شود— (یعنی) آن "x" جهانی که به معنایی جهان مدرن ما را به بیشترین وجه ممتاز کرده است. (آن) روشنی که این (روش) برای کار ذهن محاسبه گر به ارمغان می آورد به واقع نفس گیر است، و نیوتن، همراه با بسیاری از جهان غرب، به روشنی از چشم اندازی که (این روش) باز کرده بود خوشحال بودند. او (نیوتن) در(همان) اوایل استاد (این) روش جدید جهانی شد.

با این حال، داستان *پرینسیپیا* ی نیوتن، که ما در اینجا به آن علاقمند هستیم، با جنبه ی بسیار متفاوتی از واکنش او به دکارت آغاز می شود. نیوتن همان گونه که از قدرتی که دیدگاه جدید ارائه می داد خوشحال بود، از این تنزل طبیعت به وضعیت یک شیئ صرفاً کمّی برآشفته شده بود: چرا که دکارت هر گونه بقایای روح یا هوش را به گونه کلی از طبیعت حذف کرده بود. موفقیت فلسفه ی طبیعی دکارت دقیقاً در این واقعیت بود که طبیعت به عنوان یک ماشین کاملاً هوشمند کار می کرد. هیچ جایی برای ناروشنی یا رمز و راز در ماشین دکارتی وجود ندارد .جهان یک پلنوم— بدون فضای خالی— است که در آن هر بخش به گونه مستقیم با تماس با همسایه عمل می کند. این تماس، اگر چه نه به چشم، اما با قوانین ساده و هوشمند برای مبادله ی حرکت بر طبق مراودات آنها به ذهن آشکار است. در واقع، از آنجایی که این پیوستار تمایز نیافته اساساً آبگون است، الگوهای حرکت آبگون مانند گرداب ها باید نقش مهمی ایفا کنند. در گزارش دکارت این چیزهاست که در خدمت حمل سیارات در مسیر آنها می باشند.

نکته اساسی این است که (در تئوری دکارت) هیچ شکافی بوجود نمی آید که رمز و راز یا شک و تردید ممکن باشد در آن پنهان شود— همه چیز صریح است. همه چیز روشن می شود. با این حال، (این صراحت و روشنی) از دست دادن چیز بیشتری را در خود دارد. کاهش طبیعت به چنین ماشینی به همان اندازه که برای نیوتن توهین آمیز بود اما هوشمندی آن موجب رضایتمندی دکارت بود. بنابراین نیوتن ردی به شدت با انگیزه، اصولی و نیرومند از دکارت را آغاز کرد. این همان جفت شدن تأیید و نفی بود که به ایجاد *پرینسیپیا* ی نیوتن خدمت کرد— یک مجادله ی مستقیم و دیالکتیکی بر علیه دکارت.

دیدگاه خود نیوتن، که ققنوس وار از این انکار دکارت سرچشمه می گیرد، مفهومی جدید و بسیار متفاوت از فیزیک ریاضی است. نیوتن به شدت آنچه را که ساکن به خود است—آن گونه ای که تمامی طبیعت برای دکارت می باشد— از اصل دوم، که او آن را فعال می بیند، جدا می کند. اصل اول، ساکن به خود، ماده است؛ اصل دوم، فعال، زور است. هر دو اصل از نظر ریاضی قابل اندازه گیری هستند، یکی به عنوان جرم یا کمیت ماده، دیگری به عنوان اندازه ی شتاب دهنده ی نیرو. قوانین حرکت رابطه ی آنها را بیان می کنند.

بنابراین نیوتن فضاها را به پلنوم دکارتی تزریق می کند، فضاهایی که در آنها یک اصل دوم، (یعنی) نیرو، می تواند عمل کند. به یک معنا، فهم دکارتی قربانی شده است. (در این فهم جدید) هیچ چیز توضیح نمی دهد که نیروها چگونه کار می کنند— به عنوان مثال، قانون گرانش، که از مطالعه ی (نیوتن) در مورد عملکرد منظومه شمسی بر می خیزد، به عنوان یک رمز و راز باقی می ماند. نیوتن متعهد نمی شود که به ما بگوید خورشید چگونه زمین را جذب می کند، اما ما می دانیم که این کار را با توجه به قانون ریاضی چرخشی انجام می دهد— و تمامی عملکرد منظومه ی شمسی، ماه و جزر و مد نیز، به شدت از این قانون پیروی می کنند. بنابراین قانون گرانش به زیبایی قابل فهم است، هرچند از نظر مکانیکی قابل توضیح نیست. برای نیوتن، نیرویی با توصیف ریاضی از (آن) قانونی که اطاعت می کند، یک شیئ قابل فهم است، و بنابراین متعلق به حوزه روح (جان) می باشد. برای نیوتن، حرکات حیوانات، از جمله حرکات سیستم عصبی خودمان، متعلق به قلمرو روح (جان) می باشند و به خاطر (این پیروی از اصول) ریاضی کمتر حیاتی نیستند.

این ممکن است امروز پیشنهاد مهمی برای ما باشد، زیرا به آستانه تکمیل برنامه ی نیوتن رسیده ایم. ما اکنون می توانیم گزارش

ریاضی کامل تری از سیستم حیوانی، از جمله از مغز و بدن خودمان هر دو را تصور کنیم. (البته) برای ما بسیار مهم خواهد بود که درک کنیم، اگر این (گزارش) واقعاً درست باشد، چنین شرحی لزوماً ما را به عنوان ماشین توصیف نمی کند، و نه نیازی ا ست که چنین شرحی چیزی کاهش دهنده داشته باشد.

یک سرنخ این موضوع مهم، مسئله ی جبر است. همان گونه که دیدیم، دکارت جبر را به عنوان ابزار جهانی روش جدید خود پذیرفت. اما نیوتن، گرچه از آن آزادانه برای اهداف عملی استفاده می کند، کاملاً آگاهانه تصمیم می گیرد که *پرینسیپیا* و *آپتیک ها* را در حالت هندسی ترکیب کند. دلایل او برای بازگشت به این سنت، به جای پذیرش حالت جدید، مورد بحث قرار گرفته است. من در مجموع متقاعد شده ام که نیوتن هندسه را بسیار ترجیح می دهد زیرا نمادهای هندسه— و بر خلاف x جهانی جبر— معنا دارند و می توانند خوانده و تفسیر بشوند. در طبیعتی پر از روح (جان) و هوش، همان گونه که نیوتن آن را می بیند، ریاضیاتی که جهان طبیعی را توصیف می کند نیز باید قابل فهم باشد و باید خود از روح (جان) صحبت کند. من در مقاله ی نیوتن نشان می دهم چگونه این ممکن است در مورد نمودارهای اساسی در *پرینسیپیا* درست باشد. این نمودارها هر دو، هم نیروی عمل کننده را اندازه گیری می کنند و هم به گونه نمادین به مرکز ریاضی آن نیرو اشاره می کنند.

برای نیوتن به گونه مشابه، تمامی طبیعت همانند *پرینسیپیا ی* هندسی، یک متن قابل فهم است. این وظیفه ی دانشمند است که آن را تفسیر کند. علیّت در طبیعت از طریق و با استفاده از نیرو به عنوان مأمور عمل می کند. نیوتن می گوید علت نهایی همیشه خدا ست. بنابراین، *پرینسیپیا ی* نیوتن و کیمیاگری او با هم، ابزار الهیات او هستند.

نیوتن به دنبال این دانش است، اما نه فقط به خاطر خود، بلکه به منظور آن که به خدا بهتر خدمت کند.

چگونه همه ی اینها در اصطلاحات بسیار متفاوت خط بخش شده افلاطون به نظر می رسند؟ بگذارید اول به دکارت فکر کنیم. من فکر می کنم این بسیار روشن است که دکارت طبیعت و مطالعه ی آن را به صورت یک امر خطیر کاملاً محاسباتی می بیند: (یعنی) تماماً موضوعی برای نیروی دلیل و برهان می باشد. اگر نقشی برای بالاترین بخش خط (روح یا جان) وجود داشته باشد، تنها می تواند این باشد که اجازه بدهد تا اولین اصول ریاضیات خود را به وضوح کامل آشکار کنند. من پیشنهاد می کنم این اساساً پیروزی بخش سوم خط بخش شده بر بخش چهارم (بالاترین-ن) است. این پیروزی، بالاترین بخش (یعنی) جان، نوس، یا روح را از مطالعه ی فلسفه طبیعی جدا می کند.

در واقع، برای بسیاری، این به صورت خِسرانی دیده نمی شد، بلکه برتر از آن آزادی از قلمروی بود که به گونه سنتی در بحث های بی پایان درگیر بود. اما در مورد نیوتن این گونه نیست. برای او فلسفه ی طبیعی قلمرو ی پر از بینش است، قلمروی که قدرت آن را دارد تا ذهن انسان را به ذهن خدا نزدیک کند. *پرینسیپیا*، در سیستم جهان، یک گوشه از حجاب را برداشته است، هر چند طرح بزرگتر خدا برای نیوتن به گونه ای وسوسه انگیز فراتر از دسترس او باقی می ماند.

بنابراین دکارت دنیای علم را با پاکسازی بخش بالای خط بخش شده ضد عفونی می کند. آنچه ما در دکارت می بینیم بیانگر شکاف بزرگ جهان مدرن است که در آن نگرانی های بزرگتر انسانی به خاطر قلمرو علم طرد می شوند. این ما را به مفهومی از علم برده است که اکیداً محدود، نا بارور و آن گونه ای که امروزه می گوییم "عینی" است. همان گونه که شاهد بوده ایم، به همراه این (بینش)، ادغام سراسیمه بقیه ی

بورس تحصیلی با همین معیار عینیت نا بارور همراه بوده است. طبیعت، اگر واقعاً به یک ماشین صرف تبدیل شده باشد، ممکن است مورد علاقه تکنولوژیکی زیادی باشد، اما به سختی (چیزی) بیشتر از آن (خواهد بود). محروم شده از معنا، (طبیعت) چیزی بیش از منافع عملی برای ما نخواهد داشت. با این حال، روح (جان) ممکن است به نوبه ی خود خشمگینانه بر (علیه) چنین توهینی شورش کند!

آیا می توانیم رابطه ای بین نیوتن و خط بخش شده پیدا کنیم؟ واکنش نیوتن اعتراض به نمایندگی از طرف همان روح (جان) است که دکارت سعی کرده بود پاکسازی بکند. کار نیوتن سراسر مصمم به نظر می رسد: به واقع، او یک برنامه ی مرکزی دارد، و یکپارچه در مسیر بسیار هوشمندانه ی خواسته شده توسط خرد، (یعنی) بالاترین استعداد روح قرار دارد. بنابراین، در ابتدا، به نظر می رسد که نیوتن بخش چهارم خط بخش شده را که دکارت قطع کرده بود احیا می کند.

و با این حال، تا چه حد هوشمندی کامل خواسته شده توسط خرد و روح ممکن است، و یا واقعاً حتی در کار نیوتن مورد جستجو قرار گرفت؟

اگر نیوتن اصرار کند که خدا به عنوان علت، هدف نهایی در تحقیق طبیعی می باشد، این به سختی پاسخی است که خرد در جستجوی آن باشد. برای نیوتن، خدا و اهداف او در نهایت فراسوی نیروهای خرد ما هستند، و به این معنا، قوانین طبیعت به همان اندازه ی هر قانونی که در لوح های خاک رُس صادر شدند (اشاره به ده فرمان موسی)، نفوذ ناپذیر می باشند. بنابراین، خود قوانین (همان گونه که گفتیم) اشیایی ریاضی و قابل فهم برای ذهن هستند، اما فراتر از آنها، طرح خدا چنین شیئ قابل فهمی نیست. ذهن ما قوانین را از نظر فکری

درک می کند، اما آن گونه ای که *نوس* می خواهد، ما به هدفی که در پشت آنها قرار دارد محرم نیستیم.

بنابراین خلقت به یک متن مقدس تبدیل می شود، و پیگرد علم، برای نیوتن، جنبه ای از وظیفه ی تفسیر کلام خداست. ما می توانیم قوانین خدا را تفسیر و مطالعه کنیم تا وظایف خود را به عنوان اعضای مسئول قلمرو خدا انجام بدهیم. ما ممکن است بگوییم که مدل نیوتن برای علم اساساً فئودالی است: ما خدمتگزاران یک سرور خیرخواه و فراسوی عاقل(بودن) هستیم. ما نمی توانیم راه های خدا را درک کنیم، اما می توانیم شگفتی های اثراتی را که تولید می کنند درک کنیم.

بنابراین، نه علم نیوتن و نه دکارت، در مجموع رضایت روح (جان) انسان و خواسته ی خرد برای بینش را فراهم نمی کنند .هر یک از آنها قلمرو های درخشان جدیدی را به ذهن انسان باز می کنند، اما هیچ کدام دسترسی به بالاترین بخش خط بخش شده افلاطونی را احیا نمی کند.

همان گونه که ما به کار جیمز کلارک ماکسول متوجه می شویم، دوباره تعامل پذیرش و رد آثار پیشینیان را خواهیم دید. همان گونه که نیوتن در ابتدا از دکارت خوشحال و چیزهای زیادی از او گرفت، همین گونه ماکسول از نیوتن یاد گرفت و بر (دانش) او مسلط شد. و به همان سان، همان گونه که نیوتن دکارت را رد کرد، ماکسول نیوتن را کنار گذاشت تا در جهت جدیدی حرکت کند، به سمت روشی جلوتر و ذاتاً بهتر از فکر کردن در مورد جهان طبیعی.

ماکسول

جانشینان نیوتن پروژه او را با ملاحظاتی که او در نظر گرفته بود درک نکردند. دنیای جدید انقلاب صنعتی به سرعت در حال ساخت ماشین آلات و پل ها و ورود به قلمروهای جدیدی از پدیده های فیزیکی بود. دنیا ی جدید به *پرینسیپیا* به عنوان متنی برای عصر جدید استقبال کرد، اما (این عصر) نتایج می خواست. متا فیزیک و الهیات نهفته در پشت محاسبات(نیوتن) از توجه محو شدند.

مفهوم نیرو آن گونه ای که جانشینان نیوتن از آن استفاده کردند، بسیار مفید بود، اما هیچ چیزی از حس نیوتن از روح را حفظ نکرد. در واقع، با گذشت زمان، حتی برای محققان آگاه نیز کاملاً ممکن شد که از ملغمه ی مکانیسم نیوتنی استفاده کنند، (و) تمایز بین نیوتن و دکارت را از دست بدهند و احتمالاً به گونه کامل نقطه ی مرکزی کار زندگی نیوتن را گم بکنند! ما همچنین باید توجه داشته باشیم که دوستان و ویرایش کنندگان / سردبیران یک کمپین عمدی و کاملاً مؤثر برای دفن کار (های) شرم آور نیوتن در موضوعاتی مانند کیمیاگری و الهیات راه اندازی کرده بودند. امروزه، با (کشف) این آثار که اکنون به روی ما باز شده اند، ما به گونه ای امتیاز داریم، که نسل های خوانندگان قبل از ما، برای درک تفکر نیوتن به عنوان یک کل (دارای آن امتیاز) نبوده اند.

(با رسیدن) قرن نوزدهم، بهر حال، سنّت به گونه مؤثری نیوتن را به یک مکانیست تبدیل کرده بود. قوانین نیوتن به گونه جهانی پذیرفته شده بودند زیرا آنها کار می کردند. (از طرف دیگر و) در درجه ی اول، به این دلیل که برای امتحانات ضروری بودند، به چیزی از یک استبداد بر ذهن نسل های دانش آموزان تبدیل شدند. در واقع، در انگلستان تسلط بر فیزیک ریاضی نیوتنی (از یک طرف) عملاً تنها راه ورود به کار علم

جدی شده بود و در همان زمان به امتیاز منحصر به فرد یک طبقه ی اجتماعی تبدیل شده بود که قادر به پرداخت هزینه های تحصیلات دانشگاهی بود.

کار نیوتن بدین ترتیب روح دیالکتیکی نیرومندی را که با آن آغاز کرده بود از دست داده بود. از نقطه نظر خط بخش شده، همه ی اینها تأثیر بازگشت علم به امور رسمی برای دکارت را داشت— مناسب برای قلمرو سوم، متعلق به دلیل و برهان، اما یک بار دیگر مهر و موم شده از هر گونه دسترسی به قلمرو خود خرد. علم، بنابراین کاهش یافته و منزوی شده، (و) یک توهین ضمنی به روح انسان باقی ماند، که در دراز مدت ممکن است هرگز برای (چیزی که) کمتر از حوزه ی کامل قدرتهای ذاتی ذهن (باشد) کوتاه نیاید.

این دیدگاه از یک علم کاهش یافته به نظم و انضباط ذهنی صرف بود— در واقع چالش برانگیز، اما نابارور— که جیمز کلارک ماکسول به عنوان یک دانش آموز در اواسط قرن نوزدهم را (با خود) مواجه کرد. این امر به ویژه هنگامی واقعیت داشت که از فضای لیبرال، آرام و Reflexive (اندیشمندانه ی) دانشگاه Edingburgh (ادینگبورگ) منتقل شد تا برای مطالعه ی بسیار دقیق و منظم فلسفه ی طبیعی وارد کمبریج بشود.

مهم خواهد بود که علاوه بر درخشش فکری، از آن چیزی قدردانی کنیم که ماکسول با خود به Cambridge (کمبریج) آورد، و بنابراین من باید کمی بیشتر در مورد پیشینه ی شخصی خاص او بگویم— که معتقدم برای شکل آن علمی که میرفت تا بدست آورد مهم بود. شاید منصفانه باشد که بگوییم، در زمانی که همه چیز اسکاتلندی تحت فشار شدید فرهنگ و اقتصاد بسیار قوی تر انگلیسی بود، ماکسول در قلب(خود) یک اسکاتلندی باقی ماند. با تمامی مهارتش در تسلط بر روش های انگلیسی، و با وجود موفقیت مشهور خود به عنوان یک استاد

در کمبریج در سالهای بعدی، او همیشه به نوعی به آن (جا) تعلق نداشت. با این حال، ماکسول ناسیونالیستی ساده نبود. پدرش اسکاتلندی بود و مادرش که وقتی که او کودک بود درگذشت، انگلیسی بود. ذهن ماکسول به اندازه ی کافی غنی بود تا هر دو فرهنگ را درک و حتی در آغوش بگیرد— و سپس به نوعی، کل را.

همراه با پیچیدگی میراث دوگانه ی اسکاتلندی و انگلیسی، سالهای شکل گیری (سالهای بین زایش و هشت سالگی) ماکسول منعکس کننده ی تاثیرات شهری و روستایی بود. اگرچه او در ادینگبورگ زاده شد و متعلق به املاک خانوادگی بزرگی در اعماق روستای Galloway (گالووی) بود— که ماکسول (آن را) دوست داشت و بعداً بسیاری از بهترین کارهای علمی خود را انجام داد، با این حال، به عنوان یک دانش آموز، به گونه ناگهانی از گالووی به محدودیت های آکادمی جدید و بسیار انگلیسی ادینگبورگ منتقل شد، جایی که روش های روستایی او به سرعت نام مستعار "دفی" (Dafy) را برای او آورد. به نظر می رسد که او در طول زندگی خود به گونه معمول با لهجه ی گالووی صحبت می کرد که بریتانیایی ها در درک آن مشکل داشتند و او(نیز) تمایل داشت افکار خود را در یک پوشش طنز و غیرمستقیم پنهان کند که شنوندگان او و گاهی اوقات خوانندگان او نیز به سختی (به مفاهیم آنها) نفوذ می کردند.

پس از متمایز کردن خود به عنوان یک دانشجو (ی برجسته) در آکادمی، او در ابتدا نه به انگلستان بلکه به دانشگاه ادینگبورگ فرستاده شد، که در آن زمان هنوز در برابر خواسته های جدید انگلیسی مقاومت می کرد. ماکسول آنجا برای دو سال شاد مطالعه کرد— که برای کارهای بعدی او بسیار مهم بود— (و) در سنت های اسکاتلندی آموزش گسترده لیبرال و انسانی غوطه ور شد، (که) از بسیاری جهات مخالف آن چیزی بود که در کمبریج با آن مواجه شد.

از این دوره ی خوب ادینگبورگ او به دانشگاه کمبریج منتقل شد، که به زودی از آنجا به Trinity College (کالج ترینیتی) نیوتن کوچ کرد و خود را در آن mathematical rigors (خلاقیت و مشکل گشایی ریاضی) که از آن صحبت کرده ایم متمایز کرد. در اسکاتلند، روش های هندسی که برای نیوتن بسیار مهم بودند، توسط زمین سنج شناسان برجسته ای مانند MacLaurin (مک لارین) و Simson (سیمسون) پیشرفت کرده بودند و نشان رویکرد اسکاتلندی به ریاضیات انسانی را حفظ کردند.

در مقایسه، در انگلستان، مهارت در تجزیه و تحلیل به عنوان آمادگی ذهنی عالی برای پیشوایان و دولتمردان آینده تصور می شد. ماکسول به هر دو جهان غلبه یافت— اما من معتقدم خواهیم دید که تنش های پیچیده ای که در سراسر این تجربه جریان داشت، روح ریاضی او را شکل داد و نقش بزرگی در انقلابی را داشت که می رفت تا با توسعه فهم میدان الکترو مغناطیس به پیش ببرد.

به عنوان یک همکار علمی در دانشکده ی ترینیتی، پس از موفقیت در امتحانات از آن نوعی که (قبلاً) توصیف کرده ایم، ماکسول خود را در (زمینه ی) تحقیقات برق و مغناطیس Michael Faraday (مایکل فارادی) غوطه ور کرد، که به تازگی در سه جلد تحقیقات تجربی در برق جمع آوری شده بود. برای با دقت خواندن این آثار (فارادی)، آن گونه ای که ماکسول انجام داد، لازم بود تا سفری بیکران به ذهن و روشهای فردی بسیار درخشان اما فوق العاده بی ادعا انجام شود. از بین افراد ممتاز در انگلستان، افراد زیادی نبودند که مانند ماکسول قدمهای فروتنانه فارادی را دنبال کنند. فارادی به عنوان یک "کاشف" به گونه ای خوار مانند ستایش می شد، اما (آن گونه تصور می رفت که-ن) هر کسی با تحصیلات دانشگاهی مناسب این گونه ای می فهمد که فارادی، مبرّا از

ریاضیات و آموزش ندیده در علوم رسمی، تنها می توانست به عنوان یک کارگر ماهر در تاکستان خود در مؤسسه ی سلطنتی مشارکت کند، در حالی که (بایستی) علم جدی را به کسانی از رده های بالاتر واگذار نماید.

بنابراین، تا اندازه ای تأکید مجدد اعتقادات گالووی ماکسول باید او را (اینچنین) هدایت کرده باشد، که نه تنها فارادی را صادقانه از طریق مسیرهای پیچیده و راه های تحقیقات تجربی دنبال کند، بلکه خود را به اصلاح سیستماتیک نمودارهای فارادی از خطوط نیرو در اطراف ترتیب بندی آهنرباها اختصاص دهد، و اشکال تحلیلی جدیدی را شکل دهد تا به نزدیکترین شکل ممکن بینش های فارادی را به دست بدهد. فارادی بدون عذرخواهی خود را "فیلسوفی نا ریاضی" اعلام کرده و در نامه ای از ماکسول پرسیده بود که آیا ممکن نیست نتایج تحقیقات ریاضی به زبانی بیان شود که افراد آموخته نشده در ریاضی مانند او، ممکن باشد (کار او را) درک کنند. در پاسخ، ماکسول مقاله ی "در باره ی خطوط نیروی فارادی" را تا حد ممکن در حالتی شهودی، در حالت هندسی (و) قابل دسترس به ذهن آموزش ندیده نوشت. این هدیه ای به فارادی بود.

من معتقدم که انتخاب فارادی و (ترجیح) هندسه بر تجزیه و تحلیل توسط ماکسول، نزدیک به پایه و اساس اعتقادات او در مورد فلسفه ی طبیعی و ریاضیات، و به همان اندازه ریشه ی انقلابی ست که او با فرموله کردن نظریه ی شکل میدان الکترو مغناطیس انجام می دهد. حفظ این ادعا ممکن است دشوار به نظر برسد، چرا که ماکسول مسلماً (در ادامه) به انجام کار(های) درخشانی به شکل تحلیلی پرداخت. با این وجود نظر من این است که در نظریه ی میدان ماکسول، توابع تحلیلی (آن گونه) شکل می گیرند تا به گونه مستقیم روح فارادی و هندسه را به دست بدهند— اگر شهودی صحبت کنیم، به آن راههایی به چشم ذهن شکل گرفته اند که تجزیه و تحلیل متعارف انجام نمی دهد. ماکسول در

اواخر زندگی خود و با حفظ نظری که در ابتدا در مورد فارادی اعلام کرده بود، در مورد فارادی نوشت که، در میان همه ی آنها این فارادی بود که ریاضیدان واقعی بود!

ماهیت ریاضیات و فیزیک ریاضی در اینجا به گونه جدی زیر پرسش است. درحالی که ماکسول بینش فارادی را به نمادهای ریاضیات رسمی ترجمه کرد، حالت هندسی و بصری اساسی باقی ماندند. در تفاوتی بسیار با شیوه های "ریاضی دانان حرفه ای" (به عبارت ماکسول)، ریاضیات تحلیلی جدید میدان، که خود ماکسول توسعه می داد، (نسبت به) نیت هدایت کننده ی او فقط به صورتی ثانوی مؤثر بودند.

یک چرخش دیگر تفکر ماکسول پس از گذاری طولانی از حرفه علمی او رخ داد، زمانی که او برای اولین بار با معادلات حرکت Lagrange (لاگرانژ) مواجه شد. در ملاحظه ی درک قاره ای از حرکت به جای نیرو ی نیوتنی این (معادلات) حرکت یک سیستم متصل به عنوان یک کل را مشخصه بندی می کنند. ماکسول ملاحظه ی عمیقی برای متافیزیک که او را در ادینگبورگ به خود مسحور کرده بود، نگه داشته بود. برای او این تقدم کل به وضوح یک ایده ی اساسی و از اهمیت درجه اولی برخوردار بود. بنابراین در رساله ی خود در مورد الکتریسیته و مغناطیس مطمئن شد که معادلات لاگرانژ را در رأس دلیل و برهان خود قرار دهد و سپس سیستم معادلات خود را به عنوان یک مورد خاص از (معادلات) لاگرانژ استخراج کند .تنها با دلیل و برهان از این معادلات (یعنی با تعیین سیستماتیک ضرایب آن مقادیری که به قضیه ی الکترومغناطیس شکل می دهند) او به الکترومغناطیس به عنوان یک نمونه از ایده ای کلی از یک سیستم سراسر متصل می رسد. به این ترتیب، آن گونه که خود ماکسول ارائه می کند، معادلات الکترومغناطیس او از ابتدا با روح تمامیت مناسب با مفهوم میدان پر شده اند.

نظریه ی تحلیلی ماکسول در نهایت شکل چهار معادله ی دیفرانسیل متقارن را به خود می گیرد و اینها— (که) امروزه به زبان نسبیت باز سازی می شوند— به عنوان سنگ بنای فیزیک ریاضی مدرن شناخته می شوند. یک معادله ی دیفرانسیل با صحبت کردن عمومی از روابطی که در هر نقطه از فضا به دست می آیند، توانایی قابل توجهی برای توصیف فضا به عنوان یک کل دارد.

در مقابل، اجرام منفرد و نیروهای خاصی که بین آنها عمل می کنند، برای ماکسول فقط آخرین و مشکل ساز ترین مفاهیمی هستند که ظهور می کنند. ماکسول در واقع یک وارونگی در ساختار فیزیک ریاضی را آغاز کرده است. اجسام ابتدایی و روابط آنها، که در نظریه ی نیوتن اساسی بودند، در (نظریه ی) ماکسول ثانویه و مشتق می شوند. (آن) کل، که از نظریه ی نیوتن مشتق می شود، زیرساخت ماکسول است.

این وارونگی به هم چنین اهمیت جامعه شناختی دارد. از طریق مفهوم میدان، که از طریق الگوهای آن درک شده باشد، ماکسول الکترو مغناطیس را در دسترس هر ذهن جستجو گر برای دریافتی مستقیم قرار داده بود. بنابراین، این رویکرد جدید هم اساسی بودن نمادهای محض ریاضی و هم ضرورت یک معادله ی صوری اشرافی برای تسلط بر آنها را تضعیف می کند. بواسطه ی اثرش، این هدیه ی بزرگ ماکسول به فارادی و حتی بیشتر هدیه ی او به آن چیزی بود که عقل دموکراتیک* نامیده می شود.

ما مدرن ها نمی توانیم اهمیت انقلابی را که ماکسول از طرف ما انجام می داد، درک کنیم. ما امروز در تلاش های خود برای درک کل سیستمها در تمامیت آنها— چه سیستم های زیست محیطی و چه جامعه

---

* Davie, George Elder. The Democratic Intellect: Scotland and Her Universities in the Nineteenth Century. Edinburgh, The University Press (1961).

جهانی انسانی— می لنگیم، زیرا علم از ماکسول یاد نگرفته است که از نظر کل دلیل و برهان بیاورد. مشکل تشدید شده است زیرا ما بینش دموکراتیک ماکسول را در بدنه ی بزرگتر تفکر اجتماعی خودمان ادغام نکرده ایم. جامعه ی ما هنوز ریاضیات و علوم را به عنوان مسائلی که فقط برای متخصصان رزرو (پستا) شده است، در نظر می گیرد، و از این رو فرصت یادگیری از استادانی مانند ماکسول را وا می گذارد.

با این حال، ما باید به یاد داشته باشیم که انقلاب ماکسول علیه تحریف نیوتن است، نه علیه خود نیوتن. با وجود تمام تفاوت های آشکارشان، در سطحی عمیق تر، نگرانی آنها در (چگونه) شکفته شدن روح انسانی آنها را متحد می کند. مفهوم نیوتن از روح انسان در الگوی قانون و اطاعت بیان شده که ما آن را اساساً فئودالی توصیف کرده ایم. (اما) ماکسول، زمانی که این روح انسانی را به بروزی دموکراتیک منتقل می کند، بازتاب کننده ی مسیر بزرگتر تاریخ بشر است.

نیوتن یک دنیای لایه بندی شده از فرمان و اطاعت از راه دور توصیف می کند. ماکسول تمامی شکاف ها را پر می کند، هر کدام از معادلات میدانی او در همه جا به گونه مساوی عمل می کنند. به عنوان یک مجموعه، راه حل آنها به شکل یک بیانیه در مورد کل می باشد. به این معنا، آنها معادلات یک کیهان منسجم و قابل فهم می شوند. همچنین، آنها خود تصویر یک کل اجتماعی بازسازی شده و دموکراتیک هستند. وقتی که به پدیده ها به این طریق، در ارتباط جهانی شان و اینکه یک کلیت را می سازند، نگاه شود، (آنوقت این) معنا پیدا می کند— نشانه ای مطمئن که راه یک بار دیگر به نوس و قلمرو کامل خرد و روح انسان باز شده است.

مارکس

برای بسیاری از خوانندگان ممکن است عجیب به نظر برسد که در مطالعه ای که به "شکفته شدن" تصویر دانش جدید اختصاص داده شده است مقاله ای در مورد مارکس گنجانده شود. اما همان گونه که مقاله ی در مورد *سرمایه* در این جلد روشن خواهد کرد، مارکس نظریه ای در باره ی سرمایه داری در نگاره ی *پرینسیپیا* به راه می اندازد: همانند یک سیستم ریاضی بسته که اکیداً توسط قانون عمومی نیرو اداره می شود. به نظر می رسد اکثر منتقدان این نکته را نادیده گرفته اند— احتمالاً دانشجویان *سرمایه* به ندرت دانشجویان *پرینسیپیا* هم بوده اند— اما این اغراق نخواهد بود اگر بگوییم که مارکس تا حد قابل توجهی نیوتن سرمایه داری است.

مسلماً، سبک مارکس کاملاً مخالف نیوتن است. مارکس یک محقق کلاسیک بود و بیشتر شبیه ارسطو دلیل و برهان می آورد که ما او را مطالعه و (از او) قدردانی کرده ایم تا مانند یک فیزیکدان ریاضی. با این حال، نتیجه ی کار به گونه کامل بر اساس تعاریف اندازه های دقیق ریاضی استوار است، و جزئیات حرکات حاصله همانند (حرکات) سیارات در *پرینسیپیا*، به شدت دنبال می شوند. همانند *پرینسیپیا*، در اینجا، هدف بسیار فراتر از توسعه ی یک شرح ریاضی صرفاً توصیفی (از حرکات درون جامعه ی سرمایه داری) یا حتی پیش بینی دقیق (در مورد آنها) می باشد. در هر دو مورد (*پرینسیپیا* و *سرمایه*) هدف یکسان است: ارائه شرح علت و معلولی موجّه و درست از عملکرد سیستمی که توسط قانون ریاضی اداره می شود. سرمایه دقیقاً به این هدف اختصاص داده شده است.

توضیح این ادعا مدتی طول خواهد کشید که وظیفه ی مقاله ی در مورد سرمایه خواهد بود. با این حال، ارائه ی چند نکته از پیش ممکن

است کمکی بکند. به جای جرم (یا مقدار ماده)، اندازه ی اساسی در *پرینسیپیا*، مارکس ساعت کار تمایز نیافته را به عنوان واحد دقیق اندازه گیری در سرمایه داری جایگزین می کند و برای قانون محرکه ی سرمایه داری به عنوان یک سیستم اجتماعی، مارکس قانون ارزش اضافی را تعیین می کند. این یک مسئله ی انتخاب اخلاقی نیست، بلکه ضرورت همان سیستمی می باشد که هر شرکت سرمایه داری در آن باید به گونه ای کار کند که سود را به حداکثر برساند، که در اینجا اکیداً از منظر ارزش اضافی به عنوان معیار پایه تعریف شده است.

این دستاورد بیرونی مارکس چه نوع دستاوردهای درونی را به نمایش می گذارد؟ البته این یک پیشرفت قاطع برای خرد است: توانایی درک جامعه به عنوان یک سیستم قابل فهم، از بالاترین اهمیت برای روح انسان برخوردار است و در حال حاضر (این خود) یک گام به سوی آزادی است. با این حال، تحلیل مارکس نشان می دهد که خود این جامعه غیر آزاد است: توسط قوانین ضرورت اکید اداره می شود، نتایجی را به دست می دهد که خرد به معنای بالاتر کنترلی بر آنها ندارد و خودِ آگاهی را مشروط می کند. این حتی دستاورد درونی قابل ملاحظه تری می باشد که نویسنده (یعنی مارکس) می تواند از این سیستم قدم به بیرون گذاشته و عملکرد خرد را به کامل ترین شکل به کار بگیرد.

در این معنا، *سرمایه* شاید نوع جدیدی از ادبیات باشد. این محصول ذهن انسانیست که از یک طرف تئوری را توسعه می دهد و عواقب سیستم را به شدت دنبال می کند و از سوی دیگر از دیدگاهی بالاتر هزینه های انسانی و توهین به کرامت انسانی را که مستلزم هر مرحله از فرآیند آن است، مورد قضاوت قرار می دهد. این قضاوت یک اعتراض بیهوده یا بی اساس نیست، بلکه پژواکی از خود خرد است.

مارکس به شیوه ی طنز پیچیده می نویسد. او با دقت یک پرتره ی دقیق را نقاشی می کند، اما تصویری را که پدیدار می شود تحقیر می کند و خواننده را از هیچ درد یا زشتی آن در امان نمی گذارد.

اگر *سرمایه* همان چیزی بود که تاکنون توصیف کرده ایم، اثری از تاریکی و نا امیدی می بود. با این حال، در واقع، برعکس است: از این تناقض، (به گونه ای) دیالکتیکی، چشم انداز چیز کاملاً جدیدی ظاهر می شود. آنچه مارکس می بیند این است که سرمایه داری علی رغم (خواسته ی) خودش تلاش می کند تا در درون سینه ی خود سیستمی یا یک نظم کاملاً جدید ایجاد کند.

مارکس با زحمت توضیح می دهد که این فرآیند چگونه کار می کند. شرکت هایی که سرمایه داری پرورش می دهد صرفاً فردی و جداگانه هستند. آنها بر اساس قانون ارزش اضافی برای اهداف خود کار می کنند. آنها به ضرورت تمایل دارند که بخشهای همیشه بیشتری از سرمایه را در عملیات صنعتی بزرگ جمع آوری کنند. آنها کارگران ماهر قبلی، شرکت های کوچک را با شیوه های تولید سازمان یافته، تجزیه و تحلیل شده، مکانیزه و کارآمدتر جایگزین می کنند که در آن کارگران تنها (تبدیل به) چرخ دنده های یک شرکت غول پیکر می شوند. بنابراین کارگران ناگزیر به درون یک مجموعه ی همگون انسان معمولی کشیده می شوند که در آن، مهارت ها و تلاش های فردی آنها تحت الشعاع بزرگی شرکت ها قرار می گیرند. آنها طبق مصلحت شرکتها استخدام و اخراج می شوند و بر اساس خواسته ی شرکتهای در حال تحول از مواظبت یک ماشین به ماشین دیگری تغییر مکان می دهند.

پیش آگاهی مارکس تقریبا غیر طبیعی به نظر می رسد. آدم شگفت زده می شود که مارکس، گرچه به جهان قرن نوزدهم نگاه می کند، در واقع آنچه را که ما اکنون به عنوان اقتصاد جهانی می شناسیم

پیش بینی می کند. او نه تنها (این آینده را) پیش بینی کرده است، بلکه آنچه را که می بیند با جزئیات تجزیه و تحلیل می کند و ما درک می کنیم که او احساس رو به رشد امروزه را بیان می کند که انسانیت یک سرنوشت مشترک دارد.

سرمایه خارج از ستایش یا سرزنش عمل می کند، و بازیگران در سیستم سرمایه داری، چه بانکدار و چه کارگر، همان گونه که باید عمل می کنند. هر گونه تلاش شخصی برای عدم شرکت (در آن)، خود مکانیسم (سرمایه داری) را اساساً بدون تغییر می گذارد.

مارکس به هیچ وجه ظهور این جهان مدرن را تحقیر نمی کند: تحقیر در هر صورت صرفاً فعالیتی بیهوده خواهد بود. بسیار جالبتر این است که او سرمایه داری را در حال توسعه فنآوری های جدید شگفت انگیزی می بیند که قادر به تغییر شخصیت صحنه ی انسانی است. گسترش سرمایه داری در همه جا مستلزم توسعه ی برنامه ریزی عقلانی در مقیاس عظیم شرکتهای جهانی و به همراه آن سازماندهی تعاونی فرآیند کار تا دستیابی به اهدافی است که کاملاً فراتر از دستیابی افراد یا شرکتهای کوچکتر بوده است.

بهر حال، هم زمان، نوع انسان به گونه فزاینده ای خدمتگزار شرکتهای جهانی جدید شده است که فقط برای رسیدن به اهداف خود کار می کنند. مارکس اینها را در بحبوحه ی اوایل انقلاب صنعتی می گوید. هر چیزی که او می گوید امروز فقط درست تر به نظر می رسد..

شکی نیست که بشریت می تواند هوشمندانه برای اهداف مشترک در مقیاسی بزرگتر عمل کند— (و) این (عمل مشترک) به گونه گسترده ای به صورت روزانه نشان داده می شود. آنچه مورد بحث است این است که عملاً قدرت های جدید مان را از نزاع و رقابت دور کنیم. در دیدگاه مارکس، هر انسان منفرد، دسترسی واقعی به منابع جدیدی که

امروز ما را احاطه کرده است، به دست خواهد آورد و بنابراین قادر خواهد بود آزادانه— اصطلاح او خود انگیخته می باشد — مطابق با اهداف کاملاً فردی و شخصی عمل کند.

بنابراین سرمایه نه تنها یک کار جدی علمی به معنای نیوتنی می باشد، بلکه یافته های خود را با توجه به بالاترین (حد) منطق ارزیابی می کند که به عدالت و بالاترین خیر انسانی اختصاص داده شده است. مارکس آشکارا تعمیم بنیادینی از مفهوم خود علم را پیشنهاد می کند که خرد انتقادی را (نیز) در بر بگیرد.

سرمایه یک اثر ترغیبی نیست، (که) احضار به عمل بکند، زیرا خود علم فروپاشی سرمایه داری را با یا بدون عمل پیش بینی می کند. جنبش های انقلابی سیاسی در واقع از آن سرچشمه گرفته اند. اما برخی علم را اشتباه درک کرده اند و چشم انداز مارکس از شکوفایی زندگی انسان را از دست داده یا قربانی کرده اند. به عنوان مثال، کل دوران کمونیسم استالینی، که از بسیاری جهات یک اشتباه کامل و مسخره کردن قصد مارکس بود، (قصدی) که در همه جا به آزادی بشریت در درجه اول و در نهایت به عنوان افراد آزاد اختصاص داده شده است. هدف مارکس رهایی از محدودیت های یک سیستم مکانیکی است. آزمون آزادی، امکان اقدام خود انگیخته ی انسان است. مارکس پیش بینی می کند که روشهای مدرن اگر به این هدف اختصاص داده شوند به راحتی می توانند چنین عمل آزاد انسانی را ممکن سازند.

در جلد سوم *سرمایه*، مارکس نقد را به سطح بالاتری می برد. او در واقع می پرسد که چگونه ذهن می تواند در سیستمی که به نظر میرسد ناتوان از فرار از آن است، مهر و موم شود؟ او طریقی را دنبال می کند که در آن سرمایه داری تصویر خود از دنیایی را که در آن زندگی می کنیم ترسیم می کند: یک سیستم کامل روابط اجتماعی، نهادها، سیستم های

فکری و واژگان زندگی روزمره. بنابراین، انتقاد باید عمیقاً به تمام این ساختارهای فکری، زبان و جامعه، که همان هوایی را تشکیل می دهند که تنفس می کنیم، نفوذ کند.

سرمایه باید به این طریق نگاهی انتقادی به خود، روش های خود و زبان خودش داشته باشد. پروژه ی مارکس به شدت دیالکتیکی است و در همه جا به شور تناقض ملبس شده است. با این حال، از استقلال نهایی خرد آزاد که خود اثر (یعنی سرمایه) را ایجاد می کند، آگاه است و خواننده را که از خلال نقاب های فراوان (در کتاب سرمایه) با او رابطه برقرار می کند به همان عمل آزاد دعوت می کند.

نتیجه، سطحی از تمامیت بی امان دیدگاه است که دقیقاً و همیشه خواسته ی آن بالاترین خردی می باشد که افلاطون آن را *نوس* می نامد— (خردی) که اینک در تاریخ حمل شده است و همان گونه که دیده ایم، در کشتی علم مستقر گشته است. این همان خردی است که نیوتن با آن فراتر از محدودیت های دکارت پیش می رود و همان خردی است که ماکسول توسط آن به نوبه ی خود مفهوم میدان را برای فرار از محدودیت های نیوتن شکل داد. خرد تمامی پاسخ را (و) در آزادی کامل می خواهد: (و) با اظهارات خودسرانه یا محدودیت های مکانیکی آرام نخواهد شد. بنابراین، با وجود پیچیده بودن داستان، من از طریق این سه اثر، مبارزه ی طولانی روح آزاد انسان را می بینم— *نوس* افلاطون متعهد به گفتگو ئی می باشد که در خلال تاریخ بشر تکامل می یابد. به عنوان خوانندگان هر سه (نویسنده)، این داستان در حال حاضر به ما می رسد، که از ما دعوت می کند که این پروژه را فهمیده و در زمان خودمان به جلو ببریم.

پیش درآمد به مقاله (در مورد) مارکس

از خلال آن چیزهایی که ما دانش می نامیم، روح (جان) انسانی را می بینیم که (از یک طرف) آزادانه و با اشتیاق در روشنایی درخشنده قرن بیست و یکم به پیش می رود، اما در موارد دیگری به همراه نیوتن، آدام اسمیت، و هابز در سایه قرن های گذشته مخفی شده است. با پاره ای از انحرافات در انتخاب، ما به لحاظ دانش، مدرن هستیم اما در تفکر اجتماعی خود (هنوز) باستانی می باشیم. مارکس نشان می دهد که چرا این چنین است؛ علل اساسی (این گونه تفکر اجتماعی) قابل ستایش نیستند، اما قدرتمند می باشند.

ماکسول خرد بشری را متناسب با کل نظام تصور کرده و احساس هوشمندانه ای از هدف بزرگتر انسانی را برای آنها به ارمغان می آورد. (به واقع) چنین تفکری نیاز است اگر که بخواهیم با مسائل جهانی مانند گرسنگی، جنگ، ونیاز به پایداری محیط زیست مقابله کنیم-مسائلی که امروزه درهمه جا (درمقابله با آنها) با شکست روبرو هستیم. مقاله ی سوم ما در مورد *سرمایه*ی مارکس به ما کمک خواهد کرد تا بفهمیم چرا جهان به عنوان یک مجموعه به گونه ای قاطعانه از پیوستن به انقلاب آرام اما قدرتمند ماکسول خودداری کرده است.

بحث من آن است که، *سرمایه* مارکس، هم نمونه بارزی از دانش استاندارد است، و هم در عین حال اثریست که راه جدیدی را ترسیم می کند و زمینه های بالاتری را برای دانش در آینده ایجاد می کند. همان گونه که ماکسول مفهوم دانشی را که از نیوتن به ارث برده بود انقلابی کرد، به همان نحو مارکس نیز تحول بیشتری را پیشنهاد می کند تا خود اجتماع را نیز در زمره اهداف مشروع اندیشه علمی قرار دهیم.

از درون نقد تحلیلی مارکس مفهوم روشن جدیدی از معنای آزادی واقعی انسان پدیدار می شود. ارزیابی او روندی تاریخی را آشکار می کند ، روندی که مدتهاست در حال توسعه می باشد و به وسیله آن آزادی جدیدی از روح انسانی در حال آماده شدن است. اگر به خاطر چنین بینشی نبود، انسانیت ممکن بود که خودش را در سرنوشتی به اندازه هر تراژدی باستانی در بند ببیند. اما آن چنان که تشریح خواهم کرد، پیغام مارکس دقیقاً متضاد این است: او تصویر درخشانی ازمعنای واقعی آزادی انسان ترسیم می کند و راه دستیابی به آن را نشان می دهد. اکتشاف آنچه که این راه مستلزم آن است، هدف مقاله ایست که در ادامه می آید.

به سوی خوانشی از سرمایه

همان گونه که *جمهوری* افلاطون کتابی درباره سیاست نیست، *سرمایه* مارکس نیز کتابی درباره اقتصاد نمی باشد. افلاطون از *سیاست* به عنوان استعاره ای استفاده می کند که از طریق آن روان انسان و اعمال آن را بررسی می کند، و مارکس (نیز) ساختار سرمایه داری را با همین روحیه بررسی می کند تا اساسی ترین پرسش ها را درباره خود و جهان از ما بپرسد. (اگرچه) در این عصر تجارت، استعاره ی اقتصادی گویا تر است، اما در مقیاس کلی پرسش به همان شکل باقی می ماند: ما کی هستیم، و رابطه اعمال ما با خوبی انسان چیست. (کلیت کتاب) *جمهوری* زمانی که به عنوان متنی در مورد علوم سیاسی خوانده می شود به طرز عجیبی به چیز دیگری تبدیل می شود و تنها زمانی می توان به یکپارچگی آن نزدیک شد که به عنوان نامه ای از سقراط به ما خوانده شود. به همین ترتیب، می خواهم پیشنهاد کنم، *سرمایه* را نمیتوان به اقتصاد دانان واگذار کرد. در واقع ممکن است آنها کمتر از همه به آن علاقمند باشند، زیرا آنها برای پاسخ به پرسش هایی که به گونه خاص موضوع آنها می باشند راه های دیگری دارند. اما اگر سرمایه به عنوان نامه ای از مارکس به ما، و به عنوان چالشی به ارزش ها و کار کردهای روزانه ی جامعه ی ما خوانده شود، *سرمایه* همچنان اثری گویا و نگران کننده باقی خواهد ماند.

برای مارکس، "سرمایه" یک سیستم فراگیر است: نه کمتر از افلاطون، او پرسش هایی اساسی در مورد شهرها، علوم ما و عملکرد ما از فضیلت های انسانی می پرسد. اگر حق با او باشد، ما مردمی وارونه هستیم، خودمان را در یک جهان تصور می کنیم اما در جایی دیگر زندگی می کنیم. به گونه خلاصه، با این باور که او چیزی را در ما می بیند که ما نمی بینیم، من پیشنهاد می کنم آنچه را که او باید بگوید، در نظر بگیریم،

و برای این منظور از خواننده می خواهم که با من در یک گشت دیالکتیکی کوتاه از سه جلد اصلی *سرمایه* مارکس همراهی کند.

بیایید از ابتدا توافق کنیم که به خاطر اهداف کنونی (این مقاله)، مارکس را از اتحاد جماهیر شوروی (سابق) و هر جامعه ی دیگری که نام او را بخود گرفته و مدعای میراث اوست جدا کنیم. ما در اینجا نیازی به قضاوت در مورد این سؤال نداریم که کدام جریانات اجتماعی از نام او سوء استفاده کرده اند و کدام یک او را به خوبی خوانده اند. در بهترین حالت، اینها پرسش هایی هستند که ما می توانیم تنها پس از اینکه خودمان کار او را به گونه جدی و با دیدی تا حد امکان باز مطالعه کرده باشیم جواب بدهیم. من معتقدم که *سرمایه* یک کتاب بزرگ است، بسیار پیچیده و به طرزی شگفت انگیز ظریف (و آنهم) در گذرگاه هایی که جهان اغلب زمانی برای در نظر گرفتن آنها نگذاشته است.

امروزه فوریت ویژه ای در چنین درکی وجود دارد، زیرا *سرمایه* برای یک قرن است که در لیست پرفروش ترین های کتابهای جهان قرار دارد: به سختی لازم به بحث و جدل است که ما باید هر آنچه را که در قدرت داریم به کار ببریم تا گفتگوی اساسی با کتاب خوان های عمومی جهان را ابقاء کنیم. حتی اگر ما در آزمون مارکس هیچ وعده ای نمی بینیم، یا هیچ ارتباطی با مثل خودمان نمی بینیم، این واقعیت که دیگران در سراسر جهان آن را بسیار قانع کننده می دانند، نشان می دهد که مارکس هنوز با دل نگرانی های جهان صحبت می کند: این واقعیت به تنهایی مستلزم آن است که ما *سرمایه* را درک کنیم و اگر بتوانیم آن را بخوانیم، حداقل به همان اندازه که دیگران انجام می دهند.

هنگامی که توافق کرده باشیم که مارکس و کتاب او را در شرایط خودشان مورد توجه قرار دهیم، برای گزاره ای آماده هستیم که می خواهم در آغاز تحقیقاتمان ادعا کنم. به نظر من، مارکس *در کنار ماست*. منظورم

از «کنار ما»، طرف دموکراسی و احترام به ارزش و کرامت هر فرد است. خواننده ممکن است مارکس را متفاوت قضاوت کند، اما تفاوت (در پایان تحقیقات) شاید چنین نتیجه گیری می باشد که در نهایت، اعتماد مارکس به توانایی های انسانی نه ناچیز، بلکه بیش از حد است— که او به ما آزادی ها و مسئولیت های بیش از حدی را اعطاء می کند، که او به توانایی های ما برای استفاده از مهارت های انسانی خود (و) برای برنامه ریزی مشترک منطقی برای رسیدن به اهداف مشترک انسانی ما اعتباری بسیار بالا قائل است— به گونه خلاصه، مارکس بیش از حد دموکراتیک است. در هر صورت، تلقی من آن است که مارکس ما را در *سرمایه* به چالش می کشد تا در مسیر دموکراسی، در مسیر خودمان، جلوتر برویم— خیلی جلوتر از آنچه که تا کنون رفته ایم.

مارکس به اسناد مرکزی آیین آمریکایی احترام می نهد. او این اسناد را به عنوان ادعا و اعطای رسمی حقوق برابر هر فرد می بیند. تمام آن چیزی که مارکس به آن اعتقاد دارد و پیشنهاد می کند، بر این باور استوار است که این حقوق به دست آمده اند و باید از آنها دفاع و محافظت بشود. اما به عنوان حقوق *رسمی*، آنها فقط پروژه ی آزادی بشر را راه اندازی می کنند. (اما) آزادی های رسمی به دست آمده توسط انقلاب آمریکا در جامعه ای که آزادی واقعی مربوطه را به یک واقعیت مسلم در زندگی هر عضو آن تبدیل می کند، هنوز بایستی که (در عمل) پیاده بشوند. یک دیدگاه صادقانه از آمریکای معاصر تنها می تواند به ما یادآوری کند که تا چه حد باید برای رسیدن به چنین واقعیتی به پیش برویم— و

ما خیلی آهسته یاد می گیریم که در جهان مدرن نمی توانیم به چنین مسائلی فقط از نقطه نظر یک ملت جداگانه فکر کنیم.[۱۶]

شاید مارکس بیشتر به ما ایمان داشته باشد تا ما به خودمان. او معتقد است که این در قدرت جامعه ی صنعتی مدرن— حتی جامعه "مدرن" صد سال پیش *او*— می باشد تا این آزادی ها را واقعی کند. همان گونه که خواهیم دید، برای او در درجه اول این نه از طریق توزیع مجدد ثروت فعلی جهان، بلکه از طریق تبدیل خود جامعه به یک جامعه انسانی منطقی تر، و سازماندهی مجدد قدرت های تولیدی تکنولوژی مدرن به گونه ای که آزادی و فرصت های فردی واقعی را عملی کند صورت می گیرد. اینها پیشنهادات جسورانه ای هستند، اما به عنوان ایده نسبتا ساده هستند، و ممکن است آنها را به عنوان چیزی نه بیشتر و نه کمتر از پیشنهاداتی برای اجرای اهداف دموکراسی خودمان در نظر گرفت— اگر این گونه نبود که تصویری که معمولا با مارکس مرتبط است (تصویری از) یک توتالیتر (تمامیت خواه) می باشد، به گونه ای که خواننده نمی تواند

---

[۱۶] مارکس در *سرمایه*، "شکل بالاتری از جامعه را پیش بینی می کند، جامعه ای که در آن رشد کامل و آزاد هر فرد، اصل حاکم را شکل میدهد." (جلد اول، فصل ۲۴، بخش ۳؛ ص ۵۵۵) به گونه کلی، بحث در این مقاله از نظم مطالب در خود *سرمایه* پیروی می کند، و من از طریق پا ورقی به سرآمدهای این نوشته سعی می کنم به خواننده نشان بدهم که در کجای متن مارکس هستیم. به این ترتیب، خواننده ی علاقه مند ممکن است از این مطالعه به عنوان یک راهنمای جزئی برای خواندن بخش های انتخاب شده ی *سرمایه* استفاده کند. *سرمایه* معمولا متشکل از سه جلد است که تنها شناخته شده ترین و اولین جلد آن به وسیله ی خود مارکس انتشار یافت؛ جلدهای دوم و سوم توسط فردریک انگلس ویرایش و منتشر شدند.

در این مقاله، ارجاعات به جلد اول به دو ترجمه ی ساموئل مور و ادوارد اولینگ داده شده اند. ارجاع به دو جلد آخر در نسخه ی دیگری، ترجمه شده توسط دیوید فرنباخ داده شده اند. یک "جلد ۴" *سرمایه* (در سه جلد!) نیز وجود دارد که توسط کارل کائوتسکی تحت عنوان *نظریه های ارزش اضافی* ویرایش شده است؛ این کتاب برای خوانندگان *کتابهای بزرگ* مورد توجه ویژه است، زیرا شامل انتقادی است که ناشی از خوانش وسیع مارکس از آدام اسمیت می باشد.

باور کند که آن (خواسته ها) واقعاً منظور مارکس می باشند، پیشنهاد می کنم که به خود مارکس گوش دهیم و ببینیم او چه می گوید.

من فکر می کنم این به ویژه جالب است که مارکس به عنوان یک آرمان شهر گرا یا ایده آلیست نمی نویسد، بلکه، او ادعا می کند، که به عنوان یک دانشمند— یک دانشمند *دیالکتیک* می نویسد. با این ادعا، او مفهوم ما از خود علم را (نیز) به چالش می کشد. در واقع، او متوجه می شود که انتقاد از نظم جامعه سیاسی و اقتصادی ما مستلزم انتقاد از به کارگیری ما از آنچه که "دانش" می نا میم نیز می باشد. به نظر می رسد که یک جامعه و علوم آن تصاویری از یکدیگر هستند. همان گونه که به راه (کاوش) خود ادامه می دهیم باید ببینیم که چگونه می توان این را درک کرد. اما برای مارکس به نظر می رسد حداقل به این معنی است که او به نوبه ی خود *سرمایه* را به عنوان یک کار علمی درک می کند، و نه فقط سخن پردازی سیاسی یا گمانه زنی. بنابراین، (با خواندن او) ممکن است مجبور به تجدید نظر در مفهوم خودمان از دانستن، و از خودمان به عنوان دانایان بشویم.

مارکس ممکن است حق داشته باشد یا ممکن است اشتباه بکند (و ما، در طول زندگی خود، ممکن است هرگز ندانیم که کدام درست است). اما پیشنهادات او در هر دو مورد به عنوان چالش های عادلانه ای برای درک ما پا برجا می مانند. من امیدوارم که مقاله ی حاضر به دوباره خواندن *سرمایه* کمک کند، چرا که در زمان واکنشی ما بسیار سخت است تا با آمادگی برای گوش دادن و شاید برای یادگیری (خواندن) آن را به عهده بگیریم، (یعنی آن آمادگی) که پیش فرض هر نویسنده ی بزرگی می باشد تا آن که شنیده بشود.

تئوری رسمی و دیالکتیکی: طرح این مطالعه

مارکس در واقع با دشواری پیوست وظایف مواجه است. اما، هم او به عنوان نویسنده، و هم ما به عنوان خوانندگان او، کاملاً در یک عصر تاریخی پیچیده بافته شده، در عصر سرمایه داری قرار گرفته ایم. درست است که او کمی زودتر از ما به آن رسیده است و ظاهراً تغییر جهت ها و تغییرات عمده ای از زمان او نسبت به زمان ما صورت گرفته است، اما اساسا ما با او (یعنی با مارکس) درآنچه که هگل آن را "روح (جان)" یک تجربه ی مشترک می نامد، سهیم هستیم. مؤسساتی که ما می شناسیم، زبانی که ما صحبت می کنیم، روابط اجتماعی که ما با آنها بزرگ شده ایم و آنها را به عنوان شرایط و ضوابط زندگی خود پذیرفته و با آنها کار می کنیم، متعلق به سیستم اندیشه و عملی می باشند که سرمایه داری است: مالکیت خصوصی و قانون آن، شهر مدرن، دولت مدرن، خرید و فروش، سرمایه گذاری، سود و بهره، و نوع کار در ازای مزد که ما آن را بدیهی دانسته و آن را "داشتن شغل"، "درآمد زندگی" یا "پیگیری حرفه ای" می نامیم. اینها مصالح زندگی ما هستند (و فقط به دلیل توجه او به اهمیت جزئیات این شرایط اطراف زندگی ما است که مارکس به گونه ای مناسب "ماتریالیست" نامیده می شود-ن). با این حال، اگر چه اینها مصالح زندگی ما هستند، زمانی که مکث می کنیم تا بر آنها تامل کنیم، می دانیم که آنها محصولات تاریخ هستند— آنها زمانی نبودند— و در اصل، گذرا می باشند. سرمایه داری یک جهان درخشان و به ظاهر کامل تر شونده است؛ اما این جهانی است که محصول زمان است و بنابراین گذراست.

بنابراین، از یک نقطه (معین) درون (جامعه) سرمایه داری است که مارکس طرحی می ریزد تا نظریه ای در مورد سرمایه داری شکل بدهد. از همین آغاز، این زمینه ای عجیب و غریب است، زیرا انتظار می رود که فرد با نظریه های در مورد اشیایی روبرو شود که دائمی بوده و می توانیم

در مورد آنها واقع بینانه باشیم- و این (اشیا) مسئله های مناسبی برای علم خالص رایج می باشند. در عوض، مارکس یک تئوری رسمی از یک شیئ گذرا خواهد ساخت، شیئی که کاملاً و به گونه ای ذهنی درگیر آن هستیم. با این حال، و وخیم تر از آن، این نظریه ای حیاتی خواهد بود: به این معنا که (این شیئ) هدف خود را نه تنها به عنوان (موضوعی) گذرا، بلکه انحرافی- ذاتاً متناقض، و بیگانه از انسانیت به ما ارائه می دهد. سرانجام، اگر حق با مارکس باشد، این علم موضوعی گذرا و منحرف، باید از درون قلمرو خود آن موضوع ساخته شود، (اما) در زبان یک فرهنگ لغت بیگانه شده و تجربه ی ساختارهای فکری ذهن های بیگانه، هم برای او و هم برای ما. من فکر می کنم ما به درستی می توانیم این را به عنوان یک کار دیالکتیکی توصیف کنیم، به این معنی که اساسا (کاری) انتقادی می باشد: (چرا که) زمینی را که روی آن ایستاده است به زیر پرسش می برد. این (دیالکتیک) شرایط خود و مفاهیم گرامی ما را بررسی می کند و به زمینه های بالاتری می رسد، به دامنه ی طولانی تاریخ نظر می کند، و به زبانی صحبت می کند که بایستی با دشواری از جامعه ای قرض کند که تصور می شود آینده ی انسانیت می باشد.

من فکر می کنم ما می توانیم کار *سرمایه* را در دو جنبه ی متمایز تصور کنیم. اول تئوری رسمی سرمایه داری می باشد، علم شیئ گذرا* که عهده دار این خواهد شد که عملکرد سرمایه داری را به عنوان یک سیستم، به گونه دقیق و عینی، به همان اندازه که نیوتن حرکات آسمان را به تصویر می کشد، ترسیم کند. برای مارکس، به واقع، این علم یک شیئ در حال گذرا، حقیقت یک خطا خواهد بود. این (تئوری رسمی)،

---

* علم شیئ گذرا: در اینجا اشاره به جامعه سرمایه داری است که به آن به عنوان یک شیئ یا چیز گذرا نگاه می کند، همان گونه که سیستمهای برده داری و فئودالی نیز زمانی شیئ بودند و جامعه و زمان از آنها عبور کرده است. اگر در گذشته این دید گذرا بودن سیستم های اجتماعی برجسته نبود، اما با ماتریالیسم تاریخی مارکس، روابط اجتماعی نیز به صورت (ادامه در زیر نویس ص بعد)

سیستم سرمایه داری را به گونه عینی خواهد دید و آن را به گونه موقت به شیوه هایی در نظر می گیرد که در زمان ما خود را نشان می دهد.

جنبه دوم نظریه انتقادی است، که متعهد می شود آنچه را که مارکس به عنوان خطای سرمایه داری می بیند افشا کند و آن را در افقی بزرگتر از گذشته ای که از آن برآمده و بالاتر از همه در سرنوشت تاریخی بالقوه اش پیدا کند. در اینجا اصطلاحاتی که توسط سرمایه داری پذیرفته شده اند مورد انتقاد قرار می گیرند و معانی بزرگتر آنها آشکار می شود؛ توهّمات تولید شده توسط سرمایه داری شناسایی و به منشاء خود ردیابی می شوند و فرای همه، شاید، عملکرد تناقضات درونی آن بررسی می شود که به نظر می رسد توسط سرمایه داری و در درون خود، آنتی تز خود را تولید می کند. این را می توانیم تئوری دیالکتیکی سرمایه داری بنامیم.

من پیشنهاد می کنم که ما می توانیم این دو اثر *سرمایه* را به عنوان تو در تو در نظر بگیریم، یکی در درون دیگری— تئوری رسمی به عنوان یک پروژه ی محدود، مشمول در تئوری *دیالکتیکی* و فراگیر. ما می توانیم از تئوری رسمی که در تئوری دیالکتیکی مطرح شده است صحبت کنیم. منظورم این نیست که مارکس این دو نظریه را به صورت متوالی یا جدای از هم مورد توجه قرار می دهد. عناصر هر دو در سراسر کتاب در هم تنیده اند. اما در اصل آنها متمایز هستند، و ما در اینجا به خوبی کارمان را انجام خواهیم داد اگر که تا حد ممکن به آنها به گونه پی در پی بپردازیم. بنابراین پیشنهاد می کنم ابتدا به نظریه ی رسمی بپردازیم و سپس پیچیدگی بزرگتر دیالکتیکی را در نظر بگیریم. شاید، در عمل هیچ چیز نمی تواند سراسر شسته و رفته باشد، اما ممکن است این طرح را به عنوان رشته راهنمای خودمان در نظر بگیریم.

شیئ دیده می شوند. در نتیجه، همان گونه که هر شیئ عمری دارد، روابط اجتماعی نیز عمری دارند و سرانجام جای خود را به روابط دیگری می دهند. به عبارتی، اگر این روابط اجتماعی در شرایط معینی به عنوان حقیقت دیده می شوند، گذر زمان خطا و یا همیشگی نبودن آنها را بروز خواهد داد، خطایی که خطا بودنش در بستر دیالکتیک تاریخ روشن می شود.

شکل سلولی سرمایه: کالا[۱۷]

به واقع ما از همان آغاز با مشکلی مواجه می شویم. قبل از آن که تئوری رسمی بتواند باز شود، ما بایستی نقطه ی آغازینی را تثبیت کنیم، و این خیلی آسان نیست. مارکس می گوید، "هر آغازی سخت است." (*کاپیتال*، جلد اول، ص ۱۸) مارکس بایستی که نقطه ی درستی را برای آغاز تئوری خودش از سرمایه داری پیدا کند چرا که او نمی تواند فرض کند که هر کسی از همان نقطه آغاز خواهد کرد. او تصمیم می گیرد که نقطه ی آغازین او بایستی در مفهوم کالا نهفته باشد و کالا ثابت می کند که یک موضوع متناقض و گریزان (فرّار) می باشد. پیدا کردن این (نقطه آغاز) و بنابراین بنیان نهادن دانش رسمی (سرمایه)، در همین لحظه یک وظیفه ی دیالکتیکی می باشد: یعنی که، مارکس بایستی خود را بر روی یک مفهوم عمومی متمرکز کند، مفهومی که در درون خود سرمایه داری به عنوان چیزی کاملاً آشکار شناخته شده است، و (سپس) آن را از نو و با دقت دیالکتیک مورد بررسی قرار دهد. تنها در این صورت است که او می تواند با اطمینان به دانش رسمی ای که (تئوری خود را) بر روی آن خواهد ساخت ادامه بدهد. (مارکس) از این معاینه ی دیالکتیکی به نام روش تحقیقی حرف می زند، (و) آن را به میکروسکوپ تشبیه می کند. همان گونه که میکروسکوپ سلول را که با چشم غیر مسلح قابل دیدن نیست بمثابه واحد موجود زنده آشکار می کند، به همان سان، تحلیل مارکس کالا را بمثابه ی اصل جهانشمول سیستم سرمایه داری شناسایی می کند (جلد اول ، صفحه۱۸.)

مارکس می پرسد، چه بر سر شیئی می آید که به "کالا" تبدیل

---

[۱۷] مارکس در بخش اول از جلد اول *سرمایه* در مورد "کالا" بحث می کند (جلد اول، چاپ اول؛ صفحات ۸۷-۴۳.)

می شود؟ همانند پرسش سقراط در مورد فضیلت، عدالت، یا عشق، این پرسش معصومانه آغاز می شود اما وقتی که آن را دنبال می کنیم اهمیت آن بسط می یابد. آغاز با تمایز بین "ارزش استفاده" و "ارزش مبادله" که برای نویسندگان قبل از مارکس هم آشناست شروع می شود. اشیایی که ما در زندگی روزمره خود به کار می گیریم برای ما ارزش دارند چرا که خواسته های ما را تأمین می کنند: خیلی ها به گونه ساده "قابل استفاده" هستند به خاطر اینکه نیاز ما را تأمین می کنند. غذا، محل سکونت، یا لباس ما را تأمین می کنند؛ برخی دیگر را به خاطر زیبایی و یا لذت شان ارزش می گذاریم. همه، به خاطر اینکه نیازهای نهایی ما را تأمین می کنند دارای "ارزش استفاده" می باشند. این اصطلاح (ارزش استفاده) به سختی شایسته ی (توضیح آن) است. مرجع آن تمام جهان کیفیت است، (مانند) اشتها، رنگ، گرمی، دوستی و هوش. هر آنچه که ما بر آن ارزش گذاشته و برای آن تلاش می کنیم به این قلمرو (کیفیت) تعلق دارد. مهم است که در اینجا به این (موضوع) فکر کنیم، چرا که در حال پشت سر گذاشتن آن هستیم.

در عصر سرمایه داری ما، تقریبا به هر شیئی که نگاه می کنیم، قیمت خود را دارد: بیشتر چیزهایی که به آنها نظر می کنیم، اشیاء مبادله هستند و می توانند در یک بازار دست دوم، دوباره قیمتی را به دست آورند. برخی از آنها هنوز برچسب های قیمت خود را حمل می کنند. امروزهٔ کتابها معمولا قیمت فروششان روی جلد آنها نوشته شده است. حتی به نظر می رسد که زندگی یک انسان، قیمت خود را دارد: دادگاه ها روزانه مشغول ارزیابی معلولیت ها و مرگ و میر بر حسب دلار و سنت می باشند.

چیزهایی که از یک طرف مورد نیاز، ارزشمند یا توسط انسان ها دوست داشتنی هستند، اما در عین حال ساخته می شوند، خریداری می شوند، فروخته می شوند و به عنوان اشیاء مبادله ارزیابی می شوند،

کالا هستند. در نقش کیفی خود، آنها دارای ارزش مصرفی بوده و به نیازهای انسان پاسخ می دهند، اما (وقتی) معامله می شوند، خریده می شوند، به فروش می رسند و مبادله می شوند به *کمیت های* برابر تبدیل شده وارزش مبادله دارند. چگونه دنیای کیفیت به دنیای کمیت تبدیل می شود و برای ما چه معنایی دارد که (این تبدیل) باید صورت پذیرد؟

مارکس راه های مبتکرانه ای برای بررسی این مسئله در فصل اول *سرمایه* پیدا می کند. او آنچه را که "اشکال" کالا و مبادله ی کالا می نامد، مورد بررسی قرار می دهد، ابتدا از یک طرف و سپس از طرف دیگر و در این فرآیند خواننده نه تنها در مورد کالا، بلکه در مورد مارکس و معنای "تجزیه و تحلیل" برای او نیز یاد می گیرد. ما با یک ذهن قدرتمند و بی رحمانه انتقادی ملاقات می کنیم، "تحلیلی" نه به معنای مدرن جبری، بلکه در بازسازی صبر ارسطویی در(بررسی) یک پدیده خاص. از درون این تحلیل، حسی پیوسته رو به رشد از فراگیر بودن و اهمیت "کالا" به عنوان ایده تأسیس جامعه سرمایه داری برون می آید: تبدیل کیفیت به کمیت، (تبدیل) همه چیز به اعدادی که (جای) آنها را در (بازار) مبادله درجه بندی می کنند .

می خواهم پیشنهاد کنم که توجه داشته باشید که فصل اول *سرمایه* به نظر می رسد که کلید تمامی کار مارکس باشد، و به نظر من می رسد که سبک او چیزی باستانی در خود دارد: رد تجزیه و تحلیل معاصر و مدرن و استفاده آسان ما از نمادها، و در عوض اصرار به پیدا کردن محتوای اصطلاحات و معاملات. به عنوان مثال، او یک نمونه طعنه آمیز از مبادله کتان با کتاب مقدس را می گیرد وبا دقت ریاضی آن را از پس و پیش (و برعکس) مورد تحلیل قرار می دهد (جلد اول، فصل ۳، بخش ۲، ص ۱۰۷). خوانندگان مدرن ممکن است مشتاق یک معادله جبری، یا یک یا دو نمودارباشند، تا بتوانند روابطی که این جزئیات را ردیابی می کنند،

در یک طرح خلاصه کنند، اما فکر می کنم مارکس در هزاران صفحه ی *سرمایه* واقعاً هرگز این آرزو را برآورده نمی کند. او از نظر انسانی و فکری در مسیر دیگری قرار دارد. فکر می کنم که ما می توانیم سرنخی از این مسئله ی تقریبا (مربوط به) سبک را در مفهوم کالا ببینیم، زیرا آن چه مارکس در این فصل "کالاها" کشف می کند، جایگزینی عمومی اندازه بازار برای کیفیت های متمایز آن چیزهایی در زندگی ما ست که نیازهای انسانی را برآورده می کنند، یا به خواسته های انسانی پاسخ می دهند. (اما) مارکس درسبک خود از این (جایگزینی عمومی) پیروی نخواهد کرد.

این جایگزینی کیفیت با کمیت، این نماد قابل کنترل برای محتوای از دست رفته، دقیقاً جادوی جبری پرسش برانگیز "انقلاب دکارتی" است. (اما) مارکس در واقع از پذیرش ارزش اسمی آن مبادله ی درخشان اما آزاردهنده ای که در درامای *گفتمان درباره روش* (اثر دکارت) انجام می شود، امتناع می کند . در آنجا، دکارت یک بار و برای همیشه، از طرف ما، به دنیای قدیمی کیفیت، رنگ، صدا و منافع انسانی شک می کند و از عمق انزوای خود با دنیای جدیدی از شکوه ریاضی و رابطه ی قابل فرمول بندی (*گفتمان درباره روش*، ۴-۲) باز می گردد. این به طور قابل توجهی نزدیک به تبدیل جهانی ارزش مصرفی به ارزش مبادله ای است که مارکس از آن صحبت می کند و اصرار دارد که آنچه را که از دست داده ایم به ما یاد آوری کند. (مارکس) در رفتار و فکر خود موضعی خارج از این تحول می گیرد؛ او به عنوان یک دکارتی دلیل و برهان نمی آورد، اما قاطعانه و راحت با پیشینیان در این امر، و شاید با آیندگانی که از درون و فرای خاموشی دکارتی عبور کرده اند، ایستاده است.[۱۸]

---

[۱۸] ممکن است مفید باشد که در ابتدا اشاره کنیم که مارکس در واقع به گونه ای یک "کلاسیک" است. پایان نامه ی دکترای او در مورد دموکریتوس بود: (ادامه در زیر نویس ص بعد)

البته کالا به خودی خود مخلوق سرمایه داری مدرن نیست. مارکس، ارسطو را در تأمل در مورد همین رمز و راز تبدیل کیفیت به کمیت، در بازارهای آتن سراغ می گیرد. ارسطو در (کتاب) *اخلاق نیکوماچیان* (۲۵ ب ۱۱۳۳) می پرسد که با چه معیار مشترکی می توان پنج تخت را با یک خانه برابرکرد؟ اساساً، آنها کاملاً متفاوت هستند، اما آنها در یک شماره عددی خاص مبادله می شوند. مارکس گزارش می دهد که ارسطو هیچ پاسخ کافی نمی یابد و مارکس به نوبه خود سردرگمی ارسطو را مناسب و با اهمیت می داند: تمامی منطق غیر منطقی کالا کار تاریخ است و او (مارکس) می گوید، در آتن به گونه ریشه ای هیچ پاسخی برای معمای ارسطو وجود نداشت.[۱۹]

من حس می کنم که او به ویژه به مفهوم اراده ی آزاد یا خود انگیختگی علاقه مند بود، که در تئوری دموکریتوس توسط "دَمَند" اتم ها نشان داده شده است. (Lucretius includes this in *De rerum natura* [II, 216].) مارکس یونانی را بخوبی می دانست و زندگینامه نویس او می نویسد که او در طول زندگیش *اسکیلس* را مرتب می خواند. به گفته لافارگ، مارکس *اسکیلس* را در متن اصلی یونانی حداقل سالی یک بار می خواند. (فرانتس مهرینگ، *کارل مارکس*، ص ۵۰۳)؛ مارکس *اسکیلس* را به عنوان یکی از سه "شاعر مورد علاقه" خود معرفی کرد-دو نفر دیگر گوته و شکسپیر بودند.

[۱۹] ارسطو در *اخلاقیات نیکوماچیان* (*Nichomachean Ethics*) می گوید، "اینک در حقیقت غیر ممکن است که چیزهایی که بسیار متفاوت هستند بایستی متناسب شوند..." (۱۹ ۱۱۳۳b) ارسطو این گونه می بیند که نیاز ("تقاضا") شکافی در عمل بوجود می آورد، اما آنچه که مارکس را به آن علاقه مند می کند این است که ارسطو به گونه *اصولی* فقدان یک معیار مشترک را تشخیص می دهد. مارکس می گوید آنچه کمبود بود، مفهوم برابری *انسانی* به عنوان واحد مشترک اندازه گیری مورد نیاز بود.

تنها با سرمایه داری است که کالا از خلال مبارزه به صورت یک سیستم حساب کاملاً منسجم سر برآورده است. اندکی دیگر ما راه حل مارکس برای معمای ارسطو را خواهیم دید، بنیانی که مارکس در سرمایه داری برای نسبت مبادله جهانی پیدا می کند. اما آنچه در این متن بیش از همه قابل توجه است، رضایت آشکاری است که مارکس در آن ارسطو را به عنوان همکار در تفکر در مورد این مسئله می پذیرد: برای هر دو، کالا یک مسئله دیالکتیکی است، نه یک واقعیت قابل قبول.

برای کمک به ما در تمیز عمق تغییر جهانی که منطق نامحدود کالا با خود به همراه آورده است، مارکس کنایه پرسشگرانه خود را معطوف به غور پیرامون یک صندلی می کند. مارکس می گوید که تجزیه و تحلیل آن (صندلی) "چیز بسیار عجیب و غریبی را به ارمغان می آورد، چیزی که پر است از ظرافت های متافیزیکی و زیبایی های الهیات:"

> تا آنجایی که ارزش استفاده (مطرح) است، هیچ چیز مرموزی در مورد آن وجود ندارد، جدای از آن که ما آن را به خاطر خواصی در نظر بگیریم که نیازهای انسان را تأمین می کنند، یا از این نقطه نظرکه این خواص محصول کار انسانی می باشند. (جلد اول، فصل اول، بخش ۴؛ ص. ۷۱)

این به صورت یک چیز چوبی شروع می شود، "یک چیز معمولی ملموس." اما:

> ... به محض اینکه (این چوب) به عنوان یک کالا به جلو حرکت می کند، به چیزی گذرا تبدیل می شود. این نه تنها با پاهای خود بر روی زمین ایستاده است، اما، در رابطه با تمام کالاهای دیگر، بر روی سر خود ایستاده است، و از مغز چوبی اش ایده های عجیب و غریبی رشد می کنند، بسیار شگفت انگیزتر از "دور میزی" که تا کنون بود. (همانجا.)

این "ارزش" مرموز، که صندلی به عنوان یک کالا در اختیار دارد، از کجا می آید؟ این (ارزش) در هیچ کجا قابل مشاهده با چشم نیست، و نه آن که شیئ برای لمس کردن باشد؛ این (ارزش) به سختی به ارزش استفاده اش مربوط می شود، زیرا اقلام در جهان که برای ما حیاتی هستند— به عنوان مثال هوایی که تنفس می کنیم— اغلب هیچ ارزش مبادله ای ندارند. Till Eulenspiegel (صندلی اولن اشپیگل[۲۰]) کمدی مارکس ، جهان را وارونه می کند: این یک تصویر کمدی از یک تحول غم انگیز است، که در آن هر شیئ در جهان ما خود را از کیفیت به کمیت، (و) از خدمات انسانی به خواسته های بر تر یک بازار جهانی اندازه گیری تبدیل می کند. اگر ثروت جامعه ما واقعاً شکل "مجموعه عظیمی از کالاها" را به خود گرفته است، پس ثروت، *به خودی خود*، به *اندازه ی* مشخصی تبدیل شده است، که مارکس می گوید، "یک اتم ارزش مصرفی" هم ندارد. (به واقع) ما در آستانه ی یک سیستم بیگانگی ارزش استفاده و انسان هستیم، بینشی که برای مارکس کلید درک کل جهان سرمایه است.

---

[۲۰] ترجمه ی لغوی برابر است با "جغد-آینه". این نام قهرمان مردمی یک داستان اروپایی می باشد.

ارزش کار[۲۱]

ما می بینیم که اگر مارکس می خواهد یک نظریه سازگار از سرمایه داری را مطرح کند، ابتدا باید معمای ارسطو را حل کند وآن معیار مشترکی را مشخص کند که همه چیز را به عنوان کالا در رابطه ای کمّی وارد می کند .

اگر چه من هیچ مدرکی نمی بینم که خود مارکس این قیاس را در نظر داشته باشد، می خواهم وظیفه ی سنجش دیگری بر پایه ی علم رسمی پیشنهاد کنم، که به نظر من شباهت قابل توجه و آموزنده ای به مشکلی دارد که مارکس در این مرحله با آن مواجه است. من بر آنم که مارکس تا حد زیادی در موقعیتی بود که نیوتن درآستانه ی (نوشتن کتاب) *پرینسیپیا* (اصول) قرار داشت. مانند نیوتن، مارکس بایستی یک واحد اندازه گیری را انتخاب کند که موجه باشد و یک جهان را قابل فهم بکند. برای نیوتن، این جهان، دنیای حرکات سیاره ای بود. برای مارکس، این (جهان) دنیای سرمایه است .

در آغاز *پرینسیپیا*، نیوتن مقداری را تعریف می کند که او "جرم" می نامد. این حرکتی جسورانه است، حرکتی که یکپارچگی علم او به گونه کامل به آن بستگی دارد (کتاب ۱، تعریفها. ۱). متقابلاً، مارکس واحد ارزش

---

[۲۱] اصول اساسی نظریه ی ارزش کار مارکس در فصل آغازین قسمت اول، در مورد کالاها، که ما قبلاً به گونه ای کلی به آن آشاره کرده ایم تعیین شده است (جلد اول، فصل اول). نظریه ارزش کار، با اشاره به جان لاک و آدام اسمیت، در مقاله ی سین آپتیکان (*Synopticon*) در مورد کار مورد بحث قرار می گیرد، که خواننده می تواند به (GBWW, Vol. 2, pp. 926-27, 936) رجوع کند. مارکس قطعاً با علاقه ی زیادی بخشهایی از اسمیت مانند این را می خواند: "کار، بنابراین، به وضوح به نظر می رسد، تنها میزان جهانی و به همان اندازه تنها واحد دقیق اندازه گیری ارزش می باشد..." (ثروت ملل، کتاب اول، فصل ۵)

مبادله را تعریف می کند. هیچ چیز واضحی در مورد انتخاب نیوتن وجود نداشت: در واقع، "جرم" یک مفهوم دور از فرآیندهای اندازه گیری آشنا در مکانیک است. ما اجسام را با تعیین جرم آنها مقایسه نمی کنیم. ما آنها را در ترازو قرار داده و وزن نسبی آنها را تعیین می کنیم. اجرام از قوانینی پیروی می کنند—"قوانین حرکت" نیوتن در ابتدای پرینسیپیا—که متناقض با درک مستقیم بوده و تا همین اواخر در عمل مشاهده نمی شدند؛ براساس قانون اول نیوتن، همین که جسمی بحرکت بیفتد، برای همیشه با همان سرعت در یک خط مستقیم حرکت می کند، در حالی که همه ما می دانیم که یک جسم زمینی در واقع به زودی متوقف خواهد شد (کتاب اول، قانون اول.)

درک تعریف مارکس از ارزش مبادله تقریباً به همان اندازه دشوار است و اقتصاد دانان مدرن آن را به عنوان (موضوعی) غیر ضروری و ساختگی تحقیر می کنند. با این حال، من پیشنهاد می کنم که همانند با "جرم" نیوتن، تعریف مارکس از ارزش سنگ بنای یک نظریه ی اکید و قدرتمند می باشد. دلیل اینکه اقتصاد دانان امروز این مسئله را درک نمی کنند، به احتمال زیاد این است که آنها در باره ی اینکه یک نظریه چه بایستی باشد ایده متفاوتی در ذهن دارند، و (اینکه) آنها مانند مارکس، خواستار آن چنان اقتصادی نیستند که دارای آن چنان نوعی از دقت و انسجام باشد همان گونه که تجزیه و تحلیل *پرینسیپیا* از آسمانها را (از بقیه) متمایز می کند.

مارکس ادعا می کند که ارزش مبادله ی یک کالا با مقدار کار انسانی که در آن وجود دارد تعیین می شود. در این مورد، او نظری را تکرار می کند که به گونه گسترده ای توسط پیشینیان مانند آدام اسمیت و بنجامین فرانکلین به اشتراک گذاشته شده است. تفاوت فقط این است

که مارکس این اصل را با دقت و ثباتی که هیچ کس دیگری تلاش نکرده بود، انجام می دهد. مارکس می گوید :

> آن چیزی که اندازه ارزش هر کالا را تعیین می کند، مقدار کار لازم اجتماعی... برای تولید آن است. ....
>
> بنابراین، کالاهایی، که در آنها مقادیر مساوی از کار تجسم یافته است، یا می توانند در همان زمان تولید شوند، ارزش مشابهی دارند. ارزش یک کالا (نسبت) به ارزش هر کالای دیگری است، همان گونه که زمان کار لازم برای تولید یکی متناسب با زمان کار لازم ضروری برای تولید دیگری می باشد.

در نهایت به عنوان ارزش های مبادله:

> ... تمامی کالاها فقط توده های معینی از *زمان کار منجمد* هستند. (جلد اول، فصل اول، بخش ۱؛ ص.۴۰ ایتالیک اضافه شده است.-ن)

روشن شدن این مفهوم تا حد سختگیری علمی، مجموعه ای از مشکلات را پیش رو می گذارد که مارکس با دقت و گونه سیستماتیک حل می کند. اولین چالش این است که مفهوم "زمان کار اجتماعی ضروری" را روشن کنیم. همان گونه که مارکس اشاره می کند، اگر به سادگی ارزش را به عنوان "زمان کار" تعریف کنیم، نتیجه آن می شود که محصول یک کارگر تنبل یا غیر ماهر ارزش بیشتری نسبت به همان شییء تولید شده توسط کسی دارد که پر انرژی یا ماهر است. به همین دلیل است که واحد اندازه گیری زمان کار باید میانگین اجتماعی را نمایندگی کند:

> زمان کار اجتماعی ضروری آن (زمان کاریست) که برای تولید یک قلم کالا در شرایط عادی تولید و با درجه متوسط

> مهارت و شدت در آن موقع زمانی مورد نیاز است. (جلد اول، فصل ۱، بخش ۱; ص. ۳۹)

در واقع، واحد کار نه تنها باید میانگین اجتماعی برای هر صنعت خاص را با مهارت های متوسط اجتماعی و سطح توسعه ماشین آلات که معمولا بهره وری کار را در آن شاخه تولید تعیین می کنند، نمایندگی کند؛ ما اکنون بایستی از یک واحد کارصحبت کنیم که در میان انواع صنایعی که محصولات آنها در کل سیستم بازار یک جامعه اقتصادی وارد مبادله می شوند مشترک است. به عنوان یک کالا، (عامل/ موضوع) کار به مقدار مشخصی از ارزش مبادله تبدیل می شود، و مارکس می گوید که بدین ترتیب، "از مواد تشکیل دهنده و اشکالی که آن را ارزش مصرفی می کنند." انتزاع کرده است." این:

> دیگر یک میز، یک خانه، نخ و یا هر چیز مفید دیگری نیست. وجود آن به عنوان یک چیز مادی از دید خارج می شود. دیگر نمی توان آن را محصول کار یک پینه دوز (بند زن)، سنگ تراش، ریسنده، یا هر نوع کار مولد مشخص دیگری در نظر گرفت. هیچ چیز ی باقی نمانده جز آنچه که در همه آنها مشترک است. همه به یک نوع کار مشابه کاهش می یابند، کار انسانی به گونه مجرد (یا انتزاعی). (جلد اول، فصل ۱، بخش ۱، ص. ۳۸)

مارکس می گوید : همه ی کالاها به ما می گویند (و ما ممکن است درحالی که این کلمات را می خوانیم خودمان را تصور کنیم که با سردرگمی به راهروهای بی پایان سوپرمارکت یا فروشگاه تخفیف خیره شده ایم) که نیروی کار انسانی در تولید آنها صرف شده است، که کار انسانی در آنها تجسم یافته است. هنگامی که (به این کالاها) به عنوان *کریستال های این ماده ی اجتماعی* (نیروی کار انسانی) نگاه شود، وجه

مشترک همه ی آنها این است که، همگی ارزش می باشند. (همان؛ ایتالیک اضافه شده است.-ن)

همان گونه که دیدیم، نیوتن به گونه ای مشابه سیستم خود را بر اساس یک عمل رادیکال و انتزاع کامل، انتزاع از هر کیفیت ماده ی فیزیکی به جز آن کیفیت نادیدنی (یعنی) جرم بنیان نهاد: نه جرم مس، یا هوا، یا بدن، بلکه از ماده تمایز نیافته، یک ویژگی دقیقاً به همان اندازه غیر قابل تصور "جوهر اجتماعی" مارکس. در هر دو مورد، تنها چنین عمل انتزاع نافذی ست که می تواند به یک واحد به اندازه ی کافی جهانی برسد و یک جهان واحد، منسجم و فراگیر را به هم ببافد.

من به گونه گذرا اشاره کردم که اقتصاددانان مدرن به گونه کلی این "نظریه ی ارزش کار" را به عنوان (موضوعی) غیر ضروری برای علم خود تحقیر می کنند، و اشاره کردم که این به دلیل آن است که آنها ایده متفاوتی از خود "علم" دارند. اجازه دهید اشاره ی فراتری بکنم که این دیدگاه جایگزین از علم ممکن است که چه باشد، زیرا من فکر می کنم که به این ترتیب ما ممکن است دقیق تر آنچه را که مارکس تلاش می کند، و همچنین اهداف کاملاً متفاوت، هرچند شاید به همان اندازه مشروع اقتصاد معاصر را پیدا کنیم.

دو پارادایم (الگوی) برجسته ی علمی در سنت های غربی ما در برابر ما هستند: (یکی الگوی) نیوتن، که من نظریه ی صوری مارکس را به آن تشبیه کرده ام، و دیگری (الگویی) بسیار متفاوت، که اول و شاید بهتر از همه توسط بطلمیوس در (کتاب) *آلماگست* خودش ارائه داده است.[۲۲]

---

[۲۲] بطلمیوس با یک بحران مواجه می شود زمانی که متوجه می شود که دو فرضیه ی مختلف ، یعنی Epicycle و Eccentric می توانند پدیده مشابهی را توضیح دهند. تفسیر او این است: "... تمامی ظواهر را می توان با توجه به هر دو فرضیه به گونه ای (ادامه در زیر نویس ص بعد)

تاریخ نجوم اثر پای مفاهیم و اهداف انشعاب پذیر آنها را دنبال می کند. بطلمیوس می گوید که هدف او "نجات ظاهر» است. او روش های ریاضی چشمگیر و گسترده ای (پسر عموی اول تجزیه و تحلیل فوریر (Fourier) ، یکی از ابزارهای اصلی فیزیک ریاضی مدرن) را برای رسیدن به این هدف توسعه می دهد، اما از طریق همه اینها، او سیارات را برای اهداف ریاضی خود صرفاً به عنوان نقاط نور در نظر می گیرد؛ منقش بر فضای آسمانی اما جایی ندارند، و اگر از چیزی ساخته شده باشند، به علم نجوم او مربوط نمی شود که آن را در نظر بگیرد. هدف او به شدت و دقیقاً محدود است: پیدا کردن ریاضیات حرکات مشاهده شده اجرام آسمانی همانند اشکال هندسی. (اینکه این سیارات) کجا و چه هستند و چرا، مربوط به فیزیک یا الهیات است، و هیچ کدام آنها علم *آلماگست* نیستند.

این چنین الگویی است که من معتقدم اقتصاددان مدرن همانند فیزیکدان کوانتومی مدرن[۲۳] به آن نظر دارد. پیدا کردن یک ریاضیات پیش بینی کننده که کار می کند، تمام آن چیزی است که دانشمندان معاصر در این هر دو حوزه خواستار آن می باشند. در مورد نیوتن یا مارکس چنین نیست: هر کدام دانش خود را با یک قطعیت نفوذ کننده و درست از جوهری که به عنوان پروژه خود تأیین کرده شناسایی می کند. بطلمیوس و اقتصاددان و نظریه پردازان کوانتومی عصر ما، به گونه کاملاً منطقی راضی هستند که ظاهر خود را *نجات دهند*: مارکس و نیوتن مصمم

متبادل توضیح داد." بدین قرار او نتیجه می گیرد که منطقی آن است که مورد ساده تر را انتخاب کنیم (Almagest، III.3). در مورد دانش، به *سین آپتیکان* (GBWW, Vol. 3, pp.682-705) مراجعه کنید. این مقاله به این اشاره می کند که مارکس در واقع انگلستان را به عنوان آزمایشگاه خود می گیرد (همانجا-ص ۶۸۶).

[۲۳] همان گونه که در پیش درآمد مترجم اشاره شد، پیشرفت در حوزه ی فیزیک کوانتوم به حوزه ی آگاهی و شکل گرفتن آن در بیولوژی انسان وارد شده (و حتی دیدگاههای افلاطونی را نیز در نظر می گیرد.) به عنوان مثال می توان از سِر راجِر پِن رُز (Sir Roger Penrose) برنده ی نوبل فیزیک ریاضی سال ۲۰۲۰ و نظرات او در کتاب "آگاهی و کهکشان" نام برد.

به *نفوذ کردن* به ظاهر و نجات جوهر اساسی هستند. من می خواهم ادعا کنم که مارکس یک کلاسیک است، نه تنها در وابستگی تزلزل ناپذیر خود به ارسطو و سوگواره ها، بلکه احتمالاً در وابستگی بینشمندی خود به اهداف آنچه که ما اکنون "فیزیک کلاسیک" می نامیم. مارکس، مانند نیوتن، بیشتر نگران درک درست از جوهری ست که علم بر اساس آن بنا شده است. با این مفهوم است که او گفت: "هر شروعی دشوار است."

اغلب اشاره می شود که *سرمایه* از طریق سطوح نزولی انتزاع پیش می رود، و خود مارکس روشن می کند که آغاز از طریق عمل انتزاع مفرط از تجربه انجام شده است. مطمئناً مفهوم "زمان کار همگون تمایز نیافته" کاملاً از هر فرآیند کار خاص و مشخص به دور است، درست همان گونه که مفهوم صندلی که به عنوان یک کالا در نظر گرفته می شود، کاملاً از هر چیزی که ممکن است فرد بر روی آن بنشینید، مجرد شده است. به این معنا، *سرمایه* در اوج انتزاع آغاز می شود، و مسیر توسعه آن از طریق یک سری نزول ها به سطوح پی در پی پایین تر خواهد بود تا زمانی که در نهایت خودمان را در پایان نظریه رسمی، دوباره در سطح خود پدیده ها— پدیده های روزانه سرمایه داری: قیمت واقعی بازار، سود، نرخ بهره و اجاره پیدا می کنیم.

با این حال، ما باید مراقب باشیم، زیرا حس دیگری وجود دارد که در مورد مارکس مفهوم انتزاع و نزول پیچیده و حتی شاید وارونه باشد. به هر حال، مارکس به نظر خودش در حال ساختن علمی از یک قلمرو بیگانه و توهّمی است: همان گونه که گفتیم، او قصد دارد حقیقت را در مورد یک خطا بگوید. خطا با کالا آغاز می شود، که در آن ارزش مصرفی، که ما به آن اهمیت می دهیم، با ارزش مبادله جایگزین می شود، که به طوری غیر شخصی حرکت سرمایه داری را به جای آن اداره می کند. علم رسمی مارکس نظریه ارزش مبادله، نمای کاذب ارزش مصرفی است. تنها

با نظریه ی دیالکتیکی، که من آن را به عنوان حاوی و "چارچوب بندی" این نظریه رسمی پیش بینی کرده ام، حقیقت آن چنانکه حقش است در کانون توجه قرار خواهد گرفت. جهانی که ما اکنون نظریه آن را می سازیم، دنیای کالاها، حتی زمانی که اینها شکل هایی از زنده ترین پدیده ها را با جزئیات "مشخص" می گیرند— آن دنیای قیمت های بازار و نرخ روزانه ی داو جونز(Dow Jones)— این خود یک جهان انتزاعی است.

آنچه در نهایت به واقع اساسی است، چهره ی دیگر کالا ست که سرمایه در تمام معاملات خود پشت سر به جا می گذارد: ارزش استفاده، منافع و هدف انسانی، و نگرانی های اقتصاد اصیل. بنابراین، هر چه بیشتر در ساختن بنای سرمایه پیش برویم، که البته هدف مارکس در تئوری رسمی و محدود است، جدایی ما از رابطه ی ما با جهان واقعاً انسانی، (یعنی) تنها جهانی که در نهایت "واقعی" است، کامل تر می شود. به این معنا، با ساختن یک دنیای انتزاع، ما فقط بیگانگی خود را از واقعیت به طور کامل مهر و موم و تأیید خواهیم کرد. آنگاه، ما به پدیده های دقیق یک جهان بیگانه، توهّمی و انتزاعی نزول خواهیم کرد، هرچند با این حال (این) همان چیزی (است) که در آن زندگی می کنیم و با آن بیشتر آشنا هستیم. هنگامی که ما تحت هدایت مارکس به آن بازگردیم، متوجه خواهیم شد که بسیار متفاوت به نظر می رسد. اگر پروژه مارکس موفق باشد، ما را در یک ورود مجدد دیالکتیکی کنترل شده (و) با ذهن های تغییر یافته، باز خواهد گرداند.

ما باید با مارکس موافق باشیم که نقطه آغازین ما، "زمان کار همگون اجتماعی ضروری"، بسیار انتزاعی است و تجسم آن دشوار یا غیرممکن است. پس چگونه این مفهوم گریزان می تواند به عنوان یک پایه محکم برای یک نظریه ی قابل اجرا عمل کند؟ اگر ما حتی نمی توانیم آن را تجسم کنیم، چگونه می توانیم انتظار داشته باشیم که از آن بمثابه

میله اندازه گیری پلاتین-ایریدیوم برای تعیین ارزش مبادله استفاده کنیم؟ تلاش برای توصیف کامل تر آن به سختی درک چیزها را آسان تر می کند. به عنوان مثال، مارکس پیشنهاد می کند، همان گونه که اغلب در جریان پیشرفت کار انجام می دهد، که ما از نظر جامعه به عنوان یک کل فکر می کنیم. این کمکی می کند؟ او از ما دعوت می کند که "کل نیروی کار جامعه را" به عنوان "یک توده ی همگون از نیروی کار انسانی در نظر بگیریم، هرچند که از واحدهای فردی بیشماری تشکیل شده است." با دنبال کردن این پیشنهاد، او ادعا می کند:

> هر یک از این واحدها، تا آنجا که خاصیت نیروی کار متوسط جامعه را دارد، همانند هر واحد دیگری است... (جلد اول، فصل ۱، بخش ۱؛ ص. ۳۹)

این ممکن است نشانه ای بدهد که چگونه پرسش را مورد نظر قرار دهیم، اما مطمئناً آن را حل نمی کند. آیا ما یک پایه محکم برای یک علم داریم یا نه؟

خوشبختانه برای علم مارکس، این نظریه به هیچ وجه به توانایی ما برای تولید یک تصویر نمونه یا ذهنی از این نیروی کار متوسط اجتماعی بستگی ندارد. درست همان تعیین دقیق ارزش کار کالاها یک فرآیند اندازه گیری عملی است که در واقع در بازارهای سرمایه داری در همه ی زمان ها در جریان است. مارکس دقیقاً یک فرآیند را مشخص کرده است، تعادل بی امان محصول در برابر محصول، که توسط بازارهای جهانی به هم پیوسته سرمایه داری همیشه دقیقاً کمیت مورد علاقه ما را ارزیابی می کند. همان گونه که معاملات در خرید و فروش روزانه بی شماری از بازارهای کالا انجام می شود، آنچه که در واقع *اندازه گیری* می شود، شاید دقیق تر از (کار) دفتر استاندارد باشد. محصولات گران قیمت تخفیف می گیرند و قیمتشان بایستی کاهش بیابد. قیمت آنهایی که کم

قیمت گذاری شده اند به سرعت بالا می رود و جای آنها توسط دیگرانی پر می شود که واقع بینانه تر ارزیابی می شوند. بازار آزاد آزمایشگاه سرمایه داری است. مارکس تعریف ارزش را در خواب ندیده است: او به سادگی به راز یک واقعیت تاریخی نفوذ کرده است. توزین، ارزیابی و ارزیابی کالاها از نظر آن واحد همگون، واقعیت اساسی سیستم جهانی بازارها در سرمایه داری است. این چیزی است که هر روز در اطراف ما اتفاق می افتد. در واقع همه محصولات توسط فرآیند بازار در ارتباط نسبی با یکدیگر قرار می گیرند. چنین تکنولوژی تمام و کمال مبادله ی جهانی در آتن وجود نداشت و ارسطو به حق از مشکل مربوط کردن پنج تخت به یک خانه گیج شده بود. تاریخ مشکل ارسطو را حل کرده است و مارکس به سادگی این راه حل را تفسیر کرده است.

سرمایه و دستمزد کار[۲۴]

مارکس ما را به یک تور مکاشفه آمیز از جهانی که در آن زندگی می کنیم، که نام آن "سرمایه داری" است— (یعنی به توری از) سلطنت سرمایه— می برد. پس "سرمایه" چیست؟ خرد متعارف از نقطه نظر چیزها پاسخ می دهد: سهام کالاها، سرمایه گذاری در کارخانه ها، فرآیندها و ابزارها— ابزار تولید. مارکس در عوض توجه ما را به شکل سازماندهی جامعه ی ما، روابط اجتماعی که تحت آن زندگی می کنیم، معطوف می کند. البته، اینها، با نهاد مالکیت خصوصی— به طور خاص، مالکیت خصوصی بر ابزار تولید— مشخص می شوند. با این حال، این برای تعریف عصر خودمان کافی نیست: وسایل تولید قبل از زایش سرمایه داری صاحبانی داشتند. همچنین صحبت از تقسیم طبقاتی کافی نیست، زیرا در یونان باستان طبقات ثروتمند و فقیر، تعداد قلیل و اکثریت هم وجود داشت. تنها ترکیبی از این دو معیار جوهر وضعیت تاریخی ما را می گیرد: محروم کردن کارگر از مالکیت ابزارهایی که با آن کار می کند، به طوری که مالکیت خصوصی بر وسایل تولید در (دست) یک طبقه است، در حالیکه دیگری، طبقه ی کارگران، موظف است به عنوان کار مزدی به این صاحبان روی بیآورد تا بتواند کار کند. بنابراین، در واقع *تمرکز* مالکیت وسایل تولید است— که با جهانی بودن آن کالای فوق العاده قابل انباشت، پول، یا جانشین آن، اعتبار، این را امکان پذیر ساخته است— که منجر به روابط اجتماعی خاصی می شود که جهان اقتصادی ما را تشکیل می دهد.

اغلب این مطرح می شود که مارکس از دوران دیگری می نویسد، که تجزیه و تحلیل او ممکن است برای انگلستان قرن نوزدهم مناسب

---

۲۴ *سرمایه*: جلد اول، فصل ۴، ص ۱۴۶

باشد، اما ما از فرای آن شرایط اجتماعی که او توصیف می کند، گذشته ایم. من فکر می کنم این ادراک، از سوی کسانی که به گونه قابل درکی تحت تأثیر شرایط ساعات طولانی کار، سوء تغذیه، و کار کودکان که مارکس توصیف می کند (هستند و به چنین درکی می رسند)، نقطه ی اصلی تعریف او از "سرمایه" را از دست می دهند. ما امروز یک جامعه ی طبقاتی هستیم و تحت روابط سرمایه زندگی می کنیم، و همان گونه که او آنها را توصیف می کند، تا آنجا که در میان ما کسانی هستند که باید به دنبال کار برای دیگران و تحقق نیروی کار تولیدی خودمان باشیم، این مسئله صحت دارد جدای از آن که آیا آن کارگر یک فرد یا یک مؤسسه است و هر شکلی که "کار" ممکن است داشته باشد- کار مزدی یا حقوق بگیر، تولیدی یا خدماتی. بجای "کارگر"، حداقل به تقریب اولیه، ما ممکن است آن را "اشتغال" بخوانیم: و "طبقه" هنوز واقعیت اصلی سرمایه داری است به این معنی که اکثر ما باید بدنبال استخدام شدن از طرف دیگران باشیم تا کار و زندگی کنیم. البته این تمرکز مالکیت بر وسایل تولید در زمان ما، عصر شرکتهای بزرگ و شرکتهای چند ملیتی، بسیار شدیدتر از زمانی شده است که مارکس نوشت. در حالی که ما ممکن است یک جامعه متحرک و با (امکان) فرصت برای همه باشیم، همان گونه که اساطیر ما (آن را) تکرار می کنند، واقعیت تمرکز مالکیت همچنان چشمگیر است.[۲۵]

---

[۲۵] بسیاری از مطالعات، از تاریخ کمیته موقت اقتصادی ملی در۱۹۳۰ (تاکنون) (منظور نویسنده سال ۱۹۸۷ میباشد) ، این را نشان داده اند؛ به نظر می رسد که مطالعات اخیر فقط یافته های قدیمی را تایید می کنند. به عنوان مثال، یک تجزیه و تحلیل نشان داد که در قلمرو مالکیت شخصی سهام شرکت ها— نزدیک به نگرانی فعلی ما— ۸۳٪ در دست ۵٪ بالایی از جمعیت بود (ذکر شده در ریچارد پارکر، *اسطوره ی طبقه ی متوسط* [نیویورک:لایورایت، ۱۹۷۲]،ص ۲۱۲) مسلماً این موضوعی است که اقتصاددانان و جامعه شناسان حرفه ای را به بحث بی انتها دعوت می کند، اما داده هایی از این نوع فراوان است که به شدت نشان دهنده ی تقسیم نابرابر ثروت، قدرت و فرصت در جامعه ی ماست.

هنگامی که ما وارد یک قرارداد کار می شویم، ما حق خاصی را به دیگری منتقل می کنیم— حق فرماندهی مقدار مشخصی از زمان کار ما و حق مالکیت محصول کار ما. این هیچ ربطی به چگونگی کار ندارد— آیا توافق دوستانه است یا نه، آیا ما انتظار داریم از وظیفه ای که به ما داده می شود لذت ببریم، آیا به واقع ممکن است همان گونه که می گوییم، به نظر ما همان "فرصتی" باشد که منتظر آن بودیم. این یک قرارداد قانونی (نوشته شده یا نه) می باشد، (که) پایه و اساس نظم اجتماعی ما است: کار ما و محصول کار ما، به لحاظ حقوقی متعلق به دیگری است. این بدان معنی است که، همان گونه که مارکس اشاره می کند، نیروی کار ما به یک کالا تبدیل شده است، همان گونه که سایر کالاها انجام می دهند، وارد بازار می شود (و ما دریغ نمی کنیم که آن را "بازار کار" بنامیم) که اقلام ارائه شده برای فروش را ارزیابی می کند و معامله ها را آن چنان می بندد که حداقل همان دقت و مراقبت استراتژیک ترافیک خوک ها[۲۶] یا گندم آینده[۲۷] را دارند.

---

[۲۶] ترافیک خوک ها: در اینجا اشاره به کنترل شدید صف خوکها ست که به ویژه در آن دوره آماده ی فروش، رفتن به سمت قتلگاه و تبدیل شدن به غذای بسته بندی می شدند. در اینجا، اشاره ی نویسنده ممکن است مقایسه ی بازار کار انسانی و استخدام آنها برای ارزش اضافه با ایستادن خوک ها در صف طولانی برای خریده شدن و برده شدن به قتل گاه و استفاده از آنها در غذاهای بسته بندی شده می باشد.

[۲۷] گندم آینده: به خرید قرار دادهای مربوط به خرید و فروش گندم در آینده مربوط است که در جریان آن قرار دادی خریده می شود بدون آنکه قیمت مشخص باشد چرا که قیمت آن در آینده مشخص می شود. در این بازار، فرض بر این است که همان گونه که جمعیت دنیا اضافه می شود، تقاضا و بنابراین قیمت گندم نیز بالا می رود. همچنین در زمان تورم و پایین آمدن قیمت دلار، قیمت گندم بالا می رود. بنابراین، این بازار از نزدیک دنبال می شود. در اینجا اشاره ی نویسنده به بازار نیروی کار می باشد که همانند بازار گندم شده است و شاید این تبدیل انسان به گندم باشد که اهمیت بیشتری از لحاظ کاهش ارزش زندگی انسان را با خود دارد.

بینش اساسی در اینجا این است که همه ی بازارها ذاتاً در یک سیستم واحد ادغام شده اند، زیرا پول می تواند آزادانه از یکی به دیگری جریان بیابد. اگر در یک روز معیّن ما معامله ای بهتر از خوک ها باشیم، پول از خوک ها بیرون کشیده شده و به ما منتقل می شود. سرمایه داری مستلزم جهانی شدن رابطه ی کالا می باشد و به موجب مالکیت خصوصی ابزار تولید، خود انسان را (نیز) در میان کالاها ی دیگر شامل می کند.

قانون جهانی پول، که انباشت بی حد وحصر را ممکن ساخته و در نتیجه راه را برای سرمایه داری باز کرده است، به همچنان کار مبادله کالا را به شیوه ای اساسی بازسازی کرده است. مارکس تفکر ما بر این مسائل را با استفاده از فرمول قابل توجهی که ابداع کرده است تسهیل می کند تا در یک زنجیره ی خطی از نمادها، جریان یک فرآیند اقتصادی را ارائه دهد. مبادله ی کالا به این شکل نشان داده می شود:

C—M—C'

یک کالا، C ، به بازار آورده می شود و برای پول M مبادله می شود، در حالی که این پول به نوبه ی خود با کالای دوم C'، که صاحب اصلی کالا نیاز بیشتری دارد، مبادله می شود. در اینجا یک نیاز انسانی برآورده شده است. (جلد اول، فصل ۳، بخش الف-۲؛ ص. ۱۰۶)

اگر ما همین فرمول را از نقطه نظر دیگری بنویسیم، و حالا با پول شروع کنیم و نه با یک کالا، این (فرمول) نشان دهنده تغییری کامل در روابط اجتماعی خواهد بود:

M—C—M'

بیایید کسی را که وارد بازار می شود، و با خود نه یک محصول، بلکه صرفاً پول حمل می کند ، سرمایه دار بنامیم. برخلاف کفاش، که به بازار می آید تا کالایی را که بیش از حد نیاز دارد بفروشد تا چیزی را که به آن نیاز دارد بخرد، سرمایه دار با پول به بازار می آید. او برای فروش

خرید می کند: یعنی هر دو آغاز و پایان چرخه ی (فعالیت) او خود پول خواهد بود—در ابتدا M و در نهایت M’. البته، چیز بی معنایی بر رخسار این معامله وجود دارد—اگر کالاها با ارزش های خود مبادله بشوند، همان گونه که مارکس قبلاً پیش بینی کرده است، آغاز و پایان فرآیند شامل یک چیز است و هیچ چیز به دست نیامده است. مارکس برای این معما شرایط سختی قائل می شود. او می گوید، سرمایه دار:

> ... بایستی آن قدر خوش شانس باشد که در حوزه ی گردش، در بازار، کالایی را پیدا کند که ارزش مصرفی آن دارای ویژگی خاص منبع ارزش بودن است، چیزی که مصرف واقعی اش، بنابر این، خود تجسم کار و در نتیجه ایجاد ارزش است. (جلد اول، فصل ۶، ص. ۱۶۷)

فقط در این صورت M’ می تواند بزرگتر از M باشد و فعالیت سرمایه دار معنا دارد. از نقل قول بالا نتیجه گیری می کند:

> پردازشگر پول در بازار چنین کالای خاصی با ظرفیت کار یا نیروی کار را پیدا می کند. (همانجا)

برای توضیح این ادعا، مارکس یک تمایز اساسی قائل می شود که به نظر من ریشه های آن باید در مربی مکرر او، ارسطو یافت شود. کالای مورد بحث "نیروی کار" است، نه "کار." او توان بالقوه برای کار را خریداری می کند؛ اصطلاح ارسطو (برای این)، دینامیسم، "استعداد نهانی" خواهد بود. ارزش استفاده ی این استعداد نهانی، کار در حال عمل است: این مطابق است با اصطلاح ارسطو، انرژی، (یا) "فعالیت." مارکس با

صدایی که بسیار شبیه فیزیک ارسطو در این مرحله است، می گوید که این تفاوت، مطابق است با تفاوت بین توانایی هضم و عمل هضم.[۲۸]

در حال حاضر، اهمیت اقتصادی این تمایز در دستور زبان اقتصاد بسیار زیاد است: چرا که اگر نیروی کار کالا باشد، مانند هر کالای دیگری برای قیمت تولید آن قیمت گذاری خواهد شد. از سوی دیگر، ارزشی که تولید می کند—ارزش مصرفی آن به عنوان کار در حال عمل— تمام آن ارزشی است که می تواند در طول یک روز کاری به دست اورد. بین هزینه تولید نیروی کار و ارزشی که نیروی کار می تواند هنگام کار تولید کند، تفاوت بین M و M' در فرمول سرمایه داری و از این رو اصل اساسی سود و "بازده سرمایه گذاری" است. کارگر ارزش بیشتری نسبت به هزینه اش تولید می کند و تحت روابط اجتماعی که ما توصیف می کنیم، ارزش اضافه شده نه متعلق به کارگر، بلکه متعلق به صاحب ابزار تولید، (یعنی) کارفرمای کارگر است.

مارکس به این توضیح ارزش نام "ارزش اضافی" را می دهد و ما می توانیم فرمول سرمایه داری را بازنویسی کنیم تا این شناخت صریح را به دست آوریم:

M—C—C'—M'

در اینجا C شامل نیروی کار است، که کالای جادویی است که سرمایه دار خریداری می کند، در حالی که C' نشان دهنده ی ارزش بیشتر محصولی است که کارگر در جریان کار تولید می کند—تفاوت

---

[۲۸] من به گزارش اساسی حرکت در کتاب سوم *فیزیک* ارسطو از نظر کلی فکر می کنم. درک مارکس از آزادی ما به عنوان (چیزی) تجربه شده در *فعالیت* ("*خود فعالیتی*" اصطلاحی که او اغلب از آن استفاده می کند) نشان دهنده ی تأکید ارسطو بر عمل (*انرجیا*) می باشد. (200b 7ff).

C—C' یا به همان اندازه M—M'، "ارزش اضافی" ایجاد شده در فرآیند (کار) است. این فرمول را می توان به عنوان قانون حرکت سرمایه داری در نظر گرفت، زیرا محصول این گسترش به نیروی محرکه تمامی سرمایه گذاری تبدیل می شود. این قانونی است که به نظر من به طرز قابل توجهی مشابه قانون دوم حرکت نیوتن (در مورد) اشیاء آسمانی می باشد:

M—C—C'—M' (مارکس)

F=ma (نیوتن)

هر کدام در حوزه ی خود جهانشمول است. قانون نیوتن یک نیروی فیزیکی را می بیند که باعث افزایش سرعت در زمانی معین می شود. مارکس از نیروی انگیزشی سخن می گوید که موجب افزایش پول در چرخه ی تولید می شود. هیچ شتابی در آسمان بدون آنچه نیوتن آن را "انگیزه" می نامد وجود ندارد. به همین ترتیب در سرمایه داری، هیچ سرمایه گذاری بدون چشم انداز سود وجود ندارد، (سودی) که اشتغال کار زنده در نهایت تنها منبع آن است. ما در مسیر دینامیسم حرکت اقتصادی، به گونه وافری به معنای نیوتنی، کلاسیک هستیم.

در معادله ی کالا-بازار C—M—C' یک کیفیت با کیفیت دیگری مبادله می شد؛ فرآیند بازار دارای یک هدف طبیعی و محدودیت با تکمیل معامله بود که در آن چیزی غیر ضروری برای چیزی که مورد نیاز بود مبادله می شد. این با عقل انسان خوانایی دارد. در M—C—C'—M' که می تواند از نقطه نظر سرمایه گذار به M—M' تقلیل یابد، آلفا و امگا مقادیر صرف هستند. پول که به عنوان وسیله مبادله وارد عصر بورس کالا شد، اکنون به هدف تبدیل شده است. کمیت، به جای کیفیت، فرآیند را کنترل می کند. با این حال، یک کمیت همچنینی، مانند هر کمیت دیگری است: فرآیندی که زمانی هدفی طبیعی داشت و منطقی بود، اکنون ذاتاً بی نهایت و بدون انتهاست. مارکس در مورد M و M' این گونه می بیند:

> ... هر دو ماموریت یکسانی از طریق افزایش کمیت برای نزدیک شدن به ثروت مطلق دارند، ... گردش سرمایه بنابراین هیچ محدودیتی ندارد. (جلد اول، فصل ۴؛ ص. ۱۵۱-۱۵۲)

جالب است که مارکس در اینجا یک بار دیگر به خود اجازه می دهد اشاره ای طولانی به ارسطو بکند، جایی که او تفکر ارسطو در مورد مسئله ی تبدیل کیفیت به کمیت در اقتصاد را بررسی می کند. ارسطو تنزل یافتن "اقتصاد" را از آن هنری می بیند که هدفش تأمین خیر انسانی است (کلمه ی یونانی، *اویکونومیک*، به هنر مدیریت خانه داری اشاره دارد) به هنر صرفا پول سازی، که او آن را "*کریماتیستیک*" می نامد، که برگرفته از کلمه ی یونانی *کریماتا*، (بمعنای) "پول" می باشد:

> .... در مورد کریماتیستیک ، گردش منبع ثروت است. و به نظر می رسد که به دور پول می چرخد، زیرا پول آغاز و پایان این نوع مبادله است. بنابراین، ثروتهایی نیز که کریماتیستیک برای آن تلاش می کند نامحدود هستند. همان گونه که هر هنری که وسیله ای برای رسیدن به یک هدف نیست، بلکه به خودی خود یک هدف است، هیچ محدودیتی برای اهداف خود ندارد، در حالی که هنرهایی که به دنبال هدفی هستند بی حد و حصر نیستند، از آنجا که خود هدف محدودیتی بر آنها تحمیل می کند، بنابراین با کریماتیستیک، هیچ مرزی برای اهداف آن وجود ندارد، این اهداف ثروت مطلقند. با اختلاط این دو وجه،... برخی از مردم به حفظ و افزایش *بی نهایت* پول به عنوان پایان و هدف اقتصادی نگاه کرده اند. (جلد اول، فصل ۴؛ ص ۱۵۰ ن.۲؛ رجوع کنید، ارسطو، *سیاست*، ۴۰ ب۱۲۵۷-۳۰ ب۱۲۵۶.)

مارکس دلایل خودش را دارد که می خواهد ما تصویر خودمان را در این پرتره ی پیشبینی شده ی باستانی ببینیم، گویی که ارسطو خطرات پیش روی یک جامعه ی احتمالی را احساس کرده بود که بجای جستجوی هوشمندانه برای خیر انسانی دیوانه ی جستجوی ثروت نامحدود و در نتیجه بی معنا باشد.

اینک ما به همراه مارکس و تا حدی خارج از توسعه ی تئوری رسمی او برای به دست آوردن چشم اندازی در مورد پیامدهای آن (تئوری) برای زندگی انسان گام برداشته ایم. اگر سرمایه داری واقعاً مجموعه ای از روابط اجتماعی است که ما خودمان را در آن غوطه ور کرده ایم، محتملاً به تمام کمکهایی که می توانیم برای درک وضعیت خودمان دریافت کنیم نیاز داریم. برای این منظور مارکس یک روایت کوتاه و طعنه آمیز را بیان می کند.

او می گوید، مانند هر معامله ی دیگری در بازار، یک معامله ی آزاد بین یک کارگر و کارفرمای آینده ی او انجام شده است. کارگر در این مرحله به دو معنا "آزاد" است، که مارکس این گونه متمایز می کند: او آزاد است که هر قراردادی را انتخاب کند، اما او همچنین "آزاد" از مالکیتی حیاتی است— او ازمالکیت هر وسیله ای که ممکن است با آن کار کند "آزاد" است. در شرایط این "آزادی" دو لبه، او یک معامله ی عادلانه می کند : هزینه ی تغذیه، لباس، خانه و غیره برای خود و خانواده اش به او پرداخت می شود. این هزینه ی بازتولید نیروی کار اوست. در عوض، کارفرمای جدید او صاحب نیروی کار او خواهد بود. در پایان این معامله، ما بازار آزاد را ترک می کنیم:

> بنابراین همراه با آقای پول به جیب و صاحب نیروی کار، برای زمانی این حوزه ی پر سر و صدا که در آن همه چیز در سطح و در منظر همه آدمها اتفاق می افتد را ترک می کنیم، و هر

دو آنها را تا مقر پنهان تولید دنبال می کنیم، جایی که آستانه ی آن به چهره ی ما زُل می زند: "ورود ممنوع مگر برای سوداگری." در اینجا ما باید ... سرانجام راز سودجویی را باز کنیم.

ترسی که در حال ترک آن هستیم، (ترسی) که خرید و فروش نیروی کار در مرزهای آن ادامه دارد، به واقع بهشت حقوق ذاتی انسان است. تنها در آنجا آزادی، برابری، مالکیت و بنتام (Bentham) حکومت می کنند.

پس از ترک این حوزه ی گردش ساده یا مبادله کالاها، که "بازرگان آزاد *معمولی*" را با دیدگاه و ایده های خود تجهیز می کند، ... ما فکر می کنیم که می توانیم تغییر در چهره *شخصیت اصلی نمایش* مان را درک کنیم. او، که قبلاً صاحب پول بود، اکنون به عنوان سرمایه دار با گامهای بلند جلوداری می کند ؛ صاحب نیروی کار به عنوان کارگر او، او را دنبال می کند. یکی با قیافه ای مهم، پوزخند زنان و با نیت معامله؛ دیگری، رام و خود دار مانند کسی که پوست خود را به بازار می آورد و چیزی جز کتک خوردن انتظار ندارد . (جلد اول، فصل ۶؛ ص ۱۷۲)

اگر چه این کاریکاتور های کوچک ممکن است اغراق آمیز، شاید خشمگین و سوزاننده باشند، رابطه ی طبقاتی را که از این تحلیل اقتصادی ناشی می شود بخوبی متجسم می کنند: به ظاهر، یک معامله ی عادلانه در بازار آزاد که در اساطیر سرمایه داری ستوده می شود، اما فرای بازار، (در پس) این واقعیت که مالکیت وسایل تولید به گونه ای تقسیم شده است که نیروی کار یک طرف بناگزیر بایستی به مالکیت دیگری تبدیل شود، هیچ تقارن واقعی در فرآیند چانه زنی "آزاد" وجود ندارد.

این فقط مسئله ی "فقر" یا معامله ای که در شرایط خود سیستم ناعادلانه است نمی باشد: این بیشتر مشکل وضعیت کار انسانی است. کارگری که تولیدش از آن دیگری است ذاتاً از محصول خود بیگانه است؛ و اگر او از محصول (خود) بیگانه باشد، که به دلیل حق اجتماعی و قانونی ذاتاً، و به عنوان نتیجه معامله، به دیگری تعلق دارد، در آنجا او هرچه *بیشتر* از خودِ کار بیگانه می شود. این بیگانگی فعالیت انسانیست.[۲۹]

ما، به عنوان اعضای جامعه ی شرکتهای کلان، که از سال های اولیه درس اخلاق آن را گرفته ایم، تمامی اینها را گونه کامل بدیهی می دانیم— ما انتظار داریم که در *خارج* از محل کار آزاد باشیم و هیچ نگرانی برای آزادی کار خود نداشته باشیم به شرط آن که لذت بخش و "پاداش آور" (آن گونه که می گوییم) بوده، و ما را در اوقات فراغت و تعطیلات عادی آزاد بگذارد. شاید ما هیچ تصوری از کار "آزاد" به مفهوم مارکس نداشته باشیم. ما آن ساختار طبقاتی را درک نمی کنیم که باعث می شود دستمزد نابرابر را معامله کنیم، و وقتی ما را با آن مواجهه می کنند ما آن را توهین آمیز می بینیم. ما احساس می کنیم که به خاطر ساعات کار ما به گونه عادلانه، و شاید سخاوتمندانه، به ما پرداخت می شود. مارکس به سادگی، رسمی و با دقت، حسی را نشان می دهد که ما در آن عادلانه نیستیم. به ما برای ساعات معادل ماشین، خانه، غذا،

---

۲۹ اصطلاح "بیگانگی" (German *Entfremdung*, or "estrangement") در نوشته های اولیه مارکس، در مقالاتی مانند "کار بیگانه" بسیار مهم است. این یک پرسش کلاسیک در میان محققان است که آیا مارکس در زمان نوشتن *سرمایه* اساساً نظر خود را (دراین مورد) تغییر داده است. من فکر می کنم که در حالی که ممکن است که او (در شرایط جدید) از این اصطلاح برای تنظیم واژگان خود با وظایف جدید و خوانندگان جدید اجتناب کرده باشد، این مفهوم برای خواندن *سرمایه* اساسی ست وهیچ ترک موضع گذشته در کارهای بعدی او وجود ندارد، بلکه به روش های جدید و برای کار ویژه ی در دست بکار می رود.

لباس، سرگرمی پرداخت می شود. این بخش معینی از ساعات کاریست که صرف کار می کنیم، قابل محاسبه، اما به گونه معمول در جامعه ما به حساب نمی آید: بخشی که مارکس آن را "نرخ ارزش اضافی" می نامد.

راه های بسیاری برای فکر کردن درمورد نرخ ارزش اضافی وجود دارد و راه های بسیاری وجود دارد که می توان آن را به طور آشکار یا پنهان در مبارزه ی— چه ضمنی یا صریح تنظیم کرد، اما نه تحت سرمایه داری ذاتاً بی پایان— و در قرارداد برای دستمزد. مارکس این تحولات را با دقت زیادی بررسی می کند؛ در اینجا کافی است اشاره کنیم که نرخی که او در ذهن دارد را می توان به عنوان تقسیم روز کار در نظر گرفت: این مقدار از ساعت برای بازتولید نیروی کار، و این مقدار ساعت از ارزش اضافی برای کارفرما. (اما نه تنها در مورد ساعات کار) که هر دقیقه از زمان کار نیز به همان نسبت تقسیم می شود.

به گفته مارکس، در مطالعه ی سرمایه، اساساً (این) ساختاری از روابط اجتماعی است که باید بررسی کنیم. مارکس باید به خود و همچنین خواننده یادآوری کند که ما نه افراد (علیرغم کاریکاتورهای گاه به گاه او) بلکه نمونه های فرآیندهای اجتماعی عینی را در معرض دید قرار میدهیم: آنها قطعا از بسیاری جهات اشکال فردی بخود می گیرند، اما هدف واقعی تجزیه و تحلیل یک ساختار اجتماعی است که (همان گونه که) مارکس می گوید ، سرمایه دار، فقط "نماینده" آن است.

در این مرحله، می خواهم پیشنهادی ارائه دهم که فکر می کنم ریشه های آن در متن مارکس اشاره شده است: "صاحب سرمایه ای" که مارکس توصیف می کند اغلب اصلاً یک فرد نیست. مارکس از راهی دور، آینده سیستم پرتلاطمی را که می بیند توصیف می کند، اما ما ۱۰۰ سال بعد در این مسیر آمده ایم، و منطق (مارکس) خود را به مرحله ای که او پیش بینی کرده بود اما نمی توانست به طور کامل در نظر بگیرد، رسانده

است. امروز ما می توانیم ببینیم که " صاحب سرمایه ای " که مارکس توصیف می کند بیش از همه به شرکت تبدیل شده است، آن فرد مصنوعی که در طول قرن نوزدهم به آن مجوز قانونی داده شده است تا از زندگی جاودانه لذت ببرد، به تراکم منابع بپردازد و با اراده ای بسیار فراتر از جسورترین عضو هر اشرافیت یا ثروت شخصی حرکت کند.[۳۰]

انسان صاحب سرمایه ای را که مارکس توصیف می کند دو دل است : او از لذتهایی برخوردار است (ولی) با این نتیجه که ارزش مصرفی با ارزش مبادله و مصرف با انباشت رقابت می کند. او سرمایه دار است، او با سختی ای که از کالوین به ارث برده شده مال اندوزی می کند ، اما او فقط انسان است و مارکس می گوید ، او مانند فاوست متوجه می شود که "دو روان ... در درون سینه اش در جدالند— نوعی احساس انسان دوستی برای ... آدم" منطق انباشتی را که به دست او سپرده شده است تباه می کند. (جلد اول، فصل ۲۴، بخش ۳؛ ص ۵۵۶)

(اما) در مورد *شرکت*، که به عنوان یک موجود غیرشخصی قادر است منطقی (انباشت سرمایه) را که مارکس توصیف می کند، به نتیجه ای خالص منتقل کند، چنین نیست: این موجود نامیرا و مصنوعی— این Leviathan (لویاتان)، که در زمان هابز (John Hobbes) به نظر می رسید

---

[۳۰] سخت است که به اندازه ی کافی اهمیت (آن) فرآیندهای قانونی که شرکت را به عنوان یک باصطلاح شبه شهروند سیاست به میان ما آورده است، درک کنیم. این "قضیه ی کالج دارتموث" (۱۸۱۹) بود که در دیوان عالی کشور تصمیم مهمی در این جهت گرفت؛ قاضی ارشد جان مارشال این کلمات عالی را نوشت: "یک شرکت یک موجود مصنوعی است، نامرئی، ناملموس و تنها در تفکر قانون وجود دارد. به عنوان مخلوق صرف قانون، تنها دارای آن دسته از ویژگی هایی است که منشور ایجاد آن به آن اعطا می کند. از جمله ی مهمترین آنها جاودانگی و اگراین عبارت مجاز باشد، فردیت است.... (*مردم باید قضاوت کنند*، جلد ۱، ص ۴۶۰).

دولت است— نمی تواند با منطق انباشت ناسازگاری کند. بنابراین، با شرکت است که اکثر ما وارد قرارداد کار می شویم.[۳۱]

مارکس در مورد معنای این موضوع کاملاً صریح است، و آن این است که آن کسانی از ما که اشتغال را می پذیرند، خودشان را فروخته اند. ما بدون شک بسیار خوشحالیم که این کار را انجام داده ایم، زیرا جایگزین آن، عدم اشتغال، مملو از رنج و نا امیدی است. ما آزادانه ذهن و مهارتهای خود را به کالا تبدیل می کنیم. ما از مالکیت برشخص دیگری متنفریم، و آن را به عنوان "برده داری" رد می کنیم، اما بدون شکایت، زندگی کاری خود را قسمت به قسمت به دیگرانی می فروشیم که "کارفرما" می نامیم. در این معنا، ما بهترین بخش زندگی خود یعنی جوهر کاری خود را برده می کنیم.

در اینجا نکته اصلی دستمزد یا حقوق، ماهیت و شرایط کار نیست: بلکه *وضعیت* فعالیت انسانی ما— به عنوان دارایی خود ما یا دارایی دیگری است که مارکس در درجه اول از آن صحبت می کند. اگر قرار است برده باشیم، مطمئناً خوب است که از بردگان خانگی ای باشیم

---

[۳۱] ارزش آن را دارد که به گزارش هابز از Leviathan (لویاتان)، که بناچار این احساس را ایجاد می کند که (قاضی) مارشال باید خوانده باشد مراجعه کنیم: "این نسل آن لویاتان بزرگ، یا مرجحاً، با احترام بیشتری سخن بگوییم، آن خدای فانی است ... یک *نفر، که انبوه عظیمی، با پیمانهای متقابل (بر تبع او) عمل می کنند،... هر کدام خود را سازنده ای ساخته است* ..." (لویاتان، فصل ۱۷) البته هابز *دولت* را همان گونه که درک می کند توصیف می کند، اما این مفهوم اکنون به مراتب از نیتهای او پیشی گرفته است. مارکس، در زمان خود، عمیقا تحت تاثیر شرکت ("شرکت سهامی") قرار گرفته است، که او آن را به عنوان یک مرحله ی ضروری در انتقال مالکیت به خود تولید کنندگان، یعنی، مستقیما به عنوان مالکیت اجتماعی می بیند. او از آن به عنوان "الغای صنعت خصوصی سرمایه داری بر اساس خود سیستم سرمایه داری" (*سرمایه*، جلد سوم، ص ۵۷۰)، سخن می گوید. درک مشابهی از شرکت به عنوان اجتماعی شدن نهاد مالکیت خصوصی توسط آدولف برل، در برل و مینز (*شرکت مدرن و مالکیت خصوصی*) بیان شده است.
(Berle and Means, *The Modern Corporation and Private Property*)

که خوب از آنها مراقبت می شود با وظایفی جالب و ساعت های زیادی در حاشیه. اما، بردگی، بردگی است. مسئله ی اصلی ساختار رابطه ی کاری است که تحت سرمایه داری در اصل مالکیت نیروی کار یک فرد توسط دیگری و از این رو بیگانگی فعالیت های انسانی فرد می باشد. مارکس می گوید دستمزد بهتر و تمامی امکانات رفاهی شرایط جذاب کار به "زنجیرهای طلایی" تبدیل می شوند که ما را محکمتر به بردگی متصل می کنند. این (چنین چیزی) در واژگان ما (یعنی آدمهای حاضر) نخواهد گنجید که تصور کنیم که "کار" در یک سیستم متفاوت ممکن است که به قلمرو آزادی تبدیل شود.[۳۲]

با بازگشت به توسعه ی نظریه رسمی مارکس، اکنون دیده ایم که راه از M به M' از طریق توافقنامه اشتغال و ادعای متعاقب آن بر ارزش اضافی می باشد. اکنون لازم است نگاهی دقیق تر به روندی که نوشته ایم داشته باشیم.

ما نوشته ایم:

M—C—C'—M'

---

[۳۲] در سراسر مقاله ی در مورد کار بیگانه این اصل در جریان است که کار ما باید آزاد باشد و فعالیت آزاد ما دنیای واقعی ما است، "...چرا که زندگی به جز فعالیت چیست؟" "فعالیت آزاد و آگاهانه" هدف زندگی ما است که تحت بیگانگی انکار می شود. اصطلاح "خود انگیختگی" اغلب توسط مارکس در نوشته های اولیه اش برای توصیف آزادی رادیکال که او در مورد آن صحبت می کند استفاده می شود: فعالیت ما در کارمان *بایستی* "فعالیت خود انگیخته ی" ما باشد. مارکس، باز هم، در روح به ارسطو بسیار نزدیک است که کار آزاد را به عنوان یک هدف در خود می بیند (مانند *فعالیت، انرجیا* در ارسطو)، در حالی که کار بیگانه یک وسیله ی صرف و بیرونیست. مسلماً با معرفی *اراده ی آزاد*، مفهوم "آزادی" ممکن است بین زمان ارسطو و زمان ما دریایی تغییر کرده باشد.

درجایی که در ابتدا C نشان دهنده ی آن کالای جادویی (یعنی) نیروی کار می باشد، که سرمایه دار می خرد تا بتواند ارزش اضافی تولید کند. اما، به طوری عمومی تر، C بایستی تمامی آن اقلامی را شامل بشود که سرمایه دار می خرد تا بتواند چرخه جدید تولیدی را آغاز کند. نیروی کار باید در هر صورت همیشه در میان آنها باشد، اما سرمایه دار نیز باید ابزار تولید را تهیه کند تا کارگر را به کار بگیرد. به واقع، بر اساس تعریف، "سرمایه دار" به تنهایی، از طریق انباشت گذشته، دارای پول کافی برای خرید وسایل تولید است که به وسیله آنها کارگر را سر کار بگذارد. بنابراین C دو جزء بسیار متفاوت دارد— خود نیروی کار، و ابزار تولید.

هر یک از این مقوله های سرمایه گذاری سرمایه دار شامل کالاهایی است که ارزش آنها با کاری که صرف تولید آنها شده اندازه گیری می شود، یعنی نیروی کار، که ارزش آن هزینه تولید مثل است، و مواد خام، ساختمانهای کارخانه و ماشین آلات، که محصولات چرخه های قبلی تولید هستند. اما این دو مقوله بسیار متفاوت عمل می کنند، از نظر سرمایه دار، اولی سرمایه گذاری در کار *زنده* است که ارزش جدید و گسترش یافته را ایجاد می کند و دیگری خرید کار *منجمد* است که نمی تواند چیزی بیش از انتقال ارزش خود به محصول جدید انجام بدهد. اینها را مارکس به ترتیب سرمایه ی *متغیر* و *ثابت* می خواند. دومی را "ثابت" می نامد به این معنا که در حال حاضر کامل است، مانند سرمایه "متغیر" رشد نمی کند. سرمایه ثابت بنابراین شامل کار "مرده" است که کارآفرین به دست کار زنده می دهد تا تولید جدید را ممکن سازد:

> سرمایه کار مرده ای است که مانند خون آشامی تنها با مکیدن کار زنده زندگی می کند، و هر چه بیشتر زندگی می کند، کار بیشتری را می مکد. (جلد اول، فصل ۱۰، بخش ۱؛ ص ۲۲۴)

شاید لازم نباشد که مسئله را با چنان وضوحی بیان کرد، اما خود اصل برجسته می باشد. ممکن است بگوییم که M با سرعت و کارآمدی هر چه ممکن تری بسوی M' حرکت می کند ؛ (و سرمایه دار) در تخصیص کار(گر) فعلی برای کار بر روی وسایل تولید، که به نوبه خود محصولات کار گذشته است، به هدف خودش M' که ممکن است برای سرمایه تنها هدف آن باشد، دست می یابد. وسایل تولید، جدای از کار زنده، نمی توانند هیچ ارزشی تولید کنند.

سرمایه داری چه چیزی "تولید می کند؟" در فرمول تعیین کننده M—M'، شما دیده اید که محصول به معنای عادی آن لغو می شود. سرمایه به معنای دقیق کلمه از طریق محصولاتش انباشت جدیدی تولید می کند که سیستم خودش را بازتولید می کند، یا همان گونه که باید بگوییم، محصول سرمایه داری خود سیستم (سرمایه داری) می باشد که در مقیاس فزآینده ای بازتولید می شود. بنابراین سرمایه داری تمایل دارد به هر حوزه ای که قبلاً از چنگ آن فرار کرده است، مانند مزرعه خانوادگی یا فروشگاه یا کسب و کار متعلق به فرد، گسترش یابد، و ذاتاً به دنبال آن است که به هر منطقه جدیدی از جهان که "فرصت" برای سرمایه گذاری را فراهم می کند به زور وارد شود. این که آیا این یک زنجیره خرده فروشی یا جهان سوم است (فرقی نمی کند. چرا که)، نگرانی سرمایه تنها می تواند عبور از M و رسیدن به M' باشد. سرمایه دار شخصی ممکن است با در گیر شدن در مسائل انسانی بخطر بیفتد، اما سرمایه دار نهایی، شرکت، که مسئولیت قانونی سهامداران خود را بر عهده دارد، در نهایت باید هر عمل مهم را با توجه محتاطانه به بازدهی سرمایه گذاری اولیه توجیه کند. M—M' یک اصل است که در قانون شرکت های امروز تعبیه شده است، زیرا هر مدیر هشدار یا آن را به طور مداوم در ذهن دارد و یا با بی توجهی به آن خود را در معرض خطر قرار می دهد.

گردش و بازار[۳۳]

داستان سرمایه داری بایستی در دو سطح گفته شود. اول (از نظر) کارآفرین فردی، فرآیند تولیدی او و قرارداد او با کارگر. دوم، ازنظر جامعه به عنوان یک کل، (یعنی) از نظر روابط اجتماعی و فرآیندهایی که از معاملات فردی بی شمار و تعادل اقتصادی نهایی آنها ناشی می شود.

در سطح فردی ما همیشه با نبرد رقابت و گاهی اوقات انگیزه ی رانش فردی شدید که نبوغ سرمایه داری و نیروی محرکه ایست که از آن تمام حرکات دیگر پیروی می کنند، روبرو می شویم. با این حال، چشم انداز در این سطح محدود است؛ این (چشم انداز)، به طرقی که مارکس توصیف می کند، به سیستم توهّمی می رسد که تحت آن "سود" صرفاً بازگشت آشکار به " سرمایه" به نظر می رسد. از نقطه نظر فردی، سرمایه را نمی توان نتیجه ی یک توسعه ی اجتماعی شدید و بسیار اخیر دید. (در این چشم انداز) قانون حرکت، که برطبق آن کسانی که خود را عوامل حرکت می دانند به واقع درگیر چرخه های حرکت اجتماعی بزرگتری هستند که آنها را مانند خود نیروهای طبیعت اداره می کنند، نامرئی باقی می ماند .

مارکس در این سطح، بررسی معاملات فردی و فرآیند تولید فردی را آغاز کرده است، و مطمئن است، که در آنجا راز سرمایه داری را

---

[۳۳] به گونه کلی، مسئله ی گردش موضوع جلد دوم است، جایی که مارکس از کار فرانسوا کنزی، که "جداول اقتصاد" را توسعه داد، استفاده می کند. جداول مارکس مبادله ی کلی بین بخش های اقتصاد را موازنه می کند و بنابراین به جالب ترین مدلها برای نوع برنامه ریزی یک اقتصاد تبدیل می شود که او برای جامعه ی عقلایی آینده تجسم می کند. (*سرمایه*، جلد دوم، ص ۹۷-۴۶۸، در باره ی "باز تولید ساده"؛ و همانجا، ص ۹۹-۵۶۵، در باره ی مورد "بازتولید در مقیاس گسترده.")

در اصل گسترش ارزش اضافی پیدا کرده است. با این حال، او به تدریج به سمت دیدگاه های بزرگتری از بازار و اثر متقابل سرمایه ها در چرخه ی گردش کلی حرکت می کند، آنچه که به موضوع آشکار جلد دوم تبدیل خواهد شد. در این گذار، او با اصرار، به دنبال رابطه ی بین انگیزه فردی و نتیجه اجتماعی، بین حوزه جداگانه و حوزه اجتماعی، بین قلمرو جزئیات و تخیلات و قلمرو بزرگتر نظم و چشم انداز اجتماعی می گردد.

هر صاحب سرمایه ای با هدف فروش در یک بازار خاص (محصولش را) تولید می کند. در آنجا، محصول او وارد فرآیند مبادله ای می شود که در آن، همان گونه که دیده ایم، بررسی مداومی در جریان است. از طریق بازار، احتمالا به صورت روزانه یا ساعتی، زمان کار اجتماعی لازم در هر قلم (از کالا) ارزیابی می شود. از این (ارزیابی) قیمت بازار به عنوان یک قضاوت اجتماعی نتیجه می شود.[۳۴]

از آنجا که این قیمت یک میانگین اجتماعی می باشد، اگر سرمایه دار فردی بتواند راهی برای تولید یک محصول ارزانتر در کارخانه خاص خود پیدا کند، یعنی اگر بتواند زمان کار گنجانیده شده در هر مورد را زیر میانگین اجتماعی کاهش دهد، قادر خواهد بود نرخی بالاتر از حد متوسط ارزش اضافی را تحقق ببخشد. بنابراین او مزیت *افتراقی* قابل توجهی نسبت به بازار به دست خواهد اورد. به طور معمول، او ممکن است این کار را با معرفی یک ماشین جدید یا با پالایش تولید انجام دهد که بهره وری کارگر خود را افزایش می دهد. از این رو انگیزه قانع کننده ای برای تجزیه و تحلیل و بهبود فرآیند تولید یا تسریع توزیع و بازاریابی به

---

[۳۴] همان گونه که خواهیم دید، نتیجه ی این ارزیابی بازار این نیست که قیمت فروش به معنای واقعی کلمه برابر با "ارزش" است. همه چیز بسیار پیچیده تر از این است، اما با این حال و به عنوان جزئی از قیمت فروش، قضاوت/*ارزش* توسط بازار مفروض است (ص ۲۵۲.)

هر روش ممکن به منظور کاهش زمان گردش تولید ایجاد می شود. این نیروی بی امان است که در زمان مارکس به طور چشمگیری کارخانه و وسایل حمل و نقل و ارتباطات را تغییر می داد و شاید هنوز هم این کار را و حتی دراماتیک تر انجام می دهد. مارکس (درمقابل) دستاوردهای اجتماعی که این انرژی ممکن کرده است، با وحشتی واقعی می ایستد.

رقابت نه تنها هر سرمایه دار را به دستیابی به هر مزیت افتراقی که می تواند به دست آورد، سوق می دهد، بلکه تضمین می کند که هر سرمایه دار دیگری نیز در اسرع وقت از آن پیروی کند. هر اختراع جدید، هر پیشرفت در فرآیند تولید یا گردش، بایستی مانند یک موج در صنعت در تلاشی مشترک برای شریک شدن در این سود جدید شایع شود - و البته، همان گونه که این اتفاق می افتد، بازار همیشه مراقب، زمان کار جدید اجتماعی متوسط گنجانیده شده در محصول و در سطح جدید کاهش یافته اش را حساب خواهد کرد. قیمت جدید بازار بدست خواهد آمد، و تمام مزیت افتراقی از دست خواهد رفت، اما در نهایت محصول ارزان تر خواهد شد و جامعه سودی را ثبت خواهد کرد. با این حال، بلافاصله هر سرمایه دار به تجزیه و تحلیل فرآیند خود باز خواهد گشت تا فرصت هایی برای به دست آوردن یک مزیت افتراقی جدید و راه اندازی مجدد چرخه (تولید) بیابد.

از این دیدگاه اجتماعی، یکی از بینش های اصلی مارکس (و مورد مناقشه ترین آنها) دراین مرحله شکل می گیرد: اثر خالص چنین چرخه های بهبود در بهره وری کار، بیرون راندن کار زنده از فرآیند تولید در هر کجا که ممکن باشد و جایگزینی آن با کار منجمد در قالب ماشین آلات و سایر اشکال سرمایه ی ثابت می باشد. از نقطه نظر فردی، خود سرمایه دار نمی تواند ببیند که کار زنده در واقع تنها منبع ارزش اضافی است. بنابراین، در حالی که هر سرمایه دار در طول فاصله زمانی که مزیت

افتراقی او ادامه دارد، دستآوردهای گذرای مهمی کسب می کند ، اثر خالص برای همه کاهش تنها منبع واقعی سود است که کار زنده می باشد. در محدوده ی رؤیای اتوماسیون (خودکاری) کامل، هیچ منبعی از ارزش اضافی وجود نخواهد داشت، بازتولید ساختار اجتماعی متوقف خواهد شد و سیستم سرمایه داری منحل خواهد شد. البته این دیدگاه نیاز به فرمول بندی و انتقاد دقیق تر دارد، اما ممکن است در حال حاضر به عنوان نمونه ای از یک فرآیند خاص مورد استفاده باشد. نه تنها یک نتیجه کلی اجتماعی، بلکه یک قانون بلند مدت و تاریخی ممکن است از داد و ستد های فردی آنی و نادیدنی رقابت بازار برخاسته شود.

همان گونه که یک شهر از هوا متفاوت به نظر می رسد، جزئیات زندگی روزمره در حال گذر و روابط در حال ظهور هرگز نمی توانند از روی زمین آشکار بشوند، بنابراین چکیده دیدگاه مارکس از فرآیندهای تولید و گردش به عنوان یک کل اجتماعی واحد به ما امکان دسترسی به مفاهیم و نتیجه گیری های جدیدی را می دهد. تنها از این زمینه ی بالاتر می توانیم خود بازار را به سادگی به عنوان یک حادثه در تولید و بازتولید روابط اجتماعی و در واقع خود جامعه ببینیم، که در این چرخه ی بزرگتر خود شکل های جدیدی به خود می گیرد، در درون خود قدرت های جدید را شکل می دهد، گذشته اش را نقض می کند ، و احتمالاً آینده ی بسیار متفاوتی را به دنیا می آورد. نقطه نظر فردی، کارآفرین را به عنوان صاحب منابع می بیند که با کارگر مواجه می شود، که چون چنین منابعی ندارد لزوماً به دنبال کار است. در این دیدگاه، رابطه ی آنها به عنوان چیزی معین پذیرفته می شود: به این معنا (رابطه ی آنها) بعنوان چیزی صرفا "تصادفی" به نظر می رسد.

در مقایسه، از دیدگاه اجتماعی، می توانیم ببینیم که قضیه بسیار متفاوت است. همان رابطه ی (اجتماعی) به عنوان نتیجه ای از چرخه های

قبلی انباشت، به عنوان محصول خود سیستم ظاهر می شود. حتی لازم نیست به گذشته ای دور برگردیم تا تاریخ بخت و اقبال بزرگ سرمایه داری را ردیابی کنیم، یا یک گناه اولیه کار (گر) یا ابتکار در "وضعیت طبیعت" را به عنوان منشاء واقعیت مالکیت تصور کنیم.[۳۵]

در عوض، در دیدگاه اجتماعی، ما می توانیم زایش رابطه ی مالکیت را در مقابل چشمانمان ببینیم. ثروت اصلی هر چه که بوده باشد، آن افزایش اولیه به زودی در رابطه با بازسازی ارزش اضافی و انباشت آن که به طور مداوم اتفاق می افتد به مقدار صرفاً زودگذرایی می نماید. همان گونه که انباشت جدید (انباشت) قدیمی را تحت الشعاع قرار می دهد، آنچه ما می بینیم تأثیر ادعای صرف یک بخش از جامعه بر کار دیگری به موجب نهاد مالکیت بر وسایل تولید است. ما شاهد جدایی دائمی محصول اجتماعی به دو بخش هستیم، یکی به بازتولید نیروی کار و دیگری به کسانی که ادعای اجتماعی مالکیت ابزار تولید را دارند. بنابراین «سرمایه» نه به عنوان مجموعه ای از چیز*ها*، یا حتی به عنوان یک رابطه ی اجتماعی ایستا، بلکه به عنوان یک *حرکت* مداوم، که به طور متوالی روابط اجتماعی یک جامعه ی سلسله مراتبی (طبقاتی) را بازتولید می کند، در برابر ما قرار دارد.

این حس حرکت مداوم شاید در هیچ جای *سرمایه* به اندازه ی فصل بسیار مهم و حجیم ۱۵ از جلد اول، در مورد "ماشین آلات و صنعت

---

[۳۵] لاک، در نوعی از راز وضعیت طبیعت، منشاء حق مالکیت خصوصی را درعمل کارگر فردی تجسم می کند (*مقاله ی دوم در مورد دولت مدنی*، فصل ۵). روسو به گونه مشابهی به این پرسش به یک دولت اولیه ی متصور اشاره می کند، اما این ادعای اولیه ی حق مالکیت خصوصی را به عنوان بی عدالتی علیه بشریت می بیند (*گفتمان در مورد منشا ء نابرابری*، بخش اول). این دیدگاه ها بخشی از بحث ثروت در *سین آپتیکان* هستند (گ ب و و، جلد ۳، ص ۴۹-۱۰۳۸).
WEALTH in the *Synopticon* (GBWW, Vol. 3, pp. 1038-49).

مدرن" (pp.۳۵۱ff) واضح نباشد. خواننده ای که بیش از کار بر این فصل کاری نکند، می تواند انرژی های با شکوه شکل دهنده سرمایه داری و ابهام نتایج (ناشی از) آنها را تا حدی درک کند: نیروهای تولیدی جدید و بی سابقه ای که تقریباً هر روز ظهور می کنند، در حالی که به طور هم زمان، آنچه که در ظاهر بیرونی خودش نمودار می کند، تنزّل نقش انسان کارگر یست که اخیراً هنوز یک صنعتگر و صاحب ابزار خود بود، و در آن حد، حداقل هنوز در فرآیند تولید مستقل بود.

مارکس در این فصل، تمرکز گسترده ی منابع، پالایش بی رحمانه فرآیند کار و جایگزینی ماشین آلات را در هر نوبت به عنوان جانشین دست انسان و مهارت انسانی توصیف می کند. مقیاس تعیین کننده است: سرمایه بزرگ سرمایه ی کوچک را از بین می برد، تمرکز جایگزین شرکت های پراکنده می شود، حمل و نقل انقلابی می شود. سیستم های اعتباری فرآیند بازار را به معاملات فوری و ایده آل تبدیل می کنند که زمان چرخه (ی کار) را به حد اقل کاهش می دهند و تمرکز سرمایه گذاری در ماشین های "حجیمی" را امکان پذیر می کنند که انسان نمی تواند بیش از مواظبت کردن از آنها کاری انجام دهد. مارکس با شیفتگی توسعه ماشین هایی که ماشین ها را می سازند ردیابی می کند، زیرا حتی انسان ماشین ساز به عنوان یک تنگنای آزار دهنده در توسعه ی رو به رشد عصر صنعتی ظاهر می شود.

همه ی اینها را می توان با روحیه ی شگفتی و ستایش گفت، زیرا برای مارکس، زمانی که این قدرت ها در مقیاس اجتماعی سازماندهی می شوند، چشم اندازی از قدرت های تقریبا باور نکردنی انسان می باشند. البته همه از ماشین آلات و منطقی سازی فرآیند تولید تعجب می کنند؛ اما از منظر مارکس، چنین منطقی سازی دارای معنایی ست که دیگران به ندرت آن را بیان می کنند. در مقیاس فردی، ما رقابت نیروهای بی قرار

سود شخصی را دیدیم. در مقابل، در مقیاس اجتماعی، هر چند ناخواسته و غیر عمدی، می بینیم که از درون این (جریان فردی)، انباشت سرمایه و *عملاً* همیاری و سازماندهی اجتماعی در مقیاس بی سابقه ای (از) قدرت کار اجتماعی بر می خیزد. البته، این علم و تکنولوژی است که به یک معنا همه ی اینها را ممکن می کند. اما علم و فناوری ذاتاً خود عملکردهایی اجتماعی هستند، که در آن هر محقق در زمان مناسب در دستآوردهای همه سهیم می شود و تنها می تواند از طریق دسترسی به محصول اجتماعی شکفته شونده کار بکند.

درهم تنیده شدن محصولات و فرآیندها، که در مقیاس جدید و جهانی در گردش هستند، نشان دهنده ی ساخت شکلی کاملاً جدید از جامعه است. رقابت و حوادث بازار در برابر واقعیت سازمان اجتماعی بیسابقه و همکاری منطقی *بالفعل* عقب نشینی می کنند. سرمایه داری خود را به واقع به عنوان زاینده ی متضاد خود نشان می دهد: رقابت به طور مداوم همکاری ناشناخته را ایجاد می کند. با این حال، این جامعه ی جدید فرآینده، در حالی که در یوغ یک نظم اجتماعی سلسله مراتبی باقی می ماند، توسط مارکس به عنوان (جامعه ای) مملو از تناقض عمیق دیده می شود: ماشین هایی که کار(گر) را نجات می دهند، فقط باعث می شوند که ما طولانی تر و تحت فشار بیشتری کار کنیم. ماشین هایی که نتیجه هوش عالی هستند، خود کار را از هر گونه دخالت هوشمند تخلیه می کنند. بعداً، ما پیامدهای این پیشگویی دوگانه: چشم انداز و انکار (آن) را در نظر خواهیم گرفت.

مارکس تجزیه و تحلیل معمول فرآیند اقتصادی ارائه شده در اصطلاحات "عرضه و تقاضا" را رد می کند. البته این به دلیل عدم قدردانی از اهمیت بازار آزاد به عنوان پایه و اساس سیستم سرمایه داری نیست: مارکس در تمام تحلیل های خود، بازار آزاد را پیش فرض می گیرد. در

واقع، این بازار آزاد است که به طور مداوم ارزش هایی را که زیربنای مبادله است، تعیین می کند. خواهیم دید که این در مورد بازارهای خود سرمایه، پول، زمین، و در مورد بازارهای نیروی کار و محصولات کار صادق است. اما "اقتصاد بازار"، گرچه در رابطه با پدیده های فوری بازار استفاده می شود، آن دیدگاه کلی جنبش ها، قوانین و مشکلاتی را که علم اقتصاد مارکس را می سازد، به دست نمی دهد. تنها دیدگاهی بزرگتر، که پدیده های گذرای بازار از آن قلم می خورند، می تواند این کار را انجام دهد. این قوانین بزرگتر و نه چرخشهای گذرای بازار هستند، که دغدغه ی مارکس در *سرمایه* می باشند .

به طور مشابه، به جای اصطلاح بورژوایی، "تقاضا"، مارکس از "نیاز اجتماعی" صحبت می کند. او این را به عنوان قدرت خرید موثرِ جامعه به عنوان یک تقاضای موثر تمام و کمال تعریف می کند که با پول لازم برای عملی کردن خرید پشتیبانی می شود. این مفهوم تا حدودی متفاوت از "تقاضا" است که اغلب در ارتباط با اقتصاد بازار تصور می شود و افقش قبل از هرچیزی معامله بازار فردی است. کارگران فردی ممکن است به همه چیز نیاز داشته باشند یا قطعاً بسیار بیشتر از آنچه جامعه آماده ارائه آن است، "تقاضا" کنند. اما حتی زمانی که این خواسته ها با دسترسی گاه به گاه به پول نقد پشتیبانی می شود و از این رو به صورت فردی "خواسته های موثر" می شوند، مگر به عنوان هوسبازیهایی که در طول زمان فسخ می شوند، بایستی نسبت به حسابداری کلی اقتصادی بی ربط باشند. نیاز اجتماعی یک مفهوم طبقاتی است و در مجموع تنها چنین رویکرد طبقاتی به بازار برای علم رسمی اهمیت دارد.

محصول اجتماعی بر اساس نرخ ارزش اضافی، به طبقه کارگر، که بخش عمده ی مصرف کنندگان هستند، اختصاص داده می شود؛ رانش (راندن) برای افزایش سود تضمین می کند که این نرخ (ارزش اضافی) تا

آنجایی که شرایط اجازه می دهد بالا نگه داشته شود و اساساً اندازه ای ثابت باشد. بنابراین جریان ارزش به مقوله ی خرید توسط کارگران، (یعنی) باز تولید سرمایه ی متغیر، به شدت تعیین شده است. این شامل سبد تدارکات مورد نیاز برای بازتولید کارگر و خانواده اش تحت شرایط اجتماعی معین و از جمله استانداردهای پذیرفته شده انتظارات اجتماعی می باشد. *این* "نیاز اجتماعی" است، و ما می توانیم ببینیم که چرا این (نیاز اجتماعی) مفهوم عملی در هر دیدگاه واقعاً چکیده ی (مطلب) می باشد. جزئیات آن، از نظر مارک ها، سبک ها، مدها و مانند آن، در واقع موضوعی برای تعیین بازار و نگرانی اصلی تولید کنندگان، سرمایه گذاران و تبلیغ کنندگان (یعنی) شرکت کنندگان فوری در رقابت برای فروش می باشد. در دوره های طولانی تر، به دلیل ارزان شدن کلی محصولات با روش های بهبود یافته ی تولید، محتوای این (نیاز) رو به بهتر شدن دارد. اما مقدار کل آن در هر دوره ی معین توسط الزامات سرمایه برای تسلط بر ارزش اضافی محدود می شود، و از آنجا که بایستی نیازهای اساسی انسانی را برآورده کند، ترکیب اساسی آن (مسکن، لباس، تغذیه، حمل و نقل، آموزش، سرگرمی و غیره-ن)، در هر دوره ای فقط می تواند در محدوده نسبتاً باریکی تغییر کند.

سود سرمایه[۳۶]

ما اکنون به جلد سوم *سرمایه* می رویم و در عین حال به لحاظ انتزاعی بطرز چشمگیری پایین می آییم. ما به جزئیات دنیای سرمایه داری نزدیکتر می شویم، دنیایی که همان گونه که مارکس در جلد سوم دلیل و برهان می آورد، به طور سیستماتیک جوهر خود را در توهّم و رمز مخفی می کند. ما در جلد اول با شناسایی عناصر انتزاعی سرمایه داری، کالا، ارزش کار و راز ارزش اضافی شروع کردیم. همان گونه که ما از اینها دور می شویم، پدیده های زندگی روزمره سرمایه داری را بازسازی خواهیم کرد، و در مسیر خود همواره رابطه ی آنها با ماهیت مخفی شده ای را که به تنهایی می تواند این پدیده را قابل فهم کند ردیابی خواهیم کرد.

این طعنه آمیز است که *سرمایه* آن طوری که به گونه عام شناخته شده— آن چنان که مثلاً در "*کتابهای بزرگ جهان غرب*" تجدید چاپ شده است— تنها شامل جلد اول از سه جلدی ست که مارکس نوشت. نتیجه این است که اکثر خوانندگان در سطح اولیه انتزاع باقی می مانند، که نمی تواند حقیقت کامل جهان را در لفظ خود جهان بیان کند: از راز و جوهر سرمایه داری می گوید، اما هنوز مسئولیت حیاتی کار بر روی رویدادهای عادی و گفتمان آشنای زندگی اقتصادی ما را بر عهده نگرفته است. این وظیفه ی ویژه ی جلد سوم است. اهمیت این (جلد سوم) نه تنها ایجاد ارتباط به گونه ای است که نظریه ی جلد اول در واقع بتواند تفسیر و اعمال شود، بلکه همچنین برای روشن کردن منشاء و ماهیت خود توهّم است. مارکس در اینجا تولید سیستماتیک آگاهی کاذب و فرآیندی را که از آن زمان "*هستانه سازی*" نامیده می شود، ردیابی می کند، که توسط

---

[۳۶] *سرمایه*، جلد ۳، ص ۶-۳۰۶-۲۴۱، ۹۹-۱۱۷

آن، وجودهایی در آگاهی شکل می گیرند که هیچ همتای عینی در (دنیای) واقعیت ندارند.[۳۷]

این بایستی مطالعه ای تاریک باشد، نه تنها به این دلیل که (به نحوی) عمیق تر به سایه های تحریف فرود می آید، بلکه به این دلیل که همان گونه که آشکار می شود که چگونه چنین توهّم اجتماعی سیستماتیک ممکن است کامل و تقریبا نا گسیختنی (فسخ ناپذیر) باشد، نوای خاصی از نا امیدی بناگزیر (در فرد) نفوذ می کند.

اولین گام در این فرود، تبدیل *نرخ ارزش اضافی* به *نرخ سود* است. این تمایز به این دلیل است که سرمایه ی اختصاص یافته به یک پروژه و گره خورده در آن با ماشین آلات، مواد خام یا ساختمان ها، خواستار شناسایی است. چنین سرمایه ای هیچ چیز جدیدی به ارزش محصول اضافه نمی کند. اما (چون) به عنوان سرمایه ی ثابت مقید شده است، از استفاده (ی آن) در اشکال دیگر جلوگیری می شود، (یعنی در) جاهایی که ممکن است به طور مستقیم کار زنده را استخدام کند و از این رو ارزش اضافی به دست آورد. به عنوان سرمایه، به "مالکیت" در آمده است و هیچ "مالکی" از فرصت دریافت ارزش اضافی چشم پوشی نخواهد کرد مگر اینکه غرامت کافی دریافت کند. در واقع، از آنجا که سرمایه ی او به شدت مورد نیاز است — چرا که حداقل معینی از سرمایه ی ثابت همیشه برای قرار دادن کار زنده به کار مورد نیاز است— ممکن است به

---

[۳۷] اصطلاح "هستانه سازی" به وسیله ی گیورکی لوکاس یکی از جالب ترین مفسران *سرمایه*، درکتابش *تاریخ و آگاهی طبقاتی* توسعه یافته است. به عنوان مثال، نگاه کنید به مقاله ی "هستانه سازی و آگاهی طبقاتی، الف: پدیده ی هستانه سازی،" ص ۱۱۰-۸۸. مارکس از اصطلاح "فتیشیسم" برای توصیف تبدیل یک رابطه به یک چیز استفاده می کند؛ این مفهوم در بحث کالا مشهود است، اما مارکس در جلد سوم در مورد این فرآیند تأمل می کند (*سرمایه*، جلد سوم، ص ۵۱۶).

"Reification and Class Consciousness، I: the phenomena of reification," pp. 83-110.

نظر برسد که او می تواند هر قیمتی را که انتخاب می کند درخواست کند. اما به واقع، (برای هر قیمتی) حدی وجود دارد.

از آنجا که تنها منبع هر ارزش جدید، ارزش اضافی ایجاد شده در خود فرآیند کار است، صاحب سرمایه ی ثابت نمی تواند چیزی بیش از سهم افزایش جدید ثروت را برای (سرمایه ی ثابت) درخواست کند. اندازه گیری این "سهم" به نوبه ی خود توسط مبادلات در نوع جدیدی از بازار که بوجود می آید، (یعنی) *بازاری برای خود سرمایه* تعیین می شود. در آن بازار، سرمایه به سرمایه گذاری هایی که بیشترین بازده را ارائه میدهند، جریان می یابد، در نتیجه به طور کلی و تا آنجا که این بازار جهانی و کاملاً موثر باشد، تمامی سرمایه، ثابت یا متغیر، همان نرخ بازده را دریافت می کنند. "سود" تبدیل می شود به نسبت ارزش اضافی به *کل سرمایه* (یعنی سرمایه ثابت باضافه ی سرمایه ی متغیر) سرمایه گذاری شده در یک پروژه. این (نرخ) کمتر از نرخ ارزش اضافی خواهد بود، که در آن، صورت (معادله) همان است، اما مخرج (معادله) تنها سرمایه ی متغیر بود. بنابراین نرخ سود پایین تر از نرخ ارزش اضافی خواهد بود، زیرا سرمایه ی کل بیشتر از سرمایه ی متغیر است که به طور مستقیم نیروی کار را استخدام می کند.

ما می توانیم ببینیم که بازار سرمایه، که خود نشان دهنده یک توسعه ی تاریخی بزرگ در منطق رونده ی سرمایه داری است، بایستی توزیع بازده به سرمایه گذاران از فرآیند تولید را به شدت دگرگون سازد. در مورد صنعتی که به مقدار نسبتاً کمی از سرمایه ی ثابت استفاده می کند، نرخ سود باید به (نرخ) خود ارزش اضافی، یعنی حد بالایی خود نزدیک شود. از سوی دیگر، فرآیندی که مقدار زیادی سرمایه ثابت احتیاج دارد، به طور کلی ارزش اضافی نسبتا کمی نسبت به سرمایه ی سرمایه گذاری شده تولید کرده و نرخ سود پایینی خواهد داشت. با این

حال، از طریق عملکرد بازار سرمایه، هیچ یک از سرمایه گذاران آن نرخی را که اگر به تنهایی فعالیت می کرد بدست نمی آورد. همه ی صنایع از طریق بازار سرمایه از نزدیک به هم می پیوندند و بنابراین سرمایه از شرکت سودآورتر به (شرکت با سود آوری) کمتر جریان می یابد، تا زمانی که در نهایت تحت فشار رقابت سرمایه ها، پول سرمایه گذاری شده در هر یک به یکسان پاداش می گیرد. بنابراین همان گونه که هر سرمایه در نرخ متوسط سود سرمایه شریک می شود، به طور مداوم ارزش اضافی را از شرکتی با سود ذاتی بالاتر به (شرکتی با سود) پایین تر منتقل می کند.

بنابراین، اثر بازار سرمایه، اجتماعی کردن استثمار کار است: از طریق بازار مداوما ارزش از صنایع با بازدهی بالا به (صنایع) با بازده پایین منتقل می شود تا آن که همه در نرخ سود متوسطی سهیم بشوند. این فرآیند اجتماعی توسط شرکت کنندگان به این گونه دیده نمی شود، اما از دیدگاه نظریه مارکس، اکنون می توانیم ببینیم که چگونه می توان نتیجه گرفت که به این ترتیب هر سرمایه دار، همان گونه که مارکس می گوید، در واقع "سهامدار کل شرکت اجتماعی" می شود – (به معنایی) همه سهام دارانی در یک "فراماسونری سرمایه" عمومی.[۳۸]

از آنجا که عملکرد ارزش اضافی، از همان ابتدا، توسط سرمایه دار دیده نمی شود، او حتی کمتر از انتقال آن (ارزش اضافی) آگاه است، و فرآیند اجتماعی عظیم و حیاتی را که در آن شرکت می کند درک نمی کند. برای او، به نظر می رسد که هر سرمایه گذاری موجب گسترش ارزش خودش می شود. آنچه به واقع یک نتیجه اجتماعی است، که از طریق عملیات بسیار فنی بازار سرمایه در مقیاس جهانی تعمیم یافته است، در مجموع "پشت سر او" رخ می دهد.

---

[۳۸] *سرمایه*، جلد سوم، ص ۳۱۲.

از آنجایی که با شرایط برابر (برای دیگر موضوعات دخیل در سرمایه گذاری)، سرمایه ی صرف شده در یک پروژه به نسبتی که چرخه زمانی فرآیند (تولید یا سرمایه گذاری) می تواند کوتاه بشود (و بنابراین نیروی کار زنده ی بیشتری را در برهه ی زمانی معینی جذب بکند-ن)، به پاداش می رسد، فرآیند تولید به گونه ای دائم به سریعترین حد ممکن رانده می شود. این امر مستلزم کوتاه کردن زمان گردش در هر زمان ممکن می باشد، (ازجمله) با اختراع روش های اعتباری که تأخیر در بازاریابی را دور می زند و (نیز از طریق) فشار بر سرمایه ی تجاری درگیر در مبادله ی کالا. ارتباطات، که در قرن نوزدهم با پیشرفت هایی همانند معرفی کشتی های بسته بندی در ابتدا، و بعد، تلگراف و کابل های اقیانوس نشان داده شده است، از طریق رقابت تلاش های بازار سرمایه برای به دست آوردن مزیت افتراقی از طریق دسترسی زودتر به اطلاعات بازار، و یا تحقق نرخ سود بالاتر از حد متوسط از طریق سرآمد (گرفتن) در زمان گردش (مالی) رانده می شوند. (اما) این تنها نرخ متوسط سود در کل یک صنعت و در طول زمان است که بازار سرمایه ایجاد می کند. از این رو با وجود "فراماسونری سرمایه" که در نهایت برای صنعت به عنوان یک کل تضمین می شود، کارآفرین فردی هنوز هم همان فشار را برای به دست آوردن هر مزیت موقتی که می تواند ایجاد کند، احساس می کند.

این توهّم که سرمایه— که در واقع به سادگی به خاطر موقعیتش بعنوان مالکیت خصوصی *درخواست* پاداش می کند — ارزشی را که به طرف او جریان می یابد ایجاد می کند، تحریف های مطابق با آن را در سراسر تفکر و حسابداری سرمایه داری به ارمغان می آورد. حسابداری، که هنرش لفاظی جدید سرمایه داری و از این رو عصر ما است، با سود مطابقت دارد، نه با ارزش اضافی که زیر بنای آن است. در هر جایی و به هرشکلی که سرمایه وارد فرآیند تولید می شود، حسابداری سرمایه داری، نرخ بازده عمومی را که بر آن اصرار دارد، به آن نسبت می دهد. حسابدار

(نه تنها) این ورودی را بدون هیچ حس دوگانگی یا تحریف، بلکه با به رسمیت شناختن آنچه که آموخته است که "هزینه ی سرمایه" بخواند، انجام می دهد. از نظر او، "هزینه ی سرمایه" هیچ تفاوتی با "هزینه ی کار" یا "هزینه ی سوخت" ندارد: هر یک از آنها را به عنوان بخشی از "قیمت تولید" محصول می بیند. در نهایت، این (هزینه) در قیمت کالا گنجانیده می شود و مصرف کننده بر این اساس برای آن پرداخت می کند، دوباره بدون تردیدی بیشتر از آنچه که توسط حسابدار احساس می شود.

اکنون می بینیم که بازارهای کالای واقعی سرمایه داری، همان گونه که در جلد اول فرض کرده بودیم، *ارزش* محصولی را که در آن تجارت می کنند، ارزیابی نمی کنند، بلکه *هزینه ای* را (حساب می کنند) که مبتنی بر انتساب متناسب ارزش به تمام عناصر سرمایه ای هستند که در تولید آنها دخیل بوده اند. هزینه به این معنا جایگزین ارزش در تمام بازارهای سرمایه داری و همچنین در نظریه ی اقتصادی می شود. قیمت به سمت ارزش واقعی کار(گر یا نیروی کار) سوق نمی یابد، بلکه به سمت ساختار حسابداری سرمایه داری می رود که اثر انتقال ارزش در جریان هایی از (سوی شرکتهای با) سود بالا به شرکت های کم سود را دارد. اکنون می بینیم که کل عملیات بازار، و با آن، همه ی تفکر در مورد فرآیند اقتصادی، به طور سیستماتیک به گونه ای راز آلود می شوند که ارزش و ارزش اجتماعی نامرئی می شوند، درست همان گونه که روندهای ارزش و اجتماعی شدن آن روند (نیز) نادیده (باقی) می مانند.

آیا این بدان معنا ست که تحلیل مارکس، هر چقدر هم که در سطحی از اصل انتزاعی درست باشد، در عمل کاربرد واقعی ندارد؟ به نظر می رسد این پرسش مکث متفکرانه ای را می طلبد. با این حال، ما می توانیم یک چیز را ببینیم: بیش از آنچه که خود شرکت کنندگان ممکن است فکر کنند، اگر تجزیه و تحلیل اساسی مارکس در جلد اول درست

باشد، پس قانون ارزش هنوز بر کلیت مبادله حاکم است. هیچ منبع سودی به جز ارزش اضافی وجود ندارد و تحلیل جلد اول همچنان تعیین کننده است: سود کل در تمامی بازار، که منبع دیگری ندارد، باید در نهایت برابر با کل ارزش اضافی باشد. از این رو، با فرض برابر بودن چیزهای دیگر، به همان اندازه ی قبل از مرگ این درست است که، نرخ ارزش اضافی شاخص اساسی است که بازده کل سرمایه را اداره می کند: تنها خرید و استثمار نیروی کار است که در اصل آن بازدهی را ایجاد می کند که در آن، از هر مسیری (که در نظر بگیریم)، همه در نهایت در آن سهم دارند. و اگر این درست باشد، پس حداقل به همان اندازه ی قبل مهم است که این واقعیت را تشخیص دهیم، و بتوانیم به مه توهّم نفوذ کنیم، تا موتور را در قلب ماشین ببینیم. یک محرک اولیه تمامی چرخ ها را می چرخاند؛ جدای از آن که آنها ممکن است تصور کنند که خودشان در حال چرخشند. تمام چیزهایی که در سطح بالاتری از انتزاع در جلد اول گفته شد، اکنون صحیح باقی می مانند، اما عناصر آن در جلد سوم به طور فزآینده ای در پشت صحنه عمل می کنند، و مسئولیت ردیابی عملیات آنها از طریق هیروگلیف های عمل اقتصادی دشوارتر می شود.

آنچه آشکار می شود ظهور یک توهّم سیستماتیک است، و ما در عین حال می بینیم که چگونه حتی خود این توهّم محصول ضروری همان سیستمی است که در خدمت پنهان کردن آن می باشد. ما نه از یک خطای صرفاً فنی، بلکه از یک اسطوره ی منسجم، از یک واژگونی اساسی ادراک از آنچه در جهان تجربه ی ما اتفاق می افتد، صحبت می کنیم. سرمایه داری یک بافت *اجتماعی* همیشه در حال انشعاب را تشکیل می دهد، در حالی که در عین حال خود را به عنوان فردگرا و بی برنامه و بواقع (به صورت) محصول طبیعت انسانی بدون محدودیت نشان می دهد.

این صفحه مخصوصا خالی گذاشته شد.

بهره ی پول[۳۹]

اکنون به بررسی *بهره* روی می آوریم، و با آن، از وضوح ارتفاعات انتزاع اولیه، یک گام دیگر به سمت پایین، به سردرگمی های قلمروی که برای ما آشناترند، (یعنی) پدیده های روزانه ی سرمایه داری، با تمام فراز و نشیب های آن برمیداریم. همه ی ما می دانیم، گویا که یکی از حقایق طبیعت است، که پول بهره را "بخود می کشد"، و ما با نگرانی به هر کسی نگاه می کنیم که پولی را برای مدت زمانی نگه می دارد، بدون آن که آن را "به کار" بیاندازد. مارکس می گوید ، سرمایه با بهره، شکل بُتی نهایی اش را به خود می گیرد، که در آن به نظر می رسد که خود پول قادر به تولید ارزش است.

البته سود یک پدیده ی محوری سرمایه داری است، و نتیجه ی تلاش بی امان آن برای دستیابی به قدرت جمع آوری منابع، از طریق کانالهای اعتباری، در کوتاه مدت و با تمرکز همیشه روز افزون می باشد. با این حال، بر خلاف نرخ سود، نرخ بهره از قانون درونی پیروی نمی کند. بهره و سود هر دو باید از یک منبع مشابه (یعنی) ارزش اضافی حاصل بشوند. باید به نحوی بین آنها نوعی جدایی ایجاد شود. اما برای تعیین این نقطه جدایی، در اینجا هیچ اصل منطقی وجود ندارد. رقابت، سنت و خلق و خوی بازار، نرخ بهره (پول) را در یک رقابت بی پایان بین وام دهندگان و کارآفرینان تغییر می دهد. توهّمی که با این تقسیم عملکرد بین سود و بهره بوجود می آید بسیار عمیق است. این گونه به نظر می رسد که تخصیص ارزش اضافی چیزی اساسی در فرآیند اقتصادی را اندازه گیری می کند، گویا که دو منبع مختلف ارزش مورد بهره برداری قرار می گیرند و بر اساس اصل تناسب پاداش می گیرند. "*بهره*" به عنوان بازده *فی نفسهٔ*

---

[۳۹] *سرمایه*، جلد سوم، ص ۵۷۳-۴۵۹.

مالکیت به نظر می رسد، گویا که پول صرف شده به گونه ای ذاتی سودی تولید می کند. با این توسعه ی بازار سرمایه داری، به نظر می رسد که رؤیای اولیه تحقق یافته است: پول به خودی خود به نظر می رسد که میوه می دهد، همان گونه که یک درخت گلابی، گلابی می دهد. این طور به نظر می رسد که بهره از پول "می روید". مارکس دعوت می کند که به کلمه ی یونانی "*توکوس* (*tocos*)" برای "بهره" توجه کنیم، که بسادگی معنی "فرزند" می دهد.[۴۰]

به نظر می رسد که فرمول بنیادین سرمایه داری، M—M'، اکنون بدون مداخله ی آزار دهنده ی هر فرآیند تولید تحقق یافته است — یعنی بدون حواس پرتی (ناشی از) فرمول اصلی گسترش یافته و دست و پا گیرتر که در آن هر محصولی را بایستی تولید و توزیع کرد:

$$M—C—P—C'—M'$$

در عوض، با بهره ای که اکنون به عنوان بازده *فی نفسه ی* مالکیت تصور می شود، عملکرد سود باقی مانده ی کارآفرین به عنوان بازده یک عملکرد متمایز، به عنوان "دستمزد سرپرست" دیده می شود - این (دید) با وجود این واقعیت است، که مارکس و آدام اسمیت به طور یکسان اشاره می کنند که، این وظایف مدیریت به طور منظم به پرسنل نظارتی واگذار می شود، کسانی که هیچ سهمی در مالکیت ندارند. مارکس در ادامه اشاره می کند که موفقیت کارخانه های تعاونی نشان می دهد که نقش فرضی سرمایه دار در تولید واقعی را می توان بدون آن که فقدانش حس شود حذف کرد.[۴۱]

---

[۴۰] *سرمایه*، جلد سوم، ص ۵۱۷

[۴۱] *سرمایه*، جلد سوم، ص ۵۱۷

حسابداری سرمایه داری، که همانطور که قبلاً دیده ایم، به یک ساختار توهّم آمیز و درحال توسعه شکل متعارف میدهد، اکنون (اقلام) ورودی متمایزی را ایجاد می کند: *بهره* برای وجوه قرض گرفته شده و *سود* برای سرمایه ی به کار گذاشته شده. اولی به عنوان "هزینه ی پول" ظاهر می شود و ممکن است به درستی به عنوان یک قلم جداگانه ثبت شود، حتی اگر سرمایه دار خود مایه ی مالی را گذاشته باشد و هیچ پولی قرض گرفته نشده باشد. سرمایه دار که در این ادراک خود توسط یک سیستم منسجم حسابداری با شرایط و قوانین سختگیرانه ی خود تایید شده است، به سختی می تواند مسئول اشتباه خود در این تصور باشد که پول خودش در ارزش محصول شراکت دارد. به پول به خاطر به رسمیت شناختن این اثر بخشی جادویی آن بهره داده می شود که فقط با گذر زمان در (تولید) ارزش جدید شراکت دارد— (حال چه) "خواب یا بیدار، (چه) در خانه یا خارج از کشور باشد."[۴۲]

این دنیای توهّم با حفظ اسطوره های خود، قصد آن چیزی را دارد که در واقع تلاشی عمدی برای خود فریبی است: تولید جهل خود از واقعیت هایی که در واقع بر آن (جهل) استوار است.

---

[۴۲] *سرمایه*، جلد سوم، ص ۵۱۷

اجاره[۴۳]

ما اکنون اخاذی بیشتر دیگری از فرآیند تولید را در قالب اجاره ملاقات می کنیم. مارکس می گوید، اجاره به این دلیل ناشی می شود که انحصار یک تکه از زمین، مالک زمین را قادر می سازد تا در ازای اجازه ی استفاده از زمین برای تولید محصولات کشاورزی، یک اخاذی بگیرد. با این حال، بین "باج" خواسته شده توسط مالک زمین و عوارض گرفته شده توسط سرمایه دار و بانک دار تفاوت وجود دارد. اگر چه (این) تقاضا (از طرف سرمایه دار و بانک دار) برای سودی است که از هیچ سهم واقعی در ارزش محصول ناشی نمی شود، حداقل در این دو مورد، چند زمینه در ارزش واقعی وجود دارد: سرمایه و پول هر دو ارزش، (یعنی) مقادیر مشخصی از زمان کار متبلور شده را نمایندگی می کنند. با این حال، هنگامی که مالک زمین خواستار پرداخت برای استفاده از زمین های بهبود نیافته است، ادعای او بر اساس هیچ ارزش واقعی نیست: از آنجا که زمین محصول کار نیست، به خودی خود هیچ ارزشی ندارد. سود و بهره بازدهی ارزشهای واقعی را نمایندگی می کنند؛ (اما) اجاره بر زمین بهبود نیافته بازدهی بر اساس (تولید) هیچگونه ارزش می باشد.

هر "ارزشی" که برای زمین های بهبود نیافته تعیین می شود، بیانی کاملاً غیر منطقی است. همان گونه که ما با مارکس از ارزش اضافی اولیه از طریق سرمایه و سود به (طرف) اجاره حرکت می کنیم، به گونه فزاینده ای می بینیم که روابط اجتماعی، مالکیت فرآیندهای اقتصادی

---

[۴۳] *سرمایه*، جلد سوم، صفحات ۷۵۱-۸۷؛ ۸۸۲-۹۱۶. توجه داشته باشید که این خوانش ها به مسئله ی "اجاره ی افتراقی" نمی پردازند، که همان گونه که اصل (ارزش) "حاشیه ای" توسعه می یابد، در کلیت تئوری بسیار مهم می شود، اما امکان نبوده که در مقاله ی حاضر گنجانده شود.

اساسی واقعی را تحریف و پنهان می کنند، و اقتصاد را در میان واژه بازی حسابداری (هرچه) بیشتر و بیشتر مجزا از تنها منبع خود ارزش، (یعنی) کار انسانی، به میزان های نادرست هزینه و قیمت بر اساس خواسته های خودسرانه منحرف می کنند.

وقتی مارکس در مورد اجاره می نویسد (به ویژه، "اجاره زمین")، به طور خاص طبقه مالک زمین انگلیسی را در نظر دارد ، اما او همچنین اشاره می کند که همان گزارش را می توان در زمینه های دیگر اقتصاد مانند معدن نیز ارائه داد. از آنجا که او تجزیه و تحلیل خود را به طور سیستماتیک بر اساس اصل اول بنیان می نهد، آن (تجزیه و تحلیل) به نهادهای زمان او محدود نمی شود. "اجاره" بر ملک های بهبود نیافته در اشکال مختلف در سراسر جامعه معاصر ما یافت می شود، و هر جا که رخ می دهند، شامل یافته های غیر منطقی مارکس می باشند. مارکس می گوید، مالکیت زمین "بر این فرض است که برخی افراد از انحصار واگذاری بخشهای خاصی از جهان به عنوان حوزه های انحصاری محدوده خصوصی خود بهره مند می شوند."[۴۴]

زمین کشاورزی قطعاً یک نمونه ی اصلی از این است، اما هر "بخشی از جهان" که دارای ارزش استفاده است و می تواند "به زنجیر کشیده شود (تصرف شود)" نامزد اجاره— یعنی تقاضای پرداخت برای استفاده از آن می باشد.

اگر بپرسیم که این اجاره چقدر ممکن است بزرگ باشد، بلافاصله می بینیم که ما با یک مورد افراطی از وضعیتی که قبلاً ملاقات کردیم مواجه هستیم. یک بار دیگر، تنها منبع ارزش اضافی فرآیند کار است. دوباره، پرسش بر سر تقسیم و توزیع ارزش اضافی به دست آمده از آن (فرآیند) است. بازار سرمایه تصمیم گرفت که نرخ سودی را به سرمایه

---

[۴۴] *سرمایه*، جلد سوم، ص ۷۷۲.

اختصاص بدهد؛ تقاضا برای سود منجر به یک تقسیم اساسا خودسرانه بین بانکدار و سرمایه دار شد. با این حال، در هر مورد، بازده شکل یک نرخ قابل محاسبه در رابطه با یک ارزش واقعی— زمان کاری که در سرمایه یا وامهای قرض گرفته شده متبلور شده است— به عنوان مخرج (مشترک) را گرفت.

در مورد اجاره، چنین مخرج (مشترکی) وجود ندارد. اجاره، به عنوان بازده به چیزی که در اصل هیچ ارزشی ندارد، نه یک نرخ که یک باج اجتماعی می باشد، و به عنوان یک رویارویی ضمنی یا آشکارا بین زمین دار و سرمایه دار عمل می کند. [۴۵]

یک بار دیگر، حسابداری چرخه ی پاسخگویی (خوش جوابی) خود را بازی می کند: جایی که قبلاً نرخ بازده ای را به تمام پول نسبت داد، اکنون— جایی که هیچ ارزشی وجود ندارد که نرخ را بر پایه آن بگذارد— برعکس استدلال می کند و یک ارزش را به آن *نسبت می دهد.* در واقع، به سادگی مخرج مشترک گم شده را متخیل می شود. ارزشی برای زمین محاسبه می شود، که بدین صورت "سرمایه گذاری می شود" تا (مبلغ) اجاره اش رابه عنوان یک نرخ توجیه کند. به گفته ی مارکس، این منشاء "ارزش" فرضی زمین است - این به سادگی یک اجاره است که بر اساس یک نرخ بازده فرضی سرمایه گذاری می شود (به حساب می آید). از آنجا که روابط اجتماعی اجاره را تحمیل کرده اند، ارزشی به ملک نسبت داده می شود. خانه ی آینه ها اینک تقریباً کامل شده است.

هنگامی که این داستان ساخته شده است که زمین دارای یک "ارزش" و "قیمت" است، آنگاه حسابداران با نوعی جایگزینی دوم، یا وارونه کردن وارونه، استفاده از این زمین در حال حاضر ارزشمند (شده)

---

[۴۵] *سرمایه*، جلد سوم، ص ۷۸-۷۷۲.

را به عنوان "هزینه" در نظر گرفته و به آن به خاطر نمای ارزشش "اجاره" می دهند. این (اجاره) جزء جدیدی در تمامی قیمت گذاریها می شود و به نوبه ی خود تمام قضاوت های بازار را به آن سمت کج می کند تا شامل عوارضی (یا باجی) به مالکیت زمین باشد. مارکس اذعان می کند که این بسیار دشوار است که فرد بتواند جایگاه خود را در این دخمه ی پر پیچ و خم داستان هایی بیابد که همگی در تجربه ی مشترک ما کار می کنند و برای ما به عنوان آشکارترین حقایق تجربه می شوند.

مارکس با نظریه ی اجاره، اساساً تحقیقی را که با شناسایی آن شکل انتزاعی سلول (جامعه سرمایه داری) (یعنی) کالا آغاز شد، تکمیل کرده است. ما اکنون در جلوی خود چشم انداز جدیدی از پدیده های سرمایه داری نه به عنوان الگوهای تجربی صرف یا "قوانین" مشاهده شده، بلکه به عنوان شواهدی از فرآیندهای اجتماعی عمیق تری را داریم. آنچه که در ظاهر مانند رانش های پاره پاره ی رقبای فردی در مسیر منافع جداگانه به نظر می رسد، خود را این طور آشکار می کند که توسط روابط اجتماعی عمیق زیربنایی اداره می شود، و ما اینک در مقابل خود به وضوح فرآیندهای اجتماعی و همکاری را دقیقاً مخالف فرآیندهای بازار فردی می بینیم که سرمایه داری مایل است بر حسب آن به خود (آن گونه) فکر کند.[۴۶]

---

[۴۶] بذر این ادراک، که یک نتیجه ی اجتماعی بزرگتر و سیستماتیک ناشی از عملکرد بسیاری از اقدامات فردی است که هر کدام تنها یک مزیت جداگانه را در نظر می گیرند، می تواند (مانند بسیاری از ایده های مارکس) در آدام اسمیت یافت شود، که در مورد کارآفرین فردی می گوید: "... او فقط منافع خود را در نظر دارد، و در این مورد، مانند بسیاری از موارد دیگر، توسط یک دست نامرئی رهبری می شود که آن هدفی را به پیش ببرد که بخشی از نیت او نبود...." (*ثروت ملل*، کتاب ۴، فصل ۲.) اما در جایی که اسمیت در این مورد *محدودیت* توانایی های انسانی ما را می بیند— اگر ما سعی کنیم برای یک هدف اجتماعی برنامه ریزی کنیم، اوضاع را بسیار بدتر خواهیم کرد— مارکس این را به عنوان یک *چشم انداز* دیالکتیکی می فهمد: (ادامه در صفحه بعد)

یک جامعه ی جدید ساخته شده است (که) به طور روزانه پیشرفت (کرده) و تکمیل می شود. این جامعه ای با قدرت های اجتماعی و تکنولوژیکی عظیم برای دستیابی به خیر انسانی است، جایی که اساطیر قدیمی بایستی ریخته شوند، و امکانات واقعی آن (جامعه ی جدید) تمیز داده شده، فهمیده شده و آنها را بخوبی یاد بگیریم تا به جای تهدید و احتمالاً در هم شکستن ما به ما خدمت کنند.

اگر تحلیل مارکس درست باشد، آنچه به وضوح و به طور مداوم آشکار شده است، این است که علیرغم هر توهّمی بر خلاف آن، تمام پاداشها در سیستم ما از خلال یک فرآیند استثمار زیربنایی تولید می شوند. اصطلاح "استثمار" به گونه ساده به اصل اساسی مارکس اشاره دارد، که به کارگر به اندازه ارزشی که تولید می کند پرداخت نمی شود، در حالی که تفاوت آن، (یعنی) ارزش اضافی، به طور سیستماتیک برای بازتولید یک جامعه ی سلسله مراتبی منتقل می شود. این سیستمی است که نه برای دستیابی به خیر انسانی، بلکه برای بازتولید یک ساختار خودسرانه ی نابرابری حرکت می کند. تجزیه و تحلیل رسمی (مارکس) به ما نشان داده است که اگر شرایط آن صحت داشته باشند، ما در یک نظم اجتماعی منحرف زندگی می کنیم که علیرغم شیوا بیانی متقاعد کننده بر خلاف آن، و با وجود تمام وعده ها ی خود و تمامی تلاش های ما، ذاتاً برای تولید و بازتولید یک جهان پیچ خورده (کج و معوج) جریان دارد.

مارکس ریشه های توهّماتی را ردیابی کرده است که معتقد است در مجموع ما را از دیدن این حقیقت در مورد خودمان جلوگیری می کند.

ما قدرت هایی داریم که یا به رسمیت نشناخته ایم یا از آن استفاده نکرده ایم. مارکس از دست نامرئی آدام اسمیت در این عبارات سخن می گوید: "...تجارت... تمام جهان را از طریق رابطه ی عرضه و تقاضا اداره می کند - رابطه ای که ... مانند سرنوشت پیشینیان بر فراز زمین شناور است و با دست نامرئی ثروت و بدبختی را برای مردم می گستراند. (*ایدئولوژی آلمانی* [نیویورک: ناشران بین المللی، ۱۹۷۰]، صفحات ۵۵-۵۴.)

آیا مارکس در این باور (خود) سزا ست؟ این پرسش کوچکی نیست و محدود به مسائل اقتصادی یا سیاسی هم نیست. اگر حق با او باشد، ما در مورد ماهیت خود آزادی و انسانیت خودمان اشتباه می کنیم. او می گوید ما فکر می کنیم ما آزاد هستیم، اما ما (آزاد) نیستیم. ما فکر می کنیم که خودمان و آنچه را که ما "طبیعت انسانی" می نامیم درک می کنیم، اما اگر (نظر) مارکس درست باشد، ما هنوز فقط در مسیر درک آنچه که به معنای انسان کامل است می باشیم. ما هنوز یک جامعه منطقی و تعاونی تشکیل نداده ایم که اعضای آن در عمل آزادی کارآ و برابری واقعی فرصت ها را می شناسند. با این حال، اگر تحلیل مارکس در کل معتبر باشد، ما ممکن است بسیار نزدیک تر از آنچه که به خودمان اجازه ی تشخیص می دهیم به این (جامعه ی منطقی و تعاونی) نزدیک باشیم.

گذار به نظریه ی دیالکتیکی: "فرمول سه-خوانی (تثلیث)"

مارکس که چنین راه طولانی را در توسعه ی نظریه خود از سرمایه داری طی کرده است، اکنون به عنوان نوعی پادزهر برای تمام آینه های فریبنده ای که ما به آن نگاه کرده ایم، آینه ی جادویی خود را ارائه می دهد که در آن، کل جهان، با تمام تناقضات آن، می تواند با حس چشم انداز جدیدی بررسی شود. من تلاش کرده ام تا در سراسر گزارش خودم از مارکس بین نظریه های "رسمی" و "دیالکتیکی" او (اولی یا «رسمی» در درون دومی یا «دیالکتیکی») به لحاظ اصولی تمایز قائل شوم- هر چند به هیچ وجه نه به صورت واژه به واژه یا پی در پی. حفظ این تمایز اغلب دشوار بوده است، زیرا، اگر چه آنها در اصل و در نقش های خود متفاوت هستند، این دو در تمام روند با هم حرکت می کنند، (و بنابراین) ممکن است بگوییم، که (نظریه ی) انتقادی به عنوان تلویحی برای (نظریه) رسمی به کار می رود. من فکر می کنم مارکس اکنون می خواهد در گذار از یک حالت به حالتی دیگر (یعنی) از خواندن "رسمی" به (خواندن) "دیالکتیکی" کار (سرمایه) به ما کمک کند و بنابراین، در پژواکی، نظریه رسمی را در چارچوب دیالکتیکی خود قرار بدهد. او این کار را در فصلی قابل توجه انجام می دهد، (که) به نوعی نقطه اوج جلد سوم یا حتی (تمامی) "*سرمایه*" است، که او آن را "فرمول سه-خوانی" نامگذاری می کند.[47]

در اینجا، نزدیک به پایان کار، از ما دعوت می شود تا کل حساب را با بینش جدید تجدید نظر کنیم.

عنوان فصل اشاره به سه-خوانی مسیحی است که مارکس اکنون آن را به سه عنصر بزرگ نظریه ی متعارف سرمایه داری تشبیه می کند،

---

[47] *سرمایه*، جلد سوم، ص ۷۰-۹۵۳.

نظریه ای که با درک سرمایه داری از خودش مطابقت دارد، (و) آنچه مارکس مرتبا آن را "نظریه ی بورژوایی" می نامد. او این عناصر را در الگو (ی سه-خوانی) به یاد می آورد:

سرمایه / بهره

زمین / اجاره **کار / دستمزد**

جایی که در هر مورد، یک "منبع" منتسب با شیوه بازدهی که بر اساس عدالت توزیعی این نظم اسطوره ای به آن اختصاص داده شده جفت می شود: بنابراین، زمین "اجاره" را به دست می آورد، سرمایه "سود" را به دست می آورد که بهره را تولید می کند و کارگر دستمزد "به دست می آورد". مارکس می گوید ، این عناصر مانند اشخاص سه-خوانی مقدس هستند: پدر، پسر و روح القدس. چرا این را می گوید ؟ ما می دانیم که او این "سه-خوانی" بورژوایی را درست همان گونه که سه-خوانی مقدس را در نظر می گیرد، شکلی از رمز و راز می داند. اما چرا او این روش خاص مسخره را انتخاب کرده است؟ برای رسیدن به پاسخ، ممکن است به خودمان یادآوری کنیم که در زمانهای پیشتر، قبل از (نوشتن) *سرمایه*، زمانی که مارکس در مورد موضوعات مشابهی می نوشت، (این را) روشن کرد که او رمز و راز مسیحی را به سادگی به عنوان خطا نمی بیند. او نوشت که این (رمز و راز مسیحی)، مانند خود سرمایه داری، یک شیوه ی

بیگانگی است— دیدگاه مسیحی به سادگی (تنها یک) اشتباه نبود، بلکه درک بیگانه شده ای از یک حقیقت مهم بود.[۴۸] [۴۹]

در آن زمان، مسیحیت از نظر مارکس به عنوان درک واژگونه ای از چشم انداز آینده ای که آرزوی آینده انسان را داشت دیده می شد، (یعنی) پادشاهی آسمانها به عنوان یک چشم انداز بیگانه ی پژواک شده به قلمروهای جاودانی از جامعه ی انسانی آزاد شده ای دیده می شد که بشریت در تاریخ واقعی به سوی آن تلاش می کند. مارکس ادعا کرد که در پشت سه-خوانی مقدس، یک راز نهفته است و آن راز، *انسان* است.

---

[۴۸] مارکس درک خود از نقش دین را در مقالات اولیه، به عنوان مثال، "در مورد مسئله یهود" به بحث می گذارد. (*کارل مارکس: دست نوشته های اولیه*، ویرایش به وسیله ، تی بی باتومور[مک گرا-هیل، ۱۹۶۴]، ص ۴۰-۳). توصیف معروف مارکس از دین به عنوان "افیون مردم" به این معنی نیست که تحمیق کننده است، بلکه این است که چشم انداز جامعه ی انسانی را در شکلی بیگانه و دور افتاده نشان می دهد. مارکس در *سرمایه* به همین مفهوم صحبت می کند (جلد اول، بخش ۱، بخش ۴، ص ۸۳.)

(*Karl Marx*: Early Writings, ed. T. B. Bottomore [: McGraw-Hill, 1964], pp.3-40)

[۴۹] بنظر مترجم اگر چه موضوع اصلی مارکس دین بمثابه افیون نیست، در عین حال آن را آه خلق محروم و شکل وارونه ای از دنیای بیرون می داند که مردم را از دنیای واقعی دور می سازد. به عنوان مثال در سر سخن نقد بر فلسفه حقوق هگل می گوید: "نقد بر مذهب، در نطفه، نقد بر فلاکت سرایی است که مذهب هاله ی مقدس آن است. نقد، گلهای خیالی بر زنجیرها را کنده است نه برای آنکه انسان آن زنجیرها را بدون خیال پردازی و دلداری تحمل کند، بلکه تا این زنجیرها را دور انداخته و گلهای زنده را بچیند. نقد بر مذهب از انسان پندار زدایی می کند تا او بیاندیشد، عمل کند، واقعیت خویش را چون انسانی پندار زدوده و خرد بازیافته شکل دهد، تا چون خورشید راستین خویش بدور خود بچرخد. مذهب تنها خورشید پندار آمیزی است که مادامی که انسان بدور خویش نمی گردد، به دور انسان می چرخد." بدین طریق، علیرغم نظر مثبت مارکس نسبت به مسیح و "سوسیالیسم اولیه"، برای او، مذهب وسیله گمراه کردن مردم نیز بوده، بویژه که به قول مارکس، واژه هایی را که استفاده می کرد معمولا با وسواس انتخاب می کرد. مارکس سرمایه داری را به فریب خود و دیگران متهم می کند. به قول نویسنده: " این دنیای توهّم با حفظ اسطوره های خود، قصد آن چیزی را دارد که در واقع تلاشی عمدی برای خود فریبی است: تولید جهل خود از واقعیت هایی که در واقع بر آن (جهل) استوار است." آیا تلاش عمدی برای فریب و ندیدن راز انسان و سرمایه داری توسط سرمایه داری و مذهب "تحمیق" خود و مردم نیست؟

آن جایی که آگاهی مذهبی خدا را پژواک کرده است، به واقع سپیده دم تصدیق امکانات نهفته در جامعه ی انسانی پنهان شده است. قدرت این حقیقت پنهان، که به این یا آن نوع شکننده شده است، از زمان مسیح نیروی محرکه اصلی تاریخ غرب بوده است.

به همین ترتیب، سه-خوانی سرمایه داران، از نظر مارکس، حاوی یک راز است: او تأکید می کند که در پشت مقوله های جداگانه تنها یک منبع ارزش— نیروی کار زنده— وجود دارد که همه ی آنها از آن جریان پیدا می کنند. اگر حق با مارکس باشد، این بدان خاطر است که "سود" و "اجاره" در تمام تظاهرات جداگانه شان، چیزی بیش از سهمی از ارزش اضافی، که کارگر به تنهایی ایجاد می کند نیستند. مارکس میوه ی نهایی این کار(گر) را در جامعه ی انسانی می بیند— آنچه که ما برای آن کار می کنیم و او اظهار می کند، حتی اگر ما آن را درک نکنیم. از این رو قیاس با سه-خوانی مقدس شاید "به گونه ای کامل سبک مغزی نیست"، اما اشاره ای قویست که در پشت این اشتباهات یک درک اساسی (درونی/ذاتی) در مورد خودمان و جامعه ی خودمان قرار دارد.

البته اشاره به سه-خوانی مسیحی در این ارتباط به جرأت طعنه آمیز است. اما طنز حالتی ذاتی است و خود را به این یا آن روش در تمام دیالکتیک نشان می دهد. مسیر دیالکتیک از خلال رویارویی با تناقض می گذرد. مارکس تناقضات گنجانیده شده در سه-خوانی اقتصادی را جمع آوری می کند، که ما آنها را در طول راه همان گونه که نظریه ی رسمی توسعه ی این سه عنصر را دنبال کرده است دیده ایم. در حقیقت هیچ رابطه ای بین سرمایه و سود، یا بین زمین و اجاره وجود ندارد و خود زمین هیچ ارزشی نداشت. چگونه می توان چنین نسبت هایی را گرفت؟ نه از راه اصول اقتصادی، که خدمتی (به این مسئله) نمی کنند، بلکه از راه روابط اجتماعی. خطای حیاتی، که زیربنای غیرمنطقی بودن اقتصادی

آشکار است، نهاد اجتماعی مالکیت خصوصی بر ابزار تولید است. به عنوان مثال، در فرمول، "زمین/اجاره"، اسم "زمین" ، که به نظر می رسد یک چیز ثابت و مشخص را نشان می دهد، در واقع جانشین یک رابطه ی اجتماعی تاریخی، مالکیت زمین، مالکیت بر "بخشی از جهان" است. به طور مشابه، "سرمایه"، که به نظر می رسد یک چیز است، به نوبه ی خود نشان دهنده یک رابطه ی اجتماعی تاریخی است که افراد خاصی را به عنوان "مالکین" ابزار تولید تعیین می کند.

این جایگزینی یک *شیئ*-واژه برای آنچه که در واقع یک شیئ نیست، همان "*هستانه سازی*" است که ما قبلاً از آن صحبت کردیم، و اکنون می توانیم بگوییم که بورژوازی زمین، کارگر و سرمایه را به عنوان واقعیت های اقتصادی ضروری "باز سازی" می کند ، در حالی که در واقع هر یک از اینها باید به معنای یک رابطه ی اجتماعی تاریخی خاص باشد— "مالکیت" در مورد زمین و سرمایه، و "عدم مالکیت" در مورد کارگر. رابطه اجتماعی بازسازی شده، هنگامی که برای آنچه که هست تمیز داده شود، همه ی افراد را به یک مرکز پیوند می دهد: کار زنده— نه "کار" بیگانه شده، آن مقوله اقتصادی که "مزد" به او و با این باور نسبت داده می شود که به طور کامل پرداخت شده است— اما کار واقعی، که هرگز به طور کامل پرداخت نمی شود. این (کار زنده) تنها منبع هر سه مقوله می باشد.

ما اکنون ربط سه-خوانی مقدس را می بینیم. زیرا راز آن، ادغام سه "شخص" در یک وحدت عرفانی است. به همین ترتیب، در پشت تمایز توهّم آمیز عناصر سه-خوانی اقتصادی، یک اصل وحدت نامرئی وجود دارد: بافت خود جامعه ی اجتماعی اقتصادی، که مارکس آن را به عنوان خصلت اجتماعی کار ما می بیند. بافت بازارها ی سرمایه، پول، کار، زمین و تمامی کالاها، و تنظیم دقیق فرآیندهای تولید متراکم و در هم تنیده در هر مقوله، همان گونه که دیدیم، پیشرفت عظیمی در این نیروهای کار

اجتماعی، در فرآیندهای تعاونی علم و فناوری، ارتباطات و حمل و نقل وُ تکنیک های برنامه ریزی اجتماعی و سازماندهی در مقیاس های بدون سابقه ای داشته است. ماهیت کار به طور کامل تغییر کرده است تا با این اجتماعی شدن *بالفعل* فرآیند تولید مطابقت داشته باشد. مارکس (این گونه) می بیند که از درون این (فرآیند)، ساخت انجمن جدید ی از نوع انسان بیرون می آید.

بر اساس این مقولات، مارکس نشان داده است که دیدگاه او از آینده تا حد مهمی در حال حاضر با ما است، و در عین حال در یک شنل نامرئی، در تصورات غلط و بیگانه از حال حاضر پیچیده شده است. مارکس برای وضع نقشه های آینده داده نشده است. خوانندگان اغلب در این مورد احساس نا امیدی می کنند. آنها می خواهند نسخه او برای جامعه انسانی را بدانند. او در چنین گمانه زنی هایی نه به خاطر اجتناب از وظیفه ای که انجام آن سنگین است، بلکه به خاطر اصول درگیر نمی شود. اگر تاریخ به صورت دیالکتیکی پیشرفت می کند، آینده به شکل نقشه به ما نمی رسد. ما راه خود را به آینده از طریق خواندن نشانه ها و شکل دادن به پیشرفتهایمان در حالی که به جلو می رویم باز می کنیم.

آینده در همان صفحات *سرمایه*، همان گونه که به درک عدم آزادی و توهّمی که تحت آن زندگی می کنیم می رسیم و شروع به خواندن نشانه های آینده ی احتمالی انسان می کنیم، به ما ظاهر می شود— (آینده ای که از یکطرف) در حال حاضر واقعاً در دستان ما، و در عین حال از درک ما بسیار دور است. مارکس تحت طلسم "فرمول سه-خوانی"، به خود اجازه می دهد تأملاتی درباره ی آینده داشته باشد که چنین اشاره می کند :

> آزادی، در این حوزه [از نیازهای انسانی]، تنها می تواند در این باشد، که انسان اجتماعی، تولید کنندگان مرتبط، مبادله

> انسان با طبیعت را به شیوه ای منطقی اداره می کنند و به جای اینکه تحت سلطه ی آن به عنوان یک قدرت کور باشند، آن را تحت کنترل جمعی خود قرار می دهند، و این را با صرف کمترین هزینه ی انرژی و در شایسته ترین شرایط و مناسب برای طبیعت انسانی خود انجام می دهند.[۵۰]

این یک آرزوی ایده آل نیست (که) مارکس می خواهد به آن باور بیاوریم، بلکه خوانشی از شواهد (موجود) است. حتی در اسارت "سلطه" ی (نظم) کنونی، اگر نمادهای مبهم نظم فعلی خود را از درون (آنها) بخوانیم، مارکس به ما نشان داده است که چندین نشانه وجود دارند که ما به واقع همین الان در راه عضویت در یک جامعه ی تعاونی و عقلانی با تجربه ای به سرعت در حال انباشته شدن در "هدایت کردن تبادل انسان با طبیعت به شیوه ای منطقی" هستیم. مارکس تلاش کرده است به ما نشان دهد که، واقعیت در جهت آزادی کار می کند. (اما) این اسطوره و توهّم و یک نظم اجتماعی باستانی است که راه را می بندد.

این کار مقاله ی دیگری ست که *سرمایه* را برای بار دوم، به طور سیستماتیک، به عنوان یک کار علم دیالکتیکی بخواند، و مفهومی را که این عبارت (علم دیالکتیک) با خود دارد بررسی کرده و توسعه بدهد. در اینجا لازم بوده است که یک بار از میان (این) ساختار رسمی قدم بزنیم، و همانطور که از خلال تناقضات و توهّماتی گذشتیم، غالبا (و) به اندازه کافی متوجه شدیم که خوانشی فراتر و دیالکتیکی را پیشنهاد می کنند. در اینجا، در پایان مطالعه ی حاضر، ما فقط می توانیم به طور خلاصه به این پرسش نظری بیاندازیم، تا در نظر بگیریم که صحبت از *سرمایه* به عنوان یک "علم دیالکتیکی" به چه معناست، و آنچه را که خوانش دیالکتیکی ممکن است در بر بگیرد ترسیم کنیم.

---

[۵۰] *سرمایه*، جلد سوم، ص ۹۵۹.

سه مرحله در دیالکتیک دیالکتیک[۵۱]

ما قبلاً از دو باب "علم" صحبت کرده ایم— یکی که هدف آن نجات ظاهر است، و توسط بطلمیوس به نمایش گذاشته می شود و دیگری، نمونه ای که با نیوتن و (کتاب) *پرینسیپیا* به نمایش گذاشته می شود که به نظر می رسد آن مدلی است که مارکس در نمود *سرمایه* به عنوان علم رسمی آن را دنبال می کند. با این حال، اکنون من (باب) سومی را پیشنهاد می کنم، زیرا معتقدم که خوانش دیالکتیکی سرمایه از خوانش رسمی آن (نه تنها) کمتر "علمی" نیست، بلکه معنا و دامنه ی "علم" را بسیار گسترش می دهد. من معتقدم که ما در صحبت از *سرمایه* و جنبه ی بزرگتر آن به عنوان یک اثر علم دیالکتیکی حق خواهیم داشت. اگر چه این فکر نمی تواند به اندازه ی کافی در اینجا توسعه یابد، من می خواهم (به این) اشاره کنم که (این فکر) چه معنایی ممکن است داشته باشد. با این حال، برای انجام این کار، ما باید لحظه ای به مفهوم خود "دیالکتیک" فکر کنیم. برای آنکه اگرچه من اغلب در طول این مطالعه به این مفهوم اشاره کرده ام و در این گذر ادعاهای خاصی در مورد آن مطرح کرده ام، این را توضیح نداده ام که به نظر من چه معنایی می دهد.

دیالکتیک تاریخ خود را در تجربه ی غربی ما داشته است. ما ممکن است از توسعه ی "دیالکتیکی" خودش یا "دیالکتیک دیالکتیک" صحبت کنیم. در حال حاضر کافی خواهد بود اگر ما فقط سه نمودار بزرگ

---

[۵۱] در ارتباط با این برداشت از برق (الکتریکسیته) خواننده ممکن است مایل به مقایسه ی بحث در مقاله ی *دیالکتیک* در Synopticon (GBWW، Vol. 2، pp. 345ff.) باشد، که در آن تا حدودی "معیارهای" متفاوتی بکار می روند.

دیالکتیک را به عنوان نمونه هایی از گسترش این مفهوم در نظر بگیریم: گفتگوهای افلاطونی ؛ دیالکتیک هگلی و دیالکتیک *سرمایه*.

ما ممکن است توافق کنیم که سقراط مدل تمام آموزه های دیالکتیکی باقی می ماند، اما چگونه می توانیم این را درک کنیم؟ شاید، به سادگی، به این خاطر که او با استفاده از *پرسشهای واقعی* آموزش می دهد. با پاسخ به یک پرسش سقراطی، زندگی یا ایستاده است و یا سقوط می کند و پاسخ همیشه کاملاً به ما بستگی دارد. این اعتقادی است که زیربنای تمامی دیالکتیک، در هر یک از اشکال آن است، که چنین مسائل بنیادین ارزش، حق و هدف انسانی— پرسشهایی که هیچ پاسخ "عینی" ندارند، اما به مسائلی دست می زنند که بیشترین نزدیکی را به زندگی ما دارند— (مسائلی) بیهوده نیستند، بلکه از این یا آن طریق، ما به ابزارهای حیاتی برای حرکت به سمت حل و فصل آنها دسترسی داریم.

از سوی دیگر، اصطلاح "دیالکتیک" ساختار خاصی از تحقیق را نیز نشان می دهد و ما باید رابطه ی بین چنین پرسش واقعی از یک طرف و الگوی دیالکتیک از سوی دیگر را در نظر بگیریم: نه تنها روشنائی پرسشهای انسانی که آنها می پرسند، بلکه یک شکل مشترک ویژه افلاطون، هگل و مارکس را پیوند می دهد. با این حال، درحالی که این را می گوییم، بسیار مهم است که از یک سوء تفاهم احتمالی اجتناب کنیم: اگرچه رشته ای که این سه مرحله ی دیالکتیک را به هم پیوند می دهد بسیار واقعی و به ویژه برای درک ما از مارکس اساسی است، اشاره به این اصل مشترک به هیچ وجه به این معنی نیست که دیالکتیک در گذر از یک مرحله به مرحله دیگر تغییر زیادی نکرده است.

دیالوگ منو به خوبی به عنوان یک الگوی حرکت دیالکتیکی در باب سقراطی آن عمل می کند و من از خواننده دعوت می کنم تا با من در رابطه با تذکرات بسیار کوتاهی که به دنبال آن می آید فکر کند.

(*گفتگوهای افلاطون*، ترجمه ی جووت، جلد ۱، ص ف ف ۳۴۹). به طور کلی، می توانیم ببینیم که (این دیالوگ) همان گونه که باید، با یک پرسش آغاز می شود. (اما) آسان نیست که بگوییم که پرسش آغازین چیست، زیرا آن طوری که منو آن را می پرسد، شامل مجموعه ای از پیچیده گی های تودرتو می باشد که ممکن است بی پایان باشند. او از سقراط پرسید: "آیا شما"، "این را در خودت می بینی که به من بگویید که آیا فضیلت می تواند آموزش داده شود، یا اگر قابل آموزش نیست، آیا با تمرین (بدست) می آید؟ یا اگر نه با تمرین بدست می آید و نه می تواند آموخته شود، آیا از طبیعت یا از طریق دیگری به انسان می رسد؟[۵۲] "

من فکر می کنم این ویژگی دیالکتیک است که خود پرسش از پیش پرسش برانگیز است: ما پرسشهای رده بندی شده، پرسشهایی در مورد پرسش داریم. آیا این یک پرسش در مورد سقراط (همان گونه که به لحاظ دستوری این طور به نظر می رسد-ن) و قدرت او، یا در مورد فضیلت، یا در مورد آموزش—یا در مورد خود منو می باشد؟ همه ی این عناصر آن قدر به گونه پیچیده ای با هم مرتبط هستند که احساس می کنیم آنها باید در نهایت فقط یک پرسش باشند: چه کسی می آموزد، چه کسی یاد می گیرد، چه چیزی آموزش داده می شود، آموزش چیست، و پاسخ ها از کجا می آیند— بسته ی واحدی از سردرگمی.

مارکس، به طور مشابه، از ما به عنوان شرکت کنندگان در دنیای بافته شده سرمایه داری می خواهد که با او در این شگفت باشیم که ما چه کسی هستیم، چه فضیلت هایی را تمرین می کنیم، و چه منبع نوری برای ما از جایی فراتر از این سیستم که در آن محصور شده ایم ممکن است

---

[۵۲] (Meno, Steph. 70) من آزادی در ترجمه را انتخاب کرده ام تا آنچه را که فکر می کنم که نیت لغوی یا پوشیده ی یونانی آن است به دست بدهم. (-ن)

(وجود داشته باشد-م)، که ممکن است خودمان و آن را با آن قضاوت کنیم. پیدا کردن پرسش واقعی در مورد سرمایه داری اولین مشکل ما در نزدیک شدن به این مفهوم در بازخوانی (کتاب *سرمایه*) بوده است: من از ابتدا ادعا کرده ام، (که *سرمایه*) کتابی "در مورد اقتصاد" نیست. اما از سوی دیگر چندان روشن نیست که مرزهای موضوع واقعی مارکس در کجا نهفته است- پرسش های او، مانند (پرسش های) سقراط، نفوذ می کنند.

بنابراین، برای یک لحظه بر روی *منو* به عنوان الگوی شکل دیالکتیکی تمرکز می کنیم: پرسش آغازین به آن روش های مختلف هنری توسعه می یابد که به گونه پیوسته این ژنرال جوان بی پروا را که در ابتدا به اندازه ی کافی در راه های جهان اعتماد به نفس دارد، به حالتی که ممکن است شگفتی و نگرانی جدی باشد، واپس می برد. او در تعریف فضیلت ("تعالی") با دشواری غیرمنتظره ای مواجه می شود، گرچه ظاهراً هرگز قبلاً شک نکرده بود که او خود یک مدل زنده از آن (فضیلت-م) است. شکست او، وی را به یک نا امیدی خاص و شاید پرخاشجو هدایت می کند و این مهم است که در اینجا گفتگو در مرکز کارآیی خود با اعتراضی از سوی *منو* که به نظر می رسد در شرایط خود بی پاسخ است به ناگهان قطع می شود (*Meno*, Steph. 70). او ادعا می کند که دیالکتیک غیرممکن است، زیرا ما یا (۱) چیزهایی را که قبلاً به دنبال آن هستیم می دانیم، که در این صورت جستجو بیهوده است، یا (۲) ما نمی دانیم که به دنبال چه هستیم، که در این صورت حتی بیشتر بیهوده است که جستجو کنیم، زیرا اگر ما آن را پیدا کنیم، آن را نمی شناسیم. این، شاید، استدلال استاندارد سو فیست ها علیه یادگیری و حقیقت است، اما یک مشکل واقعی را تعریف می کند، و در اینجا ممکن است که *منو* واقعاً از آن ضربه خورده باشد. *منو* این بن بست را به سقراط نسبت می دهد، (وقتی) که می گوید (سقراط) مانند ماهی اژدر الکتریکی است، که هر کسی را که با او تماس حاصل کند به بی حسی می رساند. این نقطه مرگ جدل— که

وسوسه می شوم بگویم در مرکز مجازی تمامی دیالکتیک ها ظاهر می شود— اغلب در یونانی *اپوریا* (نشد) نامیده می شود— نقطه ی چسبنده، نقطه ی عدم عبور، نقطه ی بدون بازگشت برای جدل.

ما در اینجا نمی توانیم آن راهی را دنبال کنیم که (در آن) سقراط فوراً مسیری را برای *منو* و باید اضافه کنیم که برای ما نیز باز می کند. سقراط به گونه نیمه اسطوره ای توضیح می دهد که با استفاده از "یادآوری" است که ما می توانیم حقایق را با اعتقاد بیان کنیم، گویا که ما زمانی آنها را می شناختیم و آنها را از خلال مهی از فراموشی بازسازی می کنیم. *اپوریای* (نشد) دیالکتیک همیشه ما را به تاریک ترین ابهام رهنمون می کند؛ اما اگر همه چیز خوب پیش برود، ما با دانشی که نمی دانستیم در اختیار داریم، قدرتمند خواهیم شد. برای اینکه در این مورد شماتیک باشیم، و به عنوان کمک به نشانه یابی چیزی از همین الگو در هگل و مارکس، می توانیم بگوییم که هر حرکت دیالکتیکی سه بخش دارد.

I. پرسش آغازین، یک پرسش واقعی، که از طریق جستجوی شدید در نحوه ی پرسش ها و پاسخ ها شکل می گیرد، که هنوز به گونه کامل گویا نیست.
II. روشن کردن بحث و جدل تا حد تناقض و نا امیدی؛ (در اینجا) پرسش گویا می شود، اما، در عین حال، منجر به *اپوریا* (نشد) می شود؛
III. گذر به فرای *اپوریا* (نشد)، از طریق پرسش جدی تر، که هر دانشی را که از نظر انسانی امکان پذیر است، به ارمغان می آورد. با این حال، نه به سانِ نتیجه ی قیاسی، بلکه با استفاده از برخی از منابع بزرگتر شهود (بینش درونی) انسانی، در قالب تصویر، اسطوره و رمز و راز.

اگر ما در این مورد، سوگواره های سه گانه ی دیگر مانند (سوگواره) *اورستیا ی* اسکیلس و چرخه ی ادیپ سوفوکلس[۵۳] را به یاد بیاوریم، قطعاً در مسیر درستی قرار خواهیم داشت.[۵۴]

حالا (درمورد) هگل. الگوی دیالکتیک از بسیاری جهات یکسان است، اما مطمئناً یک تفاوت اساسی نیز وجود دارد، زیرا ما در یک جهان متفاوت هستیم: جهان یهودی-مسیحی، دنیای قادر مطلق، خدای خالق دانای مطلق، خدای عشق و فداکاری-جهانی که با روح القدس تزریق شده است. فکر کردن به جنبه هایی از زندگی که تحت تاثیر این تغییر دنیا قرار نگرفته باشد، دشوار خواهد بود. بنابراین دیالکتیک هگلی نه تنها افلاطون بلکه داستان مسیح را به عنوان الگو در نظر می گیرد: ظهور، شور، رستاخیز. لحظه ی تاریک/*پوریا* (نشد) تبدیل به رنج روی صلیب می شود. دیالکتیک (یک) سفر است، نه صرفاً ذهنی یادگیرنده، بلکه خویشتن ذهنی به عنوان یک روح، که خلاقانه کار می کند تا تصویر خود را شکل دهد و در نهایت به آزادی نه در جهان عینی بلکه در خود آگاهی می رسد. این بحث و جدل نه در یک بعد از ظهر، بلکه در طول عصر تاریخ آشکار می شود. گذر تاریخ در حال حاضر گذر بحث و جدل است.

---

[۵۳] Oedipus Cycle of Sophocles

[۵۴] همچنین ممکن است لحظه ی تاریک *Phaedo* (فائیدو) را بخاطر بیاوریم، گفتگویی که ما در آن شاهد آخرین ساعت ها و مرگ سقراط بودیم. در لحظه ی معینی، استدلال، و به همراه آن، احتمالاً، تمامی قدرت دیالکتیک برای هدایت ما به حقیقت، به نظر رسید که شکست خورده است. در این مرگ ظاهری استدلال، سکوتی بر گروه فرو می افتد، پیش بینی مرگ خود سقراط (*Phaedo*، Steph. 88-89). در اسطوره شناسی گفتگو، این لحظه ی تاریک، عمق دخمه ی پرپیچ و خم کریته (Crete) است. دیالکتیک نجات دهنده ی فاز سوم به کلاف ریسمان آریادنه (Ariadne) تبدیل می شود که توسط آن تزئوس (Theseus) به نور هدایت می شود.

هگل این را در نمونه ای می گذارد که به طوری وسوسه انگیز مانند الگویی است که قبلاً ذکر کردیم، اما عمیقاً نیز تغییر کرده است:

I. روح *ان-سیچ* (درخود، ماندگار)، (که) در جستجوی دیالکتیکی برای هویت خود به جلو حرکت می کند؛
II. روح *فور-سیچ* ("برای" خود)، (که) به طور عینی در جهان تعیین می شود و از تمام عواقب بیگانگی از خود رنج می برد؛
III. روح *ان-اوند-فور-سیچ*؛ رمز و راز رستاخیز، که روح را بدون انکار عینیت آن به خود باز می گرداند.

مرحله سوم در کلمه آلمانی *آفهوبانگ* (***Aufheubung***) با معنایی دوگانه، همزمان در هر دو معنای "گسیختن" (لغو) و "بالا بردن" (ارتقاء) بیان شده است. "(*فراسویی*)" (Transcendence) واژه ای است که اغلب توسط مترجمان مورد استفاده قرار می گیرد تا چیزی از جادوی این مرحله سوم را نشان بدهند.

ارزش آن را دارد که خواننده به پاراگرافی در (کتاب) "*فلسفه ی تاریخ*" روی آورد که در آن هگل زندگی روح را از نظر عبور خورشید در یک روز بزرگ تاریخ روح در جهان غرب تصور می کند (مترجم: ج سیبری، ص ۱۰۳) . مرحله ی اول (یا "لحظه"، در اصطلاحات هگل) از سپیده دم است، اما نه سپیده دم معمولی: برای نشان دادن حس ماندگاری (روح *ان-سیچ*)، هگل تجربه ی یک مرد نابینا را تجسم می کند که برای اولین بار به او بینایی داده شده است (I). او در نور خورشید سپیده دم فرو رفته است: هنوز هیچ شیئی متمایز نیست؛ این یک تجربه ی واحد و کامل است. تا ظهر(II) ، معهذا، اشیاء متمایز می شوند، جادو از بین می رود و همه چیز صریح و عینی است؛ روح بیگانه می شود، و از خود فاصله می گیرد، *فور-سیچ*. در زندگی ذهن، این مرحله ی دلیل و برهان عینی و قیاسی است که هگل به طرز جالبی آن را به چسباندن برچسب ها به

اسکلتون تشبیه می کند. با این حال، هگل می گوید، در شب (III)، انسان "ساختمانی را از خورشید درونی خود ساخته است" (همانجا)، چشم اندازی از روح خود، و در این نور دیر وقت، روح خود را در روشنایی خورشید بزرگتر خود می شناسد. این خود آگاهی است، و برای هگل، این (خود آگاهی) آزادی (یعنی) اوج دیالکتیک است.

گفتگویی که برای افلاطون به معنایی در هر تکرارش اساساً یکسان و فارغ از زمان بوده است، اکنون وارد زمان شده و به خود تاریخ تبدیل شده است، یک دوره نابود می شود، تا توسط (دوره ی) دیگری که به وسیله ی پیشرفت استدلالی که به (موضوع) تحقیق جمعی ما تبدیل شده است، فراتر برود- (یعنی در) فرآیند یادگیری انسان غربی. اگر واقعاً در تکامل بشریت و توسعه ی فرهنگ انسانی ما *پیشرفت* واقعی وجود دارد، آیا قضیه نباید این باشد که هگل به نوعی اساسی حق دارد؟

سرانجام، مارکس و تحمل (مطالعه ی) این داستان طولانی در مورد خوانش دیالکتیکی *سرمایه*. به نظر من بدون اینکه به درک درستی از این سنت دیالکتیکی برسیم، نمی توانستیم ماهیت و بزرگی وظیفه ای را که مارکس ممکن است برای ما، خوانندگانش، تعیین می کند، تشخیص بدهیم. مفسران اغلب از مارکس این گونه سخن می گویند که تفکر هگل را نفی کرده است در حالی که از "روش" او استفاده می کند. درست است که مارکس به صراحت فلسفه ی هگل را بطرق مهم خاصی رد می کند ، در حالی که شکل دیالکتیک را در بر می گیرد، اما دیالکتیک هرگز صرفاً یک "روش" نیست. چنین روش تحریف شده ای، از طریق نفی که مرحله ی دوم را نشان می دهد، تنها در صورتی منطقی است که وضعیت انسانی خود به گونه دیالکتیکی درک شود، تنها در صورتی که شرایط

انسانی چنین فرآیندی را بخواهد و توجیه کند—(یعنی) آنچه که هر سه نویسنده ی "دیالکتیکی" ما بایستی در حدودی در توافق عمیق (با آن) باشند. چه چیزی در جهان ما وجود دارد که مارکس را به این نتیجه می رساند که آن را— همانند افلاطون و هگل قبل از او— به عنوان یک مسئله دیالکتیکی درک کند، ودر *سرمایه*، به چه شیوه ای، ساختار سه گانه ی تحقیق دیالکتیکی را ملاقات می کنیم؟

مارکس دریافته است که سرمایه داری ساختاری اجتماعی است که در تاریخ در حال حرکت است و پیشرفت خود را تولید و بازسازی می کند و همان گونه که به پیش می رود تغییر می کند . ما، خوانندگان و همنوعان او، مانند خود مارکس، در آن جهان و در جریان آن تاریخ شکفته شونده، غوطه ور هستیم. اصطلاحات و نمادهای آن مال ماست. با این وجود، در عین حال، (این جهانی) به شدت پرسش برانگیز است: آن *(جهان)* چیست، و از این رو، به عنوان شرکت کنندگان در آن— که هم خودمان و هم زندگی مان در آن تعبیه شده است— *ما چه کسانی هستیم*؟ این پرسش آخر قطعاً مسئله ی بیهوده ای نیست، قطعاً یک مسئله ی "عینی" (نیز) نیست، بواقع، یک مسئله ی واقعاً سقراطی می باشد: این خویشتن ذهنی ما است که مارکس در آن تردید می کند . پرسش دیالکتیکی همیشه مسئله ی مرگ و زندگی است. *سرمایه* چنین گفتگویی است، با پرسشی آغازین که خطاب به ماست.[۵۵]

---

[۵۵] پرسش آغازین گفتگوی *گرگیاس* (*Gorgias*) شاید در واقع پرسش آغازین اساسی تمام دیالکتیک باشد. سقراط پیشنهاد می کند که آنها از گرگیاس، یک سخنران برجسته موفق و مشهور، بپرسند: "او کیست؟" (*hostis estin*) (Steph. 447). این مناسبت یک سقوط غم انگیز می شود، که در آن او به خود و نیز جمع شرکت کننده آشکار می شود که یک زندگی ناعادلانه دارد.

شاید ارسطو پرسش آغازین را در شکل ریشه ای خود پرسیده است: رابطه ی بین *اقتصاد* و *کریماتیستیک* چیست؟ در اصطلاح زمان خودمان یعنی که، رابطه ی بین اهداف انسانی (ارزش های مصرفی) و سیستم سرمایه داری (جهان ارزش های مبادله) چیست؟ از فوریت زندگی اقتصادی واقعی که آن قدر برای ما آشناست که نمی توانیم آن را نقد یا حتی واقعاً آن را ببینیم— مرحله ی اول طرح واره ی (اسکیمای) هگل— *سرمایه* به جداسازی و ردیابی اشکال انتزاعی ای که در واقع در حال کار هستند، اقدام کرده است. نظریه ی رسمی مارکس در خدمت آشکار کردن شبکه ی سیستماتیک انتزاع هایی است که نظام سرمایه داری را تشکیل می دهد؛ ما انتزاع عینی فاز دوم هگل را در موجودیت های بازسازی شده سه-خوانی بورژوایی می شناسیم. همان گونه که ما عمیق تر و عمیق تر به این ماز (شکنج یا دخمه ی پرپیچ و خم) نفوذ کردیم، دو چیز اتفاق افتاد؛ انتزاع ارزش مبادله از تمام قضاوت های ارزش انسانی کامل شد، و در عین حال یک سیستم توهّم خود را به گونه ای شکل داد که تمامی آثار مشتقات (این) سیستم از پایه ی انسانی آن بلعیده شد. برای مارکس، این عمق ماز است— ما در این مرحله حتی از پرسیدن مسئله ی اهداف انسانی دست کشیده ایم، حتی دیگر تشخیص نمی دهیم که تا چه حد از آنها منحرف شده ایم. این جایی است که او (مارکس) ما را امروز پیدا می کند، و در سه جلد *سرمایه*، او اندازه ی کامل تاریکی ما را گرفته است: ژرفنای *اپوریا* (نشد). سیستم و ماشین های ما، و از جمله (سیستم و ماشین های) جنگی، به ما دیکته می کنند: ما دیگر نمی توانیم آنها را به (سوی) هدف انسانی خود متوجه کنیم. در این نقطه است که مارکس این کلمات سنگین را بیان می کند: "ممکن است به نظر برسد که ما باید تمام امید را رها کنیم...."[۵۶]

---

[۵۶] *سرمایه* ، جلد سوم، ص ۲۵۲.

چه نوری وجود دارد که تاریکی فعلی ما را روشن می کند؟

اگر سقراط به اشکال و هگل به روح استناد می کنند، مارکس به چه قدرتی می تواند روی آورد که (بتواند) ساخت دیالکتیکی رستاخیز انسان را در شکلی جدید، در میان جهانی که در آن کمیت ظاهراً کیفیت را کاملاً بلعیده است، به دوش بکشد؟ من فکر می کنم همان گونه که شرح سرمایه داری به پیش رفته است به واقع ما آشکار شدن پاسخ را مشاهده کرده ایم. در *منو*، ما (پاسخ را در) عملکرد رمزوار "یادآوری" احساس می کنیم— یعنی در ظهور عرفانی دانش از منبعی که به هیچ وجه مشهود نبود— در آن اثنایی که گفتگو باز شد. بنابراین در *سرمایه*، همان گونه که تصویر سیستم سرمایه بیشتر و بیشتر به طور کامل کشیده می شود، مارکس به طور مداوم نشان می دهد که چیز دیگری اتفاق می افتد، که در سطح خود سیستم مشهود نیست. این (چیز)، همان گونه که او در شرایط واقعی و غیرمادی ردیابی کرده است، اجتماعی شدن فزآینده ی فرآیندها، اجتماعی شدن کار، ساختارهای اعتبار و بازار، تمام دستگاه های علم و مهندسی، ارتباطات و توزیع می باشد. همه ی اینها، به ظاهر، به صورت درهم تنیدن انگیزه های صرف به سمت منافع خصوصی هدایت می شوند. اما با وجود چنین رقابت و جدایی آشکار، ما به عنوان یک انسان، هرچند به نوعی مخالف خودمان، به واقع در حال یادگیری حتی راه های بیشتری برای عملکرد همیارانه و اجتماعی هستیم.

مانند هر پاسخی به یک پرسش دیالکتیکی واقعی، این جامعه جدید (و مبنی بر) تلاش عقلانی و همکاری برای ما بسیار فوری (تر از آن) است که آن را به گونه ای بی طرفانه و (چون) مشاهده کنندگان صرف درک کنیم؛ در عوض، به نظر می رسد که این پاسخی به بیگانگی ای می باشد که نگرانی ما در عصر خود ما شده است. یک مسئله ی

دیالکتیکی شکل بحرانی را می گیرد که ما از آن رنج می بریم (فاز اول هگل)؛ پرسیدن سوال فریادی برای رهایی از یک اسارت است.

آنچه مارکس سعی دارد به عنوان زمینه ی دیالکتیکی فرهنگ رقابت، اتوماسیون و نزاع ما به ما نشان دهد، پاسخی احتمالی به اشتیاق دنیای مدرن ما برای انکار (آن) می باشد. از عمق نفی (فاز دوم) چشم انداز جدیدی (مرحله سوم) بوجود می آید: نه به سادگی به عنوان رد بیگانگی، (یعنی) نفی نفی، بلکه به عنوان تأیید مثبت دسترسی به یک جامعه ی انسانی که قبلاً هرگز وجود نداشته است[۵۷]. من (قبلاً این را) ارائه کرده ام که پرسشی که ما راه اندازی می کنیم به ما باز می گردد: ما بر این قرار گرفته ایم که در مورد هویت خودمان شگفتی کنیم. آیا ما می توانیم عضو چنین جامعه ی انسانی باشیم؟ من فکر می کنم که *سرمایه* ما را به سمت آنچه که ممکن است پاسخی شگفت انگیز باشد هدایت می کند: ما به طرقی انسان های منطقی و اجتماعی هستیم که شاید آنها را غیرممکن فکر می کردیم.

همین الگو را می توان، مسلماً، از نظر یک حرکت طولانی تاریخ بشر مشاهده کرد، که فکر می کنم سرنخ اساسی معنای *سرمایه* برای مارکس است. در آتن (ا)، *پالیس* طرحی از یک جامعه ی انسانی بود: (که)

---

[۵۷] به نظر می رسد که الگوی سه لایه ی دیالکتیک در واقع در ساختار سنتی سوگواره های یونانی در قالب سه گانه منعکس شده (یا پایه گذاری شده) است. بنابراین سوگواره سه گانه ی Aeschylus (اسکیلس)، *Oresteia* (اورستیا)، آن چیزی را آشکار می کنند که فریاد جهانی انسان ستم دیده است: "من به خدایان برای رهایی از این سختیها دعا می کنم ..." (*Agamemnon*، I، 1) تنها پس از آنکه عمق (ماجرا) از وقایع غم انگیز نمایشنامه های اول و دوم به صدا در آمده باشد، "رهایی" در قالب تبدیل خشم به ارواح خوش خیم و (تبدیل) زیربنای سیاست آتنی به یک سیستم مبنی برعدالت (بوجود) می آید. این شخصیتها در صحنه ی پایانی سمپوزیوم به فکر خطور می کنند (Steph. 222-223).

هنوز حقوق انسان، برابری انسانی، و ارزش کامل انسان را به رسمیت نمی شناخت. این هنوز یک جامعه ی برده داری بود— با این حال، جامعه ای بود که خود را در مفاهیم انسانی می دید، و با هدف انسانی و خیر انسانی شکل گرفت. کمیّت هنوز به دنبال کیفیّت بود.

ما اکنون در سرمایه داری توسعه ی کامل مخالف را داریم (II): افراطی ترین دوری از انسان و کیفیت، و از حس جامعه ی انسانی— (همان) *اپوریای* (نشد) تاریخ غرب. با این حال، حتی در اینجا چیزی در حال بر آمدن است که بر روی زمین جدید می باشد، حس جدیدی از انسانیت مشترک ما، و جامعه انسانی جدیدی که به آن واقعیت خواهد داد.

این آفهوبانگ (III) (دوگانگی) خواهد بود: گسیختن بیگانگی فعلی و تأیید چیزی که ما هنوز نمی توانیم در جزئیات یا به وضوح آن را بدانیم اما می توانیم شروع به درک آن کنیم: یک جامعه ی انسانی منطقی که مارکس، به طورآزمایشی، نه "سیاسی" بلکه یک "انجمن" می نامد. در آن (انجمن)، ارزش و هویت جداگانه ی هر فرد، که به رسمیت شناختن رسمی آن پیروزی میراث سیاسی ما بوده است، تحقق می یابد. اما این برابری و این آزادی ها با بازیابی حس جامعه ای که میراث آتن بود و ما تقریبا (آن را) از دست داده ایم، به واقعیت تبدیل خواهد شد.

بنابراین در ابتدا، مارکس تأیید جامعه ی انسانی در *پالیس* را می بیند، جایی که حقوق فردی و برابری همه ی انسان ها هنوز شناخته نشده است؛ دوم، به رسمیت شناختن این حقوق و تعهد رسمی به آزادی بشر در جامعه ی خودمان، جایی که از سوی دیگر ما تنها با انکار انجمن انسانی آن حقوق را به دست آورده ایم— (به واقع) ما آزادی رسمی را تنها با جدا کردن خود از یکدیگر و جایگزینی فرآیندهای کمّی برای قضاوت منطقی مشترک از هدف انسانی مان به دست آورده ایم. مرحله ی سوم تاریخ غرب ما در حال حاضر با ماست، اما ما آن را ندیده ایم: ادغام

انجمن *پالیس* با تکنولوژی جهان مدرن، در تحقق آزادی فردی که ما به شدت به آن اعتقاد داریم، اما جامعه ی فعلی ما در هر گوشه ای با آن در تضاد است. آزادی فردی واقعی در حال حاضر یک امکان واقع بینانه است. من فکر می کنم این پیشنهاد مداوم صفحات *سرمایه* است.

علم دیالکتیکی

باید بپرسیم، آیا مارکس *علم* می نویسد، یا او تصویر رؤیایی دیگری از آینده برای بشریت نقاشی می کند؟ اگر ادعای شگفت انگیز مارکس نبود که این (کتاب *سرمایه*) در واقع یک کار علمی است، و به هیچ وجه صرفاً گمانه زنی یا اقناع سیاسی نیست، این پرسش به سختی بر می خاست.[۵۸]

بدیهی است که مارکس ایده ی ما از "علم" را به گونه ای به چالش می کشد که اگر بخواهیم تفکر او را دنبال کنیم، ما را ملزم به بازگشت به پایه های آن می کند. چنین تحقیقی، در مورد امکان یک الگوی *دیالکتیکی* از خود علم، در مجموع فراتر از قطب نمای مطالعه ی فعلی ما خواهد بود. با این حال، اگر مارکس ادعا می کند که *سرمایه* در جنبه ی دیالکتیکی آن همزمان به طور جدی به عنوان یک کار *علمی* درک شود، آن وقت ما به سختی می توانیم توجه به این ادعا را به طور کامل از "خوانش" خودمان از کتاب (*سرمایه*) حذف کنیم.

فکر می کنم در اینجا ممکن است که فقط خلاصه ترین ارزیابی را در مورد ادعای مارکس در باره شخصیت علمی دیالکتیک— یا (آنچه) شخصیت دیالکتیکی علوم ممکن است شامل شود، انجام داد. همان گونه که بحث کردیم، اگر واقعاً یک نظریه ی رسمی نیوتنی از سرمایه داری در *سرمایه* در چارچوب دیالکتیکی ممکن باشد، ماهیت علمی اثر بیشتر به

---

[۵۸] به عنوان مثال، این ادعا در آغاز در مقدمه ی اولین نسخه ی آلمانی مطرح شده است: "... هدف نهایی این کار آشکار کردن قانون اقتصادی حرکت جامعه ی مدرن است ... دیدگاه من، که از آن تکامل شکل گیری اقتصادی جامعه به عنوان یک فرآیند تاریخ طبیعی دیده می شود..." (*سرمایه*، جلد اول، ص ۲۱-۲۰)

چارچوب دیالکتیکی تعلق دارد تا به آن نظریه عینی و رسمی. آیا یک اثر می تواند هم زمان "دیالکتیکی" و "علمی" باشد؟

تصویری از علم "خوب" وجود دارد که در مدل های بطلمیوسی و نیوتنی مشترک هستند که در آن معیارها به صورت چیزی شبیه به این (توضیح) جاری هستند: نظریه بر اساس فرضیات صریح بیان شده و در زبانی یکنواست. دلیل و برهان از اصول اولیه صحیح است؛ نتیجه گیریهای به دست آمده می توانند در رصدخانه یا آزمایشگاه به آزمایش گذاشته شوند و بنابراین با مشاهده یا آزمایش تأیید شده یا تأیید نمی شوند. طبیعت قضاوت بی طرفانه ای دارد؛ و یک نظریه ی این چنینی فقط تا آنجا که آزمایشات طراحی شده و آزمایشات تجربی انجام شده باشند می تواند به صورت عینی درست به حساب آید.

البته، من بیش از حد ساده سازی می کنم، اما به معنای کلی این الگویی است که ما تمایل داریم حس کنیم که موفقیت درخشان علوم در سه قرن گذشته را شرح می دهد. (اما) همان گونه که نظریه ها سقوط می کنند و جایگزین می شوند، که به نظر می رسد به سرعت در حال افزایشند، در تمیز خطاپذیری هر نظریه پیچیده تر می شویم، و با این حال الگو یا خود "علم" در میان ما استوار می ماند: به واقع، هر چه نظریه جداگانه ای خطاپذیرتر باشد، پایبندی به روش محض در سرتاسر انجمن علوم ممکن است بیشتر قطعی به نظر برسد.

این چه ایده ای بود، که در جریان رویدادهایی که ما آن را "انقلاب علمی" می نامیم، در جهان زاده شد؟ نکته ی اصلی، من فکر می کنم، مفهوم "عینیت" است، که قبلاً اغلب در این مطالعه ظاهر شده است. این مفهومی است که برای ما آن چنان متقاعد کننده به نظر می رسد که آن را در تمام جنبه های جامعه مان، چه در روزنامه نگاری و

چه در زندگی شخصی مان، تقریباً با همان اعتقادی که در آزمایشگاه ها بر آن اصرار داریم، در آغوش می پذیریم.

اجازه بدهید برای یک لحظه، از راهی اندیشمندانه، پرتره جایگزین را ترسیم کنم. شاید جهان به واقع آن گونه که معیار "عینیت" پیش فرض می کند، به دو بخش ساده ی قلمرو مشاهده شده و قلمرو ناظر تقسیم نمی شود. شاید "ذهنی" و "عینی" به گونه ای ذاتی و جدایی ناپذیر در یک بافت به هم پیوسته اند، و شاید این بافت خود محصول زمان، (و) بافت تاریخ است. هنگامی که وارد آزمایشگاه می شویم و، آزمایشی را تنظیم می کنیم، شاید ما تصاویری از خودمان و انتظارات شرطی تاریخی— در قالب دستگاه هایی که توسط ماشین های عصر ما از موادی که از زمین ساخته ایم و در فرآیندهای تولید ما پخته شده اند، در دستگاه های اندازه گیری، متناسب با مفاهیم زمان و لحظه و تمامی نهادهای انتظارات فعلی ما— به واقع، (تصویری متناسب) به دیدگاه الگووار خود از طبیعت "تئوری"، یا خود "دانش" برای خود شکل می دهیم. مارکس می گوید : "ما با گوش انسان می شنویم و با چشم انسان می بینیم.[۵۹] "

احساسات لامسه ی ما و چیزهایی که آنها درک می کنند، خود محصولات تاریخ بشر هستند. آنها انتخاب می کنند، شکل می دهند و در

---

[۵۹] چشم زمانی چشم *انسان* شده است، که *موضوع* آن *انسان*، موضوع اجتماعی، مخلوق انسان و مقصدش انسان شده باشد. بنابراین، حواس به گونه مستقیم نظریه پردازان در عمل می شوند...این آشکار است که چشم انسان چیزها را به شیوه ای متفاوت با چشم خام و غیر انسانی تقدیر می کند، گوش انسانی متفاوت با گوش خام." ("مالکیت خصوصی و کمونیسم،" در باتامور، ویرایش.، *کارل مارکس: دست نوشته های اولیه*، ص ۱۶۰.)

("Private Property and Communism," in Bottomore, ed., *Karl Marx: Early Writings*, P. 160.)

نتیجه آنچه را که آموخته ایم که مرتب کنیم، توجه کنیم و از آن صحبت کنیم، "تشخیص" می دهند. این نظرات به اندازه ی کافی واضح و شاید پیش پا افتاده هستند، اما اگر ما آنها را به گونه کامل جدی بگیریم، همان گونه که به نظر می رسد مارکس این کار را می کند ، پیامدهای آنها برای ایده ی "علم" ممکن است عمیق باشد. آنچه که ما در آزمایشگاه "اندازه گیری،" "مشاهده،" "ثبت،" و "اثبات" یا "رد" می کنیم، به گونه جدایی ناپذیری متعلق به همان شبکه ای از تاریخ بشر است که ما خودمان در آن درگیر هستیم—هنگامی که ما به دنبال شیئی هستیم، ما، تا حد زیادی، موضوع را پیدا می کنیم. وقتی که برای قضاوت آخر به طبیعت رو می آوریم، ما، اغلب به اندازه کافی با خودمان ملاقات می کنیم. (وقتی) مارکس می گوید: "انسان طبیعت را می سازد"، من فکر می کنم به این معناست که، به هر کجا که بچرخیم، خودمان را در حوزه هایی که شکل داده و ساخته ایم ملاقات می کنیم.[۶۰]

البته، بخش بزرگی از "عینیت" در کار آزمایشگاهی وجود دارد؛ ما تمایل داریم بگوییم، که چنین "عینیتی،" "بمب اتمی را ساخته است." با این حال ما باید خودمان را بررسی کنیم؛ ما بهتر (از این) می دانیم.

---

[۶۰] مارکس در مورد ماتریالیستهای ساده لوح می گوید: "او نمی بیند که چگونه جهان محسوس اطراف او، چیزی نیست که مستقیماً از جانب تمام ابدیت داده شده، (و) همیشه یکسان باقی می ماند، بلکه محصول صنعت و وضعیت جامعه است؛ و بواقع، به این معنا که یک محصول اجتماعی می باشد، نتیجه ی فعالیت سلسله ی کاملی از نسلهاست، و هر یک بر شانه های نسل قبلی ایستاده است....هر کدام از موضوعات ساده ترین "حس قطعی" فقط از طریق توسعه ی اجتماعی، صنعت و مراودات بازرگانی به او داده شده اند." "فوئرباخ ... از رموزی سخن می گویدکه فقط به چشمان فیزیکدان و شیمی دان آشکار می شوند؛ اما علوم طبیعی بدون صنعت و بازرگانی کجا خواهند بود؟ حتی برای این علم طبیعی خالص، فقط از طریق تجارت و صنعت، از طریق فعالیت حسی انسان، همانند موادش، مقصدی تعیین می شود." (*ایدئولوژی آلمانی*، ص ۶۳-۶۲.)

“عینیت" به تنهایی نه بمب را ساخت، و نه قطار مرگبار ترورها را که به گونه مداوم در مسیری که باز کرد به دنبال می آیند. آنچه که ما "عینیت" می نامیم، با اجتماع و انسان، به روش هایی که ما به خوبی یاد نگرفته ایم از هم جدا کنیم ادغام می شود. بمب (اتمی) محصول ترکیبی عوامل "عینی" و "ذهنی" جدایی ناپذیر مرتبط با هم بود. آنچه که ما از آن به عنوان علم "عینی" فکر می کنیم، احتمالاً، *ذاتاً* در زمینه ی نهادهای اجتماعی بزرگتر و جنبش های تاریخ بشر “چارچوب گرفته” است، همان گونه که من ادعا کرده ام که تئوری رسمی *سرمایه* درون یک انتقاد دیالکتیکی " چارچوب گرفته" است.

دشوار نیست که ببینیم تصویر ما از علم "عینی" به گونه ای بسیار نزدیک با ایده سرمایه داری پیوند خورده است: ما آموخته ایم باور کنیم، که حقیقت علمی، کمّی است و واقع گرایی عینی با قدرت شناسایی می شود: ساختار حقیقتی که ما معتقدیم، سلسله مراتبی می باشد. در میان ما تمایل به آن است که هر شکل دیگری از حقیقت— یعنی بیشتر حقایقی که واقعاً از نظر انسانی برای ما مهم هستند— به عنوان مسائل "نظری" و یا (بدتر) به عنوان "قضاوت های ارزشی" ناچیز شمرده شوند.

البته، خود ایده ی ما از علم "عینی" محصول دیالکتیک تاریخ است: این (علم عینی) از یک تجربه ی خاص انسانی، یک دغدغه ی خاص انسانی پدید آمده است، و با گسترش تجربیات و شناخت کامل تر از آنچه که یک دغدغه ی "انسانی" واقعاً ممکن است باشد، می گذرد. علم دیالکتیکی، که به ظهور و تحولات علم "عینی" نگاه می کند، میدان دید بسیار بزرگتری دارد. تمام چیزهایی را می بیند که علم "عینی" می بیند، اما به همچنین این را می بیند که تا چه حد علم به اصطلاح عینی (محصول) کار دیالکتیکی زمان است: چگونه دغدغه های آن، اصطلاحات یکنوای آن، و ایده های اساسی آن جریان می یابند، تغییر جهت می دهند

و دگرگون می شوند؛ چگونه علم شکل فرآیندهای اجتماعی یک عصر را می گیرد: چگونه به آنها خدمت می کند، توسط آنها اعطا می شود و به (مرور) زمان *فراسوی* می گردد. از آنجا که علم "عینی" همه ی اینها را *نمی بیند*؛ از آنجا که اصطلاحات خود را یکنوا می گیرد، زیرا فکر می کند که اهداف آن ربطی به جانبداری مؤسسات و اهداف آنها ندارد که در واقع آن را تأمین مالی کرده و مکان داده و تغذیه می کنند، (و) زیرا رنگ های ذهن و احساسات را که به آن وجود می دهد، نمی بیند، به هیچ وجه (علمی) "عینی" نیست، مگردر عینیت فرضی آن، و در این حد، صرفاً (علم عینی) ساده لوحانه ای می باشد.

تصویر نمی تواند چهارچوب را ببیند. فقط کل دیدگاه می تواند حقیقت را اندازه گیری کند. مارکس در *سرمایه* برای این تمامیت دیدگاه تلاش می کند: یعنی برای علم کاملتر. و ما ممکن است این گونه *برداشت* کنیم که اگر، با توجه به (مقولات) سیاسی و اجتماعی، او به ما راهی را برای بازیابی یک *پالیس* باستانی مبدل به جهان مدرن نشان می دهد، بنابراین با توجه به مفهوم علم، او به ما راه را برای بازیابی اصل دیالکتیک در رابطه با حقایق مدرن ما نشان می دهد. این باید مهم باشد که ببینیم که این دو (مقولات)— اجتماعی و علمی— امور خطیر کاملاً موازی هستند. اگر حق با مارکس باشد، ایده محدود ما از "علم" و ایده محدود ما از "جامعه" در رنگ پریده گی خودشان، همدیگر را منعکس می کنند.

اصطلاح مرسوم "ماتریالیسم دیالکتیکی" به نظر می رسد به خوبی اتحاد دیالکتیک باستانی و سنت های علمی مدرن در *سرمایه* را بیان کند. این یک کار علمی است، اما از سوی دیگر، یک کار "عینی" نیست. اگر عینی بود، اگر صرفاً *واقعیت* سرمایه داری را به صورت "علمی" به شیوه ی نظریه ی رسمی نیوتنی بررسی می کرد، علمی نمی بود. این در واقع یک کار انسانی است که در آن بیگانگی به عنوان یک توهین ظاهر

می شود، خشم در نثر آن افزایش می یابد و چشم انداز چیزی که به دنیا می آید با فوریتی پیامبرانه ظاهر می شود. چه چیزی را می خواهیم "بدانیم" و "یادگیری" چه احساسی دارد؟ ماتریالیسم دیالکتیکی این را تمیز می دهد که نگرانی ما، در مورد جعل انسانیت خودمان در تاریخ است: ما هنوز یاد نگرفته ایم که انسان بودن چیست، و این (انسان بودن) باید مسئله ی حاکم بر علم ما باشد. این گونه نیست که ما با کنار گذاشتن آن گزینه ی (دیگری) داشته باشیم— و برای بررسی جداگانه کروشه بندی کنیم. بدون آن که این را تشخیص بدهیم، چنین پرسشی از خودمان، تمامی علوم ما را بر انگیخته و آگاه می کند.

مسئله ی هویت ما برای ما ضروری است. اگر چه ما دیگر همدیگر را نمی خوریم، ما در حال حاضر خودمان را عضو به عضو از هم پاره می کنیم— مردان، زنان و کودکان— با بی تفاوتی روزانه و رویه ای، با استفاده از علوم "عینی" مان، و به نام "آزادی"، کلمه ای که معنای آن را ظاهراً هنوز به خوبی درک نمی کنیم. (اما) در فرآیند بیرون کشیدن خود از این شرایط تاریک پیچیده است که ما باید خودمان را پیدا کنیم: "دانستن" صرفاً یک موضوع "نظری" نیست، بلکه مسئله ی شکل دادن به تمرین های ماست— بالاتر از همه، مطمئناً، *تمرین* ما در علوم—کم کم وحشت ما از اشتباهات خود را تأیید کرده، و کم کم راه هایی برای بهتر شدن پیدا می کند. یادگیری در این *تمرین* دیالکتیکی *شکفته شونده* چیزی است که مارکس در برخی جاها *پراکسیس* (کِرد اندیش) می نامد: (که) نه صرفاً تئوری یا عمل، نه صرفاً "عینی" یا "ذهنی"، بلکه فرآیند برآوردن انسانیت ما به هستی از طریق و در تمرین آگاهانه می باشد.[۶۱]

---

[۶۱] مارکس مفهوم *پراکسیس* (کِرد اندیش) را در *تزهای فوئرباخ مطرح* می کند. به عنوان مثال، از تز دوم: "این پرسش که آیا حقیقت عینی را می توان (ادامه در زیر نویس ص بعد)

تأکید در "ماتریالیسم" دیالکتیکی بر این اصل است که ما فقط با جزئیات می توانیم به این موضوع (یادگیری) چنگ بزنیم: جزئیات شرایطی که جهان ما تحت آن زندگی می کند— (یعنی) جامعه، زبان، تجهیزات فیزیکی، اسطوره ها، هنر، سلامت یا بیماری، تغذیه یا گرسنگی، صلح یا جنگ، ثروت یا فقر، که "مواد" زندگی واقعی ما هستند. "یادگیری" به سادگی مسئله ی ایده های کلی نیست، بلکه (مسئله) جزئیات و رنج پراکسیس (کِرد اندیش) انسان در، از طریق، و فراتر از مفاهیم، نظریه ها، معادلات، و سوء تفاهمات وحشتناک وعواقبی ست که "علوم" ما در آنها در هم تنیده شده اند.

به تفکر انسان نسبت داد، یک مسئله ی تئوری نیست، بلکه یک *پرسش عملی* است. انسان باید حقیقت، یعنی که، واقعیت و قدرت، این طرفی (دنیایی) بودن فکر کردنش را در *پراکسیس* (کِرد اندیش) اثبات کند...." (*ایدئولوژی آلمانی*، ص ۱۲۱.)

نتیجه

من در ابتدا بیان کردم که *سرمایه* اثری در مورد اقتصاد نیست، بلکه واقعاً به پرسشهای دیگر و بزرگتری معطوف شده بود. من فکر می کنم دیده ایم که مارکس واقعاً پرسش خود را در آستانه ی خود ما قرار داده و مفهوم ما از خودمان را به چالش می کشد. آیا ما موجودات جداگانه و رقابتی ای هستیم که هابز و لاک پیش بینی کرده اند و آدام اسمیت فرض کرده است، یا ما به نوعی بنیادین عضو یک جامعه ی بزرگتر هستیم؟ ارسطو فکر می کرد ما ذاتاً سیاسی هستیم؛ و این در خدمت گرد هم آوردن افرادی است که در ابتدا و در درجه ی اول تنها هستند. ارسطو فکر می کرد که خارج از جامعه ما یا جانور هستیم یا خدا؛ اساطیر ما این است که ما در جدایی مان آزاد بودیم، و ما جوامع را تشکیل می دهیم و به آن می پیوندیم تا آن آزادی اولیه را حفظ کنیم. فکر نمی کنم واقعاً این پرسش را حل کرده باشیم. من فکر می کنم، اعتقاد عمیقاً محسوسی وجود دارد که چیزی در جوامع مدرن ما گم شده است، و این ممکن است حس خود جامعه باشد. این یک مشاهده ی به خصوص بکر نیست که اظهار کنیم که ما مدرن ها احساس گم شدن و ناامنی می کنیم؛ ما احساس می کنیم نیاز به "تعلق" داریم، اما مطمئن نیستیم که ما آماده هستیم که به چه چیزی تعلق داشته باشیم. ما سعی می کنیم این شکاف را در همه ی انواع جوامع مذهبی، شبکه ها و سازمان ها پر کنیم. آنها چیزی را بیان می کنند که ما می دانیم به دنبال آن هستیم، اما همه ی آنها در روش های مختلف شان (فقط) پرکننده ی جای یک مرکز گمشده می باشند.

من فکر می کنم مارکس اظهار می کند که ما مفهوم خود را از آزادی اشتباه گرفته ایم. او می گوید ، ما در انزوا آزاد نمی شویم: در عوض، ما فقط در انجمن می توانیم آزاد باشیم. تمامی شهودات اخیرمان ما را در

برابر این رویکرد هشدار می دهد: ما خیلی به وضوح عواقب تحمیل های اجتماعی تمامیت خواهانه ی "آزادی" را که به کابوس تبدیل می شوند، دیده ایم. اما *سرمایه* از راه حل های تمامیت خواهانه دفاع نمی کند: دیدگاه مارکس—درست یا غلط، ممکن یا غیرممکن— آزادی فردی خلاق در عمل، از درون و از خلال عضویت در یک جامعه ی آگاه و منطقی می باشد.

شاید مارکس بیش از حد دموکرات باشد. حتی از نقطه نظر صد سال پیش او، او سخت و با جزئیات تلاش می کند، تا به ما نشان دهد که ما در حال حاضر بسیاری از این کارها را انجام می دهیم: ما این توانایی ها را داریم، ما واقعاً با هم فکر و برنامه ریزی می کنیم، ما می توانیم یک هدف مشترک را تدوین کنیم، می توانیم قدرت های اجتماعی بزرگ و نوآوری، عزم و مهارت برای دستیابی به اهداف اجتماعی جمع آوری کنیم، و در این فرآیند به سطوح جدیدی از آزادی فردی در عمل دست بیابیم. محتملاً او (انسان عصر ما) با تمامی این (توضیحات) غیر متقاعد باقی می ماند؛ واکنش محتاطانه اشاره به این است که چیزی به نام "طبیعت انسان" همکاری یا دلیل و برهان مشترک را به عنوان یک خیر انسانی نمی پذیرد. احتیاط رسماً بیان می کند، ما اهداف خصوصی را دنبال می کنیم، و یکدیگر را له و پاره می کنیم، یا اگر نتوانیم هیچ سود جداگانه ای ببینیم، تمامی علاقه ی خود را از دست می دهیم. ممکن است (که) ما در این مورد به خودمان ظلم می کنیم.

یک کلمه به گونه قابل توجهی در این بحث غایب بوده است— کلمه ی انقلاب. این کلمه ای نیست که در متن *سرمایه* زیاد مطرح شود. مطمئناً *سرمایه* یک متن انقلابی است، همان گونه که همه ی دیالکتیک است؛ و همچنین روشن است که *سرمایه* به گونه ای انقلابی است که *گفتگوهای* افلاطون نیست (اگرچه این یک تفکر عجیب و غریب و گواهی

بر آزادی های انگلیسی ما است که سقراط به عنوان تهدیدی برای سیاست اعدام شد، در حالی که مارکس به عنوان یک پدر و شوهر درگذشت). من فکر می کنم تفاوت این است که در حالی که سقراط با اصرار خود بر اینکه (آتن) ارزش های وارونه دارد، به آتن توهین می کند، او این را به عنوان یک دایره ی غم انگیز می بیند که در دراز مدت هیچ جامعه ای نمی تواند امیدوار به فرار از آن باشد و بنابراین بحث و مجادله های او تغییر انقلابی را پیشنهاد نمی کنند. از سوی دیگر، *سرمایه* به گونه ای ضمنی انقلابی است، زیرا مارکس می گوید ما قوی تر و بهتر از آن هستیم که می دانیم، و ما این را در خود داریم که جامعه ای را تشکیل دهیم که انسانیت ما را به شیوه ای که هنوز درک نکرده ایم، تأیید می کند. به این معنا سقراط متعلق به آیین سوگواره و مارکس متعلق به آیین پیامبریست.

در سراسر جهان، اینک برای یک قرن، مردم *سرمایه* را به عنوان پیام امید خوانده اند. طیف تفاسیر از محرمانه ترین فرمول بندی های "دیالکتیک" تا بحث های کمیته های بلوک انقلابی مختص به مبارزه ی مرگ و زندگی علیه سرکوب های جهان مدرن متغیر بوده است. من پیشنهاد می کنم که ما نمی توانیم در رابطه با این گفتمان جهانی بی سواد باشیم. من از خوانندگان *کتاب های بزرگ جهان غرب* می خواهم که جلد ۵۰ را از محل بسیار نادیده گرفته شده ی خود در قفسه پایین بیاورند و ببینند که چه چیزی می توانند از این بسته ی قابل توجه از گزاره های مربوط به خودمان بسازند.

پس درآمد (نویسنده)

من ادعا کرده ام که بشریت امروز در شکلی از اسارت نگه داشته شده است، که جوهر آن فلج شدن است— تا حدی فکری، اما تا حد زیادی اجتماعی یا از روی عادت— که جلوی ما را از آوردن بهترین قدرت های ذهنی مان برای حمل مشکلاتی که بیشترین اهمیت را به آنها می دهیم، می گیرند.

به عنوان مثال، ما می دانیم که چگونه پیشرفته ترین روش های علوم زیستی را به کار بگیریم تا مشکل افزایش بهره وری کشاورزی را در بر بگیرند— با این حال ما حتی نمی توانیم مشکل توزیع محصولات حاصل از آن را برای تغذیه جمعیت گرسنه جهان فرموله کنیم، چه برسد که بخواهیم آن را حل کنیم. اولی به عنوان یک مشکل *علمی* شناخته شده است؛ اما، ما به نوعی تصور می کنیم، که دیگری، (علمی) نیست. با این حال، چه چیزی در واقع ما را قادر می سازد تا یک مشکل را حل کنیم، اما ما را حتی از نزدیک شدن به دیگری باز می دارد؟ من نتیجه می گیرم که ذهن در اسارت نیروهایی است که با پذیرش روش های علم در طیف گسترده ای از زمینه ها، خودسرانه آنها را از سایر زمینه های نگران کننده تر حذف می کنند— و بی دلیل این زمینه ها را به نیروهای مبهم نظر، تعصب، نزاع و اغلب به اندازه کافی به جنگ و تخریب وا می گذارند.

من مطمئن هستم که در اصل نیازی به پذیرش چنین اسارتی نیست و از سه نویسنده ی خود برای مطرح کردن مدعای خود کمک گرفته ام. آنها چشم انداز بسیار واضح تری را نسبت به آنچه که ما معمولا از قدرت واقعی علم دریافت می کنیم، باز می کنند و به روش های بسیار متفاوتی برای جهانی بودن آن استدلال می کنند. آنها چشم انداز یا رهایی از محدودیت هایی را ارائه می دهند که امروزه ذهن های هوشمند در همه

جا خود را پیدا می کنند. من، قطعا، تصویر یک نوشدارو را تجسم نمی کنم بلکه بیشتر یک تصمیم جدید— و یک منبع شجاعت را در نمونه های چالش هایی که این سه ذهن در برابر آنها مبارزه کردند، پیشنهاد می کنم .

آنها هر سه به ما نشان می دهند که احساس مبارزه چقدر جهانی بوده است؛ ما در احساس خودمان در انقیاد به یک نیروی مخالف تنها نیستیم. ما این توسعه ی تفکر جدید در مبارزه با نفی و انکار را به افلاطون ردیابی کرده ایم. ما آن را به عنوان *دیالکتیکی* شناسایی کردیم — ابتدا در رابطه با غلبه بر موانع، اما عمدتا در مقابله با تناقض شدید، که اکتشافات ریشه ای جدیدی از آن ظاهر می شوند. به این ترتیب نبرد نیوتن با کاهش جهان توسط دکارت به یک ماشین ریاضی، دیدگاه کاملاً جدیدی از دنیایی را به وجود آورد که هم ریاضی بود و هم روح در سراسر آن پر شده بود. ماکسول، به نوبه ی خود، با آنچه که به استبداد پنهان شده ی فیزیک نیوتنی عمل از یک فاصله تبدیل شده بود، برای تولید یک فیزیک میدانی جدید و تازه دموکراتیک در این زمینه مبارزه کرد. سرانجام، مارکس که علم جدیدی را آورد که خود سیستم سرمایه داری را دربر بگیرد، نشان داد که چگونه سرمایه داری، اگرچه در نهادش ارزش های انسانی را بیگانه می کند، آغاز جامعه ای جدید است که واقعاً انسانی و واقعاً آزاد می باشد— سیستمی که تمام پیشرفتهایی که سرمایه داری را بوجود آورده است در خود گنجانده و آنها را دگرگون می کند.

ممکن است نتیجه بگیریم که زندگی تفکر خلاق، در تنش تناقض نهفته است. علاوه بر این، ما دیده ایم که این مبارزات منزوی نیستند، بلکه بر اساس پیشینیان خود ساخته شده اند. هیچ گام قبلی از دست نرفته است؛ اما همان گونه که دیالکتیک وارد تاریخ می شود، روح انسان به معنای واقعی دوره ها را پیوند می دهد و از نسلی به نسل دیگر رشد می کند. امروزه ما از قدرت هایی استفاده می کنیم که دکارت، نیوتن،

ماکسول و مارکس در تنه ی علوم انسانی ساخته اند، همان گونه که امروز آنها را می شناسیم و از آنها استفاده می کنیم. ما ممکن است از بررسی خود از آثار آنها دلگرم شویم تا باور کنیم که مبارزه ی ما، هر چقدر هم که ممکن است خودمان آنها را حل نشده باقی بگذاریم، به ساختار در حال تحول تفکر آزاد انسانی کمک خواهد کرد که متعلق به چشم اندازی فراتر از افق چشم انداز امروز ما می باشد.

ما ممکن است در بررسی از خودمان بپرسیم که چه چیزی را به بیشترین وجهی به عنوان ارث خود از هر یک از این نویسندگان، عزیز می داریم، در حالی که اذعان می کنیم که هر یک از این ارث ها را بایستی دوباره با خوانشی که فراتر از تفسیر متعارف نگاه می کند به دست آوریم.

نیوتن، هنگامی که در اصطلاحاتی که معتقدم او نوشته است خوانده می شود— بسیار متفاوت از آن چیزهایی که معمولاً در آنها به خاطر آورده می شود— دو قدرت خاص دارد که به ما اعطا کند. اوّلی را ممکن است هدیه ی ریاضیات در نقش خود به عنوان یک منبع غنی برای هر ذهن جستجوگر انسانی بنامیم.

امروزه اکثر مردم ریاضیات را به عنوان ابزاری برای محاسبه و مفید برای متخصصان، و در درجه ی اول مهندسان یا دانشمندان در نظر می گیرند. تعداد کمی در طول تحصیلات خود با ریاضیات به عنوان یک منبع جذاب و زیبا برای تفکر گسترده تر انسان که همه مستحق آن هستند، روبرو شده اند. اما هنگامی که ما ریاضیات را به متخصصان تسلیم می کنیم، ما به گونه غیر قابل توجیهی منبعی را که نیاز داریم و ممکن است از آن لذت ببریم، به رایگان رها کرده و ذهن خود را به محدودیت می سپاریم. نیوتن، همان گونه که دیدیم، مخالف شدید کاهش ریاضیات به جبر صرف بود: او روش های هندسه را برتری داده و به گونه کامل استفاده می کرد، و آن را هنرمندانه شکل داد تا ارزش نمادین غنی داشته

باشد. با همان روحیه، او کاهش طبیعت به یک ماشین جبری و بی فکر را رد کرد و در عوض فلسفه ای از تمامی طبیعت فرموله کرد که یکسره هم کاملاً ریاضی بود و با این وجود به هیچ وجه کاهنده نیز نبود.

بنابراین، آنچه ما ممکن است از نیوتن (ارث) بگیریم، یک قطعنامه است. ابتدا، برای برگرداندن ریاضیات به دامنه وسیعی از هنرهای قابل دسترس به ذهن آزادانه تحصیل کرده— و علاوه بر این، ریاضیات را آزادانه در حل مشکلات انسانی و بدون ترس از این استدلال به کار بگیرد که استفاده از آنها کاهنده گرایانه می باشد. کاربرد صرفاً مکانیکی ریاضیات در واقع کاهندگی می باشد— با این حال، نه به این دلیل که ریاضی است، بلکه به این دلیل که مکانیکی است. استفاده ی خلاقانه از ریاضیات به عنوان ابزاری برای ذهن آزاد چنین انتقادی را به دست نمی دهد. تنها تعصّبات اجتماعی تثبیت شده و عادات بد آموزشی بال های ذهن آزاد را با انکار ابزارهایی که در واقع برای استفاده آماده هستند و امروزه بسیار ضروری می باشند، قطع می کنند.

میراث دوّم نیوتن، میراث بزرگتر ما است، اگر به اندازه ی کافی عاقل باشیم که آن را مطالبه کنیم. او زیست شناسی، الهیات، گاه شناسی، و کیمیاگری را متعلق به یک بدنه ی تفکر منسجم می فهمید. ما باید تعهد او به این دیدگاه یکپارچه را بسیار جدی بگیریم و نه اینکه از جستجوی چنین وحدتی در زمان خودمان شانه خالی بکنیم. زیرا تنها در رابطه با یک کل است که هر بخشی می تواند معنا داشته باشد یا می تواند حقیقت را فراتر از راحتی نوید بدهد. ما در مورد افلاطون دیده ایم که درک این تمامیت، نیروی خرد را مشخص می کند، *نوس*، که در بالاترین قسمت خط بخش شده قرار دارد. افلاطون چنین جستجویی را *دیالکتیکی* می نامد و در اصطلاح خودش می توانیم بگوییم که "علم" اگر دیالکتیکی نباشد—

یعنی اگر بر جستجوی مداوم برای مطمئن ترین پایه های قابل دسترس به حقیقت استوار نباشد، علم واقعی نیست.

دیدگاه اصلی ما این است که انسانیت یکی است. با وجود شکاف ها و تنوّعاتی آن چنان آشکار در میان باورهای بیشمار نوع انسان، هدف اذهان در همه جا رسیدن به جامعه ی تفاهم است. ذهن ها در همه جا به دنبال گفتگو هستند، این نشانه ی عضویت در خانواده ی انسان می باشد. تفاوت های مذهبی به عنوان بناهای خوشایند تنوع انسانی پا برجایند، اما فراتر از آن، ما تلاش می کنیم تا در سخن آن اصولی را که در هر زبان درست به نظر می رسند و از یک دنیای عادلانه، سازنده و در صلح می گویند به دست آوریم.

نیوتن ما را بسیار به جلو می برد و راه را برای استفاده ی خلاقانه از ریاضیات و علوم ریاضی باز می کند. با این حال، تفکر نیوتن هنوز به نوعی فئودالی و استبدادی است؛ همان گونه که دیده ایم، او به طریق اربابی و اطاعت فکر می کند. در مقابل، خرد انسان ذاتاً *دموکراتیک* است، در همه جا بر علیه تحمیل قوانین غیرقابل توضیح شورش می کند و *دیالکتیکی* و بی وقفه اقتدار را به زیر پرسش می برد و خواستار توضیحات است. ماکسول علیه اقتدار تثبیت شده، هم در خود نظریه ی فیزیکی و هم در جامعه و سیستم آموزشی آن، که در زمان ماکسول تسلط بر روش های نیوتنی اساساً به یک امتیاز طبقاتی و سلاح استبداد اجتماعی تبدیل شده بود، شورش می کند. تئوری *میدانی* (ماکسول) انقلابی دموکراتیک درعلوم است، که مطابق با خواسته های خرد انجام می شود که شکاف ها پر شوند و تمامیت هم به خود علوم و هم به بدنه ی جامعه باز گردد.

جایی که فیزیک نیروها با افراد آغاز می شود و کل را آن گونه که (برایش) ممکن است، با گردهمایی ناب می سازد، نظریه *میدانی* بلافاصله کل را به عنوان (موضوع) بنیادین درک می کند. این (تئوری)

اقدامات ویژه ای را به عنوان اجزای آلی این کل قابل فهم— احتمالاً در اصطلاحاتی عمومی تر و کمتر واژه به واژه— به دنبال دارد. قابل توجه است که این کل، که می تواند به گونه مستقیم از نظر الگوهای هندسی مانند خطوط نیروی محبوب فارادی تجسم شود، با حداقل آماده سازی رسمی در ذهن قابل دسترسی است. برای ماکسول این بینشی در مورد ماهیت خود ریاضیات است، و او کاملاً جدی است وقتی که ادعا می کند که فارادی، با الگوهای مغناطیسی خود، ریاضیدان واقعی (در بین) همه ی آنها است. بالاترین خرد، همینطور علاقمند به رشته های طولانی استدلال نیست، بلکه فقط (علاقمند) به بینش هایی است که ممکن است از آنها برخیزند. خواه در فیزیک و یا در هر زمینه ی دیگر مورد علاقه، خرد— در شکل دموکراتیکی که ماکسول به آن می دهد— آن چیزی را می سازد که به گونه ای کارآ خواسته ی فارادی است: حقیقت را در ساده ترین و آشکار کننده ترین شکل بسته بندی کنید و از طرف انسانیت آن را به اشتراک همگان قرار دهید. بنابراین در جایی که نیوتن ریاضیات شگفت انگیز خود را به عنوان یک ابزار مخفی برای استفاده ی حاکمان منتخب و فرزانه می دید، ماکسول و فارادی این ریاضیات را به یک ابزار جدید تبدیل می کنند، (یعنی به تئوری) *میدانی*، که برای همه قابل دسترس است و به بهترین وجه می تواند خواسته های خرد دموکراتیک را تأمین کند.

اساساً اینها مطالباتی هستند که خرد همیشه— حتی از *نوس* افلاطونی آن— برای درک آن وحدتی که به اجزاء معنا و قابل فهم بودن می دهد و کل را معنی دار، زیبا و خوب می بیند، کرده است. ماکسول ممکن است ما را به چالش می کشد تا این انقلاب دموکراتیک را در زمان خودمان با درگیر کردن قدرت خرد برای رسیدگی به مشکلات واقعی بزرگترین نگرانی انسانی انجام دهیم. نظریه ی میدانی تنها یک مدل از روشی است که می توان این کار را انجام داد؛ با این همه، راه رهایی از اسارت نادانی و انکار را که در غار افلاطون دیده ایم، نشان می دهد.

مبارزه ی امروز ما این است که سیاره ی خودمان را، با بسیاری از سیستم های همگرا و در هم تنیده ی آن، به عنوان یک *کل* بر اساس مدل *میدانی* بفهمیم— و سپس، مسلح به این بینش، آن را از اثرات مخرب رقابت، نزاع و حرص و طمع نجات بدهیم. برای این کار، ما باید تمام قدرت هایی را که ذهن دارد، به ویژه آنهایی را که ماکسول در *Treatise* (*رساله*) خود به روی ما باز می کند، در احاطه بگیریم.

اگر همان گونه که بسیاری مطمئناً انجام می دهند، ما (نیز) امکان استفاده از روش هایی که در علوم مدرن بسیار موفق بوده اند را (برای استفاده) در سیستم های اجتماعی زیر پرسش بکشیم، مارکس در یک ضربه نشان می دهد که ما نیازی به چنین شک و تردیدی نداریم. مارکس در *سرمایه*، گزارش نیوتن از سیستم اجرام آسمانی را با گزارش مشابه خود مقایسه می کند تا نشان دهد که چگونه سرمایه داری، یک سیستم به همان اندازه مبتنی بر قانون، در واقع کار می کند. با این حال، از آنجا که تجزیه و تحلیل او ناگزیر در عین حال بی عدالتی ذاتی سرمایه داری را نشان می دهد، طبیعتاً یک متن انقلابی است که ناخوشآمد بوده است، و (در نتیجه) نظریه ی مرکزی آن عمدتاً در بسیاری از اندیشه و آموزش غربی نادیده گرفته شده است. آنچه که در غیر این صورت ممکن بود به یک منبع اصلی جدید قدرت برای ذهن دموکراتیک تبدیل شود، به گونه کارآیی از دسترس خارج شده است، انکار آن، عنصر دیگری از آن اسارتی است که در آن تفکر آزاد زندانی می شود.

مارکس بسیار واضح تر از اکثر خوانندگان امروز، ماهیت و دامنه تله ای را می بیند که غار همه جانبه ی زمان ما را تشکیل می دهد. تاریکی این غار مدرن آن قدر آشنا و ظاهراً کامل است که تعداد بسیار کمی از ساکنان این اسارت حتی می توانند معنای مارکس را درک کنند. نکته مارکس این است که بیگانه کردن کار خود، ذهنی یا فیزیکی، آزادی

نیست، بلکه مخالف آن (یعنی) بردگی است. اکثر این غارنشینان زمانی که مارکس این فرآیند را *بردگی کارمزدی* می نامد و اظهار می کند که پاداش آن، حتی زمانی که فراوان باشد، تنها زنجیرهای طلایی را ایجاد می کند، مارکس را درک نخواهند کرد.

این چالشی است که ذهن آزاد با آن برخورد می کند، زمانی که تلاش می کند قدرت تفکر علمی را متوجه به همان سیستمی بکند که آن را از هر طرف احاطه کرده است. علم— آن چنان که غار مطالبه می کند— فقط باید به طرف مسائلی هدایت شود که سیستم سایه ها را به جلو می برد. این (علم) باید برای رشد سرمایه اعمال شود، نه برای راه حل مشکلات واقعی انسانی مانند توزیع غذا، سلامتی یا دانش. هر گونهٔ گسترش تفکر جدی، علمی و هوشمندانه فراتر از مرزهایی که معمولاً به آن محدود می شود، امکان خطرناک انتقاد از خود سیستم فراگیرنده را افزایش می دهد. در این مرحله ما به قلب مسئله ی اسارت رسیده ایم که مقدمه ی ما با آن آغاز شد.

نیوتن و ماکسول بر موانع بزرگی غلبه کردند تا قدرت های جدید تفکر علمی را در خدمت ذهن آزاد انسان بسط دهند. با کمک بعدی مارکس، شاید اکنون بهتر ببینیم که چرا فرهنگ ما به ما می آموزد که این قدرت ها را فقط با علاقه ی کم در نظر بگیریم— چرا که آنها به استفاده متخصصان در حوزه های به خوبی تعریف شده ای از تکنولوژی و علم محدود شده اند.

مارکس با وضوح ویرانگری نشان می دهد که اگر نور تفکر هوشمندانه و علمی بر روی دیوارهای خود غار انداخته شود، ماهیت واقعی سیستم و واقعیت اسارت به شدت آشکار خواهد شد. مانند دوره های گذشته، روح آزاد انسان امروز نمی تواند پس از شناسایی چنین اسارتی کاری مگر شورش کرده و سپس تلاش کند تا راهی به جلو پیدا کند که در

واقع (در حالیکه) بهترین های گذشته را جستجو می کند، اما چشم انداز برخی از راه های جدید و بهتر در آینده را (نیز) باز می کند.

***

اکنون به نظر من می رسد که باید ابتدا این مقالات را نوشته و سپس با خواستی نهفته در ذهن جمع آوری کرده باشم، با احساس اهمیت باز کردن نیوتن و ماکسول برای خوانشی تازه، و امید داشتن به اینکه مارکس ممکن است چنان نوری بیافکند که ما دیگر نتوانیم تحمل کنیم تا براحتی در این غار مدرن زندگی کنیم، غاری که، همان گونه که به نظر من می رسد، او بدون اشتباه به ما نشان می دهد که محاصره شده است. اگر واقعاً چنین است، آیا ما با مارکس موافق نیستیم وقتی که می گوید:

نکته فقط شناخت جهان نبوده، بلکه تغییر آن می باشد؟ (تأکید از- م)

پیوستها

پس درآمد مترجم

اگر چه دیالکتیک به مفهوم کلاسیک آن از افلاطون شروع می شود، در ایران تاریخی ما، زمانی که در یونان هنوز چند خدایی وجود داشت، مذهب تک خدایی بر مبنای دوگانگی خوب و بد حداقل به روند عمومی در بین طبقات حاکمه تبدیل شده بود. به قول هگل، در ایران پادشاهی خدا سالارانه حکومت می کرد. اما، اگر چه مفهوم کشور وجود داشت، در این کشور هیچ قصد و غایت سیاسی موجود نبود و اگر چه آزادی گوهری داشت، از آزادی ذهن برخوردار نبود، چرا که این شخص حاکم (به عنوان نماینده ی نیکی خدا بر زمین) بود که به واقع کشور را تشکیل می داد و نه یک قصد و غایت کلی اجتماعی. به زبان هگل، این مرحله ی کودکی تاریخ انسانی بود، مرحله ای که ما هنوز در سیستم پادشاهی پهلوی و یا جمهوری اسلامی با آن روبرو بوده ایم که این فرد است که به واقع کشور را تعیین می کند و هر دو نیز نماینده ی خوبی خدا به حساب می آیند. بدین معنا، ما هنوز در مرحله ی اول تاریخ شناخت روح قرار داریم. اما، جامعه ی انسانی نمی توانست در این مرحله بماند.

به قول هگل، یونان نماینده ی عصر دوم یا دوره ی بلوغ تاریخ است، عصری که در آن "فردیت بر زمینه ی اخلاقیات بدون میانجی پرورش می یابد." این اخلاقیات بدون میانجی به گونه ای نا آگاه بر طبیعت استوار هستند ولیکن اخلاق فردی به معنای اخص وجود ندارد. این آزادی در خود ناپایدار می باشد چرا که این آزادی ذهنی از بستر یک مبارزه بر نیامده است و در نتیجه وحدت آن با دولت سیاسی ناپایدار بوده و بایستی که با چیزی دیگر در عرصه ی تاریخی دیگری جایگزین می شد. این جایگزینی در روم باستان صورت می پذیرد، در جایی که در آن کشور

(و نه امپراطور یا پادشاه یا ...) غایت می باشند. کشوری که به همه تعلق دارد و نه به افراد، آن چنان که در یونان بود و یا کشوری که متعلق به شاه (در ایران و کشورهای مشابه) بود. اما بواسطه ی تضاد درونی بین کشور (کلیت یا غایت) و فردیت، به خاطر آن که غایت بر نظریه ای انتزاعی استوار است سرانجام به بروز فردیت خود سرانه و حکومت خودکامه می رسد. این دوره را هگل دوره ی مردانگی تاریخ می نامد.

سپس هگل به مرحله ی چهارم تاریخ می پردازد که در آن ذهنیت به خودشناسی می رسد یعنی جایی که به قول او خاستگاه روح راستین است. در اینجا دو مرحله وجود دارند. مرحله ی اول متعلق به سازش روحی (روحانیت) است. جایی که روح دریافته که همان حقیقت و عین اندیشه است. اسلام و مسیحیت برای هگل در این مرحله قرار دارند. در اینجا، جهان روح کاملاً از دنیای مادی جدا است و بنابراین، وجود دنیوی با خود در ستیز بوده و عرصه ی درنده خویی و آمیخته با بی اعتنایی کامل در حق امور دنیوی است چرا که اینها از دنیای روح بیگانه اند، یعنی امور دنیوی با خود در تضاد می باشند. اما در مرحله بعدی، روح به صورت جهانی پیوستنی و محسوس در می آید که هر دو جهان را در بر می گیرد و هگل این را قلمرو جهان ژرمانیک (آلمانی) می خواند.

در این جهان ژرمانیک ، سرانجام بین قلمرو روح و دنیا سازشی در خود و برای خود صورت می پذیرد. البته این سازش بی مبارزه نیست و در طی مبارزه ی روح همواره به تکامل بیشتری می رسد. در این مبارزه سرانجام روح به شکل عینی خود یعنی خرد دست می یابد و از طریق این خرد است که می تواند بر قلمرو دنیوی حاکم گردد و به عبارتی سازش بین قلمرو روح و دنیا از طریق خرد رخ می دهد. نتیجه ی سیاسی این سازش چیزی نیست به جز سازش کلیسا و دولت. سازشی که از طریق آن

روح طبیعتی و جهانی نو می آفریند که بتواند مفهوم خود را در این جهان نو بازیابد و در این جهان از آزادی و خردمندی ذهنی آگاه بشود.[۶۲]

حال با بازگشتی به خودمان و جدای از آن که تا چه حد هگل در مورد ایران و اسلام درست گفته باشد، این را نمی توان انکار کرد که جهان ایران از باستان تا پس از اسلام و اینک همواره جهانی بوده است که بر دور پادشاه یا رهبر شکل گرفته است و نه آن که همانند یونان کشور چند فرد، همانند روم کشوری جدای از حاکم و یا همانند مسیحیت و حکومت اسلامی (بخوان خلفا) باشد. این کودکی معصوم ولیکن تکامل نیافته ی فرهنگ ایرانی همواره خود را بر چیره شوندگان پیروز دیده است، اما نتیجه ی آن چیزی نبوده است به جز بازگشت به کودکی خود و جلوگیری از پیشرفت خود در یک حرکت دیالکتیکی. شاید بتوان گفت که شکست ایران از اعراب به یک پس رفت درونی انجامید و به خاطر آن که همیشه خود را فریب خورده می دید، و یا شاید به خاطر آن که پس از شکست از بادیه نشینان توان خود را از دست داده بود، علیرغم جانفشانی ها و مبارزات چند باره برای خارج شدن از بند سرپرستی آنها، بیشترین تلاش خود را بر آن گذاشت تا به پوسته ی گذشته و حفظ آن دل خوش کند تا این که از مبارزه ی زمان بگذرد.[۶۳]

به عبارتی، اگر چه ما در زرتشت سه گانه ی (اندیشه، کردار، گفتار) نیک و بد داشته، و از سه گانگی تن و روان و جان در فلسفه ی خود یاد می کنیم، اما تماماً با تضادی مطلق بین خوب و بد روبرو هستیم و نه با دیالکتیک. این روند تضاد برای ما ایرانیان با ظهور اسلام از یک

---

[۶۲] با اقتباس از کتاب گ. و. هگل به نام "عقل در تاریخ" فصل بخش بندی تاریخ جهانی، ص ۲۸۳-۲۶۶. ترجمه ی حمید عنایت. چاپ مجدد، سوئد ۱۹۸۵.

[۶۳] فساد اداری و نارضایتی های مذهبی، اجتماعی، اقتصادی، سیستم کاستی و دیگر موارد تبعیض در دوره ساسانیان را نباید در شکست از بادیه نشینان مسلمان کوچک بشمار آوردد.

طرف به لحاظ درونی تقویت شد و از طرف دیگر در جریان مبارزه با اشغالگران مسلمان به یک دنیای میانه، فریبکارانه و سازشی خودکُشانه با اسلام کشانده شد. این دنیای جدید مطابق با آن برزخی بود که هیچ چیز خوبی از آن بر نمی خیزد، جایی است میان بهشت و جهنم، بین اجسام کثیفه و ارواح مجرّده و در اصطلاح قرآن قبر است که میان دنیا و آخرت می باشد.[۶۴]

اگر در یونان و غرب، سرانجام دیالکتیک افلاطون با تثلیث مسیح جابجا شد، در ایران، خوب و بد زرتشتی با خوب و بد اسلامی، و کشور به عنوان ملک پادشاه با ملک خلیفه عوض شد. فردیت همچنان به سان کودک و به زیر سرپرستی پادشاه یا خلیفه باقی ماند و ذهن آزاد جایگاهی برای رشد خود نیافت. به دنبال آن، گسترش فرهنگ و هنر، شعر، ادبیات، معماری و غیره نیز به همین سان در جهاتی متفاوت با فرهنگ غرب تغییر کردند.

افزون بر این گسست ها و پسگرد های تاریخی، مذهب به عنوان با توان ترین نیروی ذهنی و روحی بر مردم ایران و کشورهای مشابه همچنان به زندگی خود ادامه داده است. در جایی که مارکس در سال ۱۸۴۳ می گوید: "از برای آلمان نقد بر مذهب اساساً تکمیل شده است؛ و نقد مذهب پیش نشان هر نقد دیگری است" (سر سخن بر نقد بر فلسفه حقوق هگل)، بخشی از روشنفکران مارکسیست ایرانی در سال ۱۹۷۶ افتخار می کردند که اولین بار سوسیالیسم را در مکتب علی یاد گرفته و در مذهب اسلام و بویژه تشیع توان انقلابی-ضد امپریالیستی و به نفع طبقه کارگر می دیدند. در نتیجه، حداقل بخش وسیعی از روشنفکران ایرانی و بویژه آنهایی که با فرهنگ کلاسیک غرب بزرگ نشده اند (و حتی روشنفکران شرق اروپا، چین، آمریکای لاتین و کشورهای مشابه) علیرغم

---

[۶۴] فرهنگ لغت دهخدا: برزخ.

آشنایی با دیالکتیک، درک آنها نمی توانست با تفکر غربی از دیالکتیک یکی باشد، چرا که در جهان اسلام، مذهب و دولت اگر چه برای قرنها سازش سیاسی داشتند، اما سازشی بین قلمرو روح و دنیا بوجود نمی آید تا روح طبیعتی و جهانی نو آفریده، از آزادی و خردمندی برخوردار شده و بر این بستر خرد شکل فعال و تعیین کننده بخود گرفته و زاده بشود.

به واقع، همان گونه که سرمایه داری در ایران روندی مکملی و نه بنیادین بوده است، روند دیالکتیک و مبارزه ی نظری و اجتماعی منطبق بر آن نیز جریانی تازه، وارداتی، دنباله رو و التقاطی بود. در ایران، پیروزی دیالکتیک و خرد فعال و آزادی و حتی پیروزی تفکر علمی بورژوازی در بند پیروزی بر گذشته و بویژه دوگانگی اندیشه (خوب و بد، سیاه و سفید، ....) و بزیر کشیدن خداوند قادر محمد و مذهب او و از اریکه ی قدرت می باشد. بدون رهایی از درون یک مبارزه بی امان برای شکستن دیوارهای این زندان و فریب درونی، امکان ریشه زدن، رشد و پیروزی خرد، دیالکتیک و حتی رسیدن به آزادی رسمی غربی در ایران نمی تواند چندان زیاد باشد و در نوسان بین مذهب و سلطنت در کودکی تاریخی خود باقی خواهیم ماند. به قول فردوسی:

به یزدان که گر ما خرد داشتیم   کجا این سرانجام بد داشتیم

اما حتی تمامی پیروزی ها، تسلط بر و پیروی از روش دیالکتیکی مارکس و یا ماتریالیسم دیالکتیکی/تاریخی به معنای حل مشکلات جامعه ایران و یا جامعه بشری نمی باشد. دیالکتیک یک روش زندگی، تفکر و برخورد به پدیده ها بر بستر شرایط عینی و ذهنی موجود می باشد که هر پدیده را در زایش، رشد و سپس گذرا بودن و جانشین شدنش با پدیده ای جدید ارزیابی می کند. اما، اگر چه دیالکتیک را در پراکسیس (کِرد اندیش) اجتماعی می توان تجربه نمود، نمی توان با قطعیت گفت که در چه زمانی و چه چیزی جایگزین گذشته خواهد شد چرا که به قول مارکس

خود تربیت کننده را بایستی تربیت نمود. در دیالکتیک تاریخ، انسانی که در بطن جامعه ی گذشته رشد کرده است دست به ساخت جامعه ای می زند که نه تنها فقط با دور نمایی عمومی از آن آشناست، بلکه فقط جوانه هایی از تواناییهای آن را در خود حمل می کند. متأسفانه، در ادبیات نیروهای مختلف کمونیست و مارکسیست از دیالکتیک یک نوشدارو و جام جم ساخته شده است که حتی فقط از طریق ادعای طرفداری از آن می توان به همه چیز و به نحو درست رسید، دقیقاً عین آن فرد مسیحی که با قبول مسیح گناهانش بخشیده می شود و یا آن مسلمانی که با تکرار اشهد ان .... به اسلام گرویده است. بگذارید به چند گفته ی مارکس و چند اشتباه نظری-علمی مژده آور دیالکتیک ماتریالیستی اشاره بکنیم:

"در نظر هگل پروسه ی تفکر که حتی وی آن را تحت نام ایده به شخصیت مستقلی مبدل کرده، دمیورژ (خالق) واقعیت است و در واقع خود مظهر خارجی پروسه ی نفس به شمار آمده است. به نظر من به عکس پروسه ی تفکر به غیر از انتقال و استقرار پروسه ی مادی در دماغ انسان چیز دیگری نیست.....[۶۵]"(تأکید از مترجم این کتاب) و یا:

"نظر به اینکه پروسه ی تفکر خود ناشی از شرایط است و خود، پروسه ایست طبیعی، اندیشه تا آنجا که واقعیت را درک می کند باید پیوسته یکسان باشد و فقط به صورت تدریجی، بنا بر نضج تکامل و لذا رشد ارگانی نیز که به وسیله ی آن تفکر انجام می گیرد، وجوه تمایز در آن پدید آید. هر چه غیر از این باشد یاوه سرائی است.[۶۶]" (تأکید از مترجم این کتاب)

---

[۶۵] کارل مارکس، لندن، ۲۴ ژانویه ۱۸۷۳. پی گفتار برای چاپ دوم جلد اول سرمایه. ترجمه توسط ایرج اسکندری.

[۶۶] مارکس به کوگلمان، لندن، ۱۱ ژوئیه ۱۸۶۸. در ترجمه ی جلد اول سرمایه توسط ایرج اسکندری، ص ۷۲۱-۷۱۹.

اینک از طریق علوم اجتماعی، بیولوژی، نورولوژی و علوم دیگر ثابت شده است که پروسه ی تفکر تماماً " انتقال و استقرار پروسه ی مادی در دماغ انسان" نیست، و اگر چه پروسه های مادی موضوعات تفکر انسانی می باشند، اما تفکر خود یک عمل خلاق است و ما در همان حالی که فکر می کنیم حتی به افکار و ادراک و حتی واقعیتی که درک می کنیم شکل می دهیم (جالب است که حتی خود مارکس و در رد خودش می گوید که انسان طبیعت بیرون و حتی درون خودش را می سازد). به معنایی دیگر، در رابطه با نقش خرد یا عقل در تاریخ، نه نظر هگل در این مورد دقیق است و نه نظر مارکس، اگر چه هر کدام بخشی از واقعیت را می گویند.

شاید آنچه که مارکس می گوید این است که در شرایط مبارزه طبقاتی، افکار طبقاتی ناشی از شرایط اجتماعی بیرونی می باشند. ولیکن مارکس در این مورد روشن نمی گوید (و نمی توانست بر بستر علم آن روزه روشنتر هم بگوید) و این نا روشنی به واقع زمینه ای شده است برای دگماتیسم (راستینه منی) خیل عظیم طرفداران او و اشتباهات بعدی. یا وقتی می گوید: اندیشه.... فقط به صورت تدریجی، بنا بر پختگی تکامل و لذا رشد ارگانی نیز که به وسیله ی آن تفکر انجام می گیرد، وجوه تمایز در آن پدید می آید. هر چه غیر از این باشد یاوه سرائی است."، دو اشتباه کلیدی می کند. یکم اینکه، اندیشه اگر چه به تدریج شکل می گیرد و موجب رشد قدرت تفکر می شود، اما موجب تکامل یا رشد مغز نمی شود (اگر چه ارتباطات سلولهای مغزی بیشتر و پیچیده تر می شوند). البته، مارکس در اینجا وقتی از رشد یا تکامل می گوید به گونه ای دقیق معلوم نیست که از چه چیزی می گوید (و با توجه به سطح دانش نورولوژی در آن دوره نمی توانست که وضوح بیشتری هم داشته باشد) ولیکن به جرأت می توان گفت که این نظرات او خام و کلی می باشند. از طرف دیگر، این پروسه در بین افراد مختلف فرق می کند (و مارکس خود بخوبی بر این

واقف است وقتی که می گوید از هرکس به اندازه توانائی او و به هر کس به اندازه ی نیازش) و بنابراین درک و شناخت و قدرت بکار بگیری دیالکتیک و هر پدیده دیگری نمی تواند در بین آدمیان یکسان باشد و در این جا چه کسی می تواند قضاوت کند که پیش بینی چه کسی از روند دیالکتیک درست است و چه کسی می تواند قضاوت کند که این درک درست و یا غلط و مثلا کاپیتالیستی یا پرولتری می باشد؟

نظرات اشتباه و خام فوق بر مبنای درک مارکس و انگلس از روند تکامل می باشد که از یک طرف فکر می کردند که نقش کار در تکامل میمون به انسان عمده بوده است و همچنین فکر می کردند که نرخ تکامل ژنتیک در حال افزایش است. این البته با نظرات Pierre Tremaux (۱۸۶۵) فرانسوی هم سو بود، در حالی که بر اساس داده های علمی موجود، جهش های ژنتیکی به کندی صورت می گیرند و حتی در شرایط کنونی نرخ این پیشرفت صفر می باشد[۶۷] به گونه ای که حتی اگر تئوری (Punctuated Equilibrium) را هم در نظر بگیریم، این دوره های تغییر ناگهانی ژنتیکی در روند تکامل انسان حداقل از ۷۰،۰۰۰ سال پیش تاکنون دیده نمی شوند و ژن انسان امروزی همان است که ۷۰،۰۰۰ سال پیش. شاید بیخود نباشد که علیرغم تمامی پیشرفتهای گذشته، اکثریت انسانها هنوز همانند عهد باستان به مسائل انسانی و از جمله مذهب و موضوعات "فرای طبیعت" برخورد می کنند. به عبارتی، نقش کار در تبدیل میمون

---

[۶۷] البته در دوره ی جدید و با سرعت افزاینده ی تغییرات علمی و ضرورت همراهی با آن، هنوز نمی توان گفت که اگر در این دوره و یا قرن آینده این نگاه از کند بودن روند تکامل ادامه بیابد (به ویژه که اکنون ثابت شده است که ضربات روحی و جسمی می توانند به لحاظ ژنتیکی حداقل به یک یا دو نسل آینده منتقل شوند). تحت فشار طبیعی، تکامل همواره موجب فعال شدن و یا تغییرات ژنتیکی شده است. به عنوان مثال، اینک محاسبه می کنند که سطح هوش اجتماعی و به ویژه در مورد نوجوانان نزدیک به ۱۰ نمره اضافه شده است. این که این مسئله ای اجتماعی و نتیجه ی آزادی هاست یا با تغییرات ژنتیکی نیز همراه می باشد، هنوز روشن نیست و حتی به نظر نمی رسد که موضوع مورد مطالعه باشد.

به انسان حداقل آن جایگاه تعیین کننده عمده ای را ندارد که مارکس و انگلس در نظر داشتند اگر چه نمی توان نقش کار را ندیده گرفت.[۶۸]

اما، اشتباه دوم و مهمتر آن است که مارکس ادعا می کند که هرچه غیر از این گفته ی او باشد یاوه سرایی می باشد. این برخوردی غیر دیالکتیکی می باشد چرا که به قول خود مارکس: "دیالکتیک، هر شکل بوجود آمده ای را در حال حرکت و بنابراین از جنبه ی قابلیت در گذشت آن نیز مورد توجه قرار می دهد، زیرا دیالکتیک حکومت هیچ چیزی را بر خود نمی پذیرد و ذاتاً انتقاد کن و انقلابی است.[۶۹]"

گذشته از این، نه تنها آگاهی فقط طبقاتی نیست و می توان گفت که آگاهی حداقل سه جنبه ی متفاوت بیولوژیکی، فردی و طبقاتی دارد، بلکه پروسه ی تفکر و اندیشه نیز با آگاهی تفاوت دارند. در حالی که تفکر و اندیشه حالت شمارشی دارند، آگاهی (که حتی در موجودات تک سلولی هم به نوع اولیه ی آن وجود دارد) از یک ماهیت درونی و غیر شمارشی برخوردار است. از آن گذشته، آگاهی فردی و طبقاتی با هم یکی نیستند و اختلاف آنها می تواند موجب شود تا فرد و طبقه در مقابل هم قرار بگیرند (اتفاقی که در همه ی دنیا و از جمله در انقلابات کمونیستی شرق و همینطور در گروهها و احزاب کمونیستی در سراسر جهان اتفاق افتاد و منجر به آن شد تا عده ای با دیدگاهی اشتباه افراد طبقه ی خود را به اتهام همکاری با طبقه ی دیگر به طرق مختلف از بین ببرند.) اما، ببینیم

---

[۶۸] در جای دیگری به این نظریه مارکس و انگلس در رابطه با کشفیات جدید دانش نورولوژی، انتقال داده های تجربی از طریق ژنتیکی حتی به نسل بعدی و احتمال نقش کار در تکامل میمون به انسان و همین گونه نظریات مارکس و انگلس در رابطه با مسائل نژادی و غیره خواهیم پرداخت. برخی از این نظریات و داده های جدید در رابطه با آگاهی و حرکت اجتماعی و روند شکل گیری اندیشه از اهمیت زیادی برخوردارند و گاه در تأیید و گاه در رد نظرات مارکس و انگلس می باشند.

[۶۹] کارل مارکس. پی گفتار برای چاپ دوم، ترجمه ی ایرج اسکندری، ص ۶۱.

که چگونه مارکس در دفاع از آگاهی طبقاتی خواهان آن است که دولت سرمایه داری بر علیه کارگران از زور استفاده کند:

"اما در مورد قانون کارخانه-بمثابه نخستین شرطی که امکان می دهد طبقه ی کارگر آزادی عمل برای تکامل و حرکت خود داشته باشد-خواست من این است که از جانب دولت تحمیل شود و جنبه ی قاهرانه داشته باشد، نه تنها علیه کارخانه داران بلکه حتی علیه خود کارگران نیز. (به زیر نویس ۵۲ صفحه ی ۴۵۲ مراجعه کنید که من در آنجا به مقاومت کارگران در برابر تحدید روزانه ی کار اشاره می کنم).[۷۰]"

با تمام این انتقادات و حتی بیش از آنها، یک چیز روشن است و به وضوح کامل در نوشته های متعدد مارکس و از جمله در دیالکتیک او هم چون نوری بر غار تاریک افلاطونی[۷۱] ما می تابد، اما گویا که به عنوان ساکنین این غار نمی توانیم این نور را دیده و به آن باور کنیم و شاید به مفهوم هگل این نور آن چنان قوی بوده که توانایی دیدن را از ما گرفته است. این چیز و یا نور، تأکید مارکس بر این است که تمامی آن جامعه ی کمونیستی آینده که وی از درون دیالکتیک به آن رسیده است، جامعه ای است که در آن، "انسان همچون خورشید راستین خویش به دور خود بگردد.[۷۲]" اما، ما به او باور نداریم چرا که نور این امکان ما را کور می کند، چرا که به خودمان و توانایی های خودمان باور نداریم. ما داستان گناه اولیه، تبعید از بهشت و شایسته ی عقوبت دیدن، حق عده ای اندک بر تسلط و حکومت بر ما، تصاحب اعظم ثروت های اجتماعی توسط آنها، حق آنها بر تصرف زمین و هوا و در یک سخن، اسارت خود را پذیرفته ایم.

---

[۷۰] مارکس به کوگلمان، لندن، ۱۷ مارس ۱۸۶۸. ترجمه ی ایرج اسکندری، ص ۷۱۸.

[۷۱] به غار افلاطون در پیش درآمد نویسنده پرداخته شده است.

[۷۲] کارل مارکس. پیش گفتار بر: نقد بر فلسفه ی حقوق هگل. احتمالاً نوشته شده بین سپتامبر ۱۸۴۳ و ژانویه ۱۸۴۴. انتشارات مزدک.

در مقابل، تمامی جنبشی که سنگ دیکتاتوری پرولتاریا را به سینه می زند، شاید این را نداند که از جمله توسط جنبش استالینی روسیه از بخش مهمی از آثار مارکس محروم شده و مجبور شد خود را در همان محدوده فکری حبس کند که برایش تأمین شده بود. در این زندان فکری، هر زمان که در باره ی دیکتاتوری پرولتاریا حرفی زده می شود، به نظریات مارکس در مورد کمون پاریس در دوره ی معینی اشاره می شود. در این دوره ی معین که دوره ی کمون و چند سال پس از آن بود، مارکس خود را به درستی موظف می دید که به گونه تام و تمام از آن در مقابل مدافعان سرمایه داری دفاع کند. البته، نظرات این دوره ی مارکس به وسیله ی لنین در کتاب دولت و انقلاب به عنوان نظرات نهایی مارکس در رابطه با کمون پاریس بسط داده شده و بر آن تأکید شده بود و به واقع هر کس بر خلاف آن چیزی می گفت به عنوان خائن شناخته می شد. البته به نظر مترجم حتی لنین هم از آخرین نظرات مارکس آگاه نبوده است، چون این نظرات در سال ۱۹۲۸ یعنی ۳ سال پس از مرگ لنین در روزنامه ی پراودا (حقیقت) ارگان حزب کمونیست روسیه منتشر شد و بعد از آن هم به فراموشی سپرده شدند. اما، در هیچ کجای آثار مارکس حتی به گونه ضمنی گفته نشده که انسان ها باید به ابزار دولت کمونیستی تبدیل شوند.

آن دیکتاتوری موقتی طبقاتی که مارکس تعریف می کند و برای جلوگیری از بازگشت قدرت دیکتاتوری سرمایه داری است (به واقع از نوع همان دیکتاتوری می باشد که اینک در تمامی کشورهای سرمایه داری بر علیه آنهایی استفاده می شود که می خواهند دولت سرمایه داری را با زور به زیر بکشند) با دیکتاتوری ابدی حزبی، یا فردی و دلبخواهی و جاودانگی که کمونیست روسی و غیره در عمل بوجود آوردند تفاوتی ماهوی دارد. البته لازم به روشن کردن این مسئله است که همان گونه که اشتباهات و شکست های گذشته انقلابات کمونیستی در شرق را فقط می توان بر بستر مجموعه شرایط آنها بررسی کرد، برخوردهای فردی و یا سرنوشت گرایانه

به دیگران و تئوریهای مارکس و انگلس، تکرار اشتباهات گذشتگان و درس نگرفتن از فداکاری های بی دریغ آنها و طبقه کارگر جهانی می باشد.

بواقع، حتی اگر پیروان لنینیسم در فاصله ی زمانی ۱۹۱۷ تا ۱۹۹۱ (یعنی فروپاشی اتحاد جماهیر شوروی) را بتوان از بسیاری از خطاهای آنها پاک دانست، با در دست داشتن اسناد تاریخی و نبود فشار (برادر بزرگ یا پدر خوانده) می توان با چشمانی باز گذشته را ارزیابی کرده و راه درست تر را انتخاب نمود. مارکسیست هایی که از این نظرات مارکس آگاهند و هم چنان این گفته های مارکس را از قلم می اندازند و بر تفسیرهای لنین و برخاسته از شرق "کمونیستی" تکیه می زنند، در واقع از یک طرف درک ایده آلیستی خود از دیالکتیک را می رسانند و از طرف دیگر در معنا می گویند که مارکس در اواخر عمر به یک فرصت طلب و یا ترسو تبدیل شده بود، اما جرأت آن را ندارند و بنابراین با توطئه ی سکوت با این نظر او در مورد کمون پاریس برخورد می کنند و از کتاب "دولت و انقلاب" لنین همچون چماقی برای ارعاب بازنگرها مثال می آورند. بایستی تصور کرد که اگر لنین به چنین نظری دسترسی داشت چه موضعی می گرفت. آیا مارکس را هم تجدید نظر طلب و مرتد خطاب می کرد و یا آن که راه دیگری در پیش می گرفت. اما، اگر لنین به این نظرات مارکس دسترسی داشته، آیا آگاهانه مارکس را تحریف کرده است؟

بهر حال، آن دوران خفقان بیرونی و درونی شده گذشته است و لزومی ندارد عدم شناخت و عدم انعطاف خود برای تغییر و رد اشکالات و اشتباهات فاحش خود را با توطئه ی سکوت در مورد گفته های مارکس بپوشانیم. باید قبول کنیم که مارکس قبل از کمون پاریس مخالف آن بود، اما بیش از ۱۰ سال بعد از کمون پاریس، در سال ۱۸۸۱، یعنی دو سال قبل از مرگ خود نوشت که حرکت کارگران در کمون پاریس برای ایجاد یک حکومت کارگری اشتباه و دور از عقل سلیم بود، چرا که با سازشی با

سرمایه داری می توانست نتایج بهتری برای خود و کل فرانسه را تأمین کند. او همچنین گفت[۷۳] که حتی اگر کارگران در کمون پیروز می شدند نمی توانستند به اهداف خود برسند چرا که شرایط مادی فراهم نبود. به عبارتی، مارکس به ما نشان می دهد که اگر چه بر طبق نظر اولیه خود، حرکت کارگران برای به دست گرفتن قدرت به دلیل حاضر نبودن شرایط یک اشتباه بود، زمانی که علیرغم میل و تحلیل او کارگران در مبارزه ی قدرت قرار گرفته بودند، او دفاع از واقعیت جنبش موجود را به عهده گرفت و نه یک تئوری جدا از پراکسیس را. مارکس همواره به تئوری خود که این شرایط اجتماعی ست که آگاهی بشری و وظایف جلوی پای او را تعیین می کند وفادار باقی ماند و نمی توانست جز این هم باشد چرا که برخاسته از دیالکتیک ماتریالیستی-تاریخی خود او بود[۷۴]. اما، زمانی که

---

[۷۳] (پاسخ) مارکس به دوملا نیوون هویس در لاهه، لندن، ۲۲ فوریه، ۱۸۸۱. (ترجمه ی این نامه ی مارکس در انتهای ترجمه آمده است).

[۷۴] البته همان گونه که در بالا استدلال شد، این گفته ی مارکس به گونه ای مشروط درست است، بدین معنا که، اگر چه آگاهی طبقاتی و جمعی عمدتاً نتیجه ی شرایط روابط تولیدی اجتماعی می باشد، اما آگاهی فردی تنها بستگی به شرایط اجتماعی ندارد و شرایط بیولوژیکی-نورولوژیکی، ژنتیک، و پدیده های دیگر فردی نقش مستقل خود را و به دور از شرایط اجتماعی ایفاء می کنند. ما می توانیم این را در نظرگاههای مختلف افراد درون یک طبقه و حتی افراد یک خانواده و از یک طبقه و رشد کرده در شرایط واحد بیرونی مشاهده کنیم. همینکه از بین هزاران نفر انقلابی تنها مارکس و انگلس بودند که توانستند نظریه ی دیالکتیک ماتریالیستی در بالاترین شکل آن عرضه کنند، همینکه ما افلاطون و ارسطو و ابوعلی سینا و فردوسی و غیره فقط به تعداد اندکی داریم، همینکه هر کسی مارکس یا آینشتَین یا فرد دیگری نمی شود، همگی نشان می دهند که فقط شرایط اجتماعی نیست که شرایط روحی، فکری و موضوعات آن را تعیین می کنند. بواقع، علیرغم تمامی مخالفت درست با انتقال تئوری مبارزه برای تنازع بقاء از جوامع حیوانی به اجتماع انسانی (که دانش نورولوژی اینک نظر آنها را تأیید می کند)، با تکیه بیش از حد بر نقش کار در تکامل میمون به انسان (اگر چه تحقیقات جدید می توانند در محدوده های معینی در تأیید آنها باشند) خود و یا طرفداران آنها نتوانستند اهمیت لازم را به نقش آگاهی فردی و بیولوژیکی بدهند (اگر چه علم و بویژه نورولوژی هنوز در این زمینه دستاوردهای قانع کننده ای نداشتند). با این وجود، هیچ کدام از این کمبودها نه ضرورت انقلاب کارگری را (ادامه دارد)

سالها از آن شرایط بحرانی گذشته بود، دوباره به واقعیت دیالکتیکی سر تعظیم فرود آورد و نظری داد که منطبق با همان اولین نظر او در مورد عدم آمادگی کارگران بود، چرا که واقعیت آن را ثابت کرده بود. آیا، می توانیم شجاعت او را در رابطه با قبول واقعیت جنبش انقلابی در ایران و جهان داشته باشیم؟

اما، آن دسته از لنینیست های گذشته که به دلیل نتایج انقلابات سوسیالیستی در روسیه و کشورهای عقب مانده به رد سرنگونی یا مبارزه قهر آمیز بر علیه سرمایه داری رسیده اند و بر طبل چپ نو و کارل پوپر می کوبند، آیا گمان می کنند که چون نظریه نسبیت و یا فیزیک کوانتوم شناخت عمیق تری از دنیای مادی به دست می دهند، پس می توان تئوری های نیوتن را باطل اعلام کرد؟ همان گونه که نویسنده در این کتاب نشان می دهد، مارکس در واقع نیوتن سرمایه داری است. به زبانی دیگر، مارکس (عمدتاً) با کالا و طبقات (یا اجسام اجتماعی) کار می کند. اما، مسائل مربوط به روابط پیچیده فرد و اجتماع (که مارکس تا حدی به آنها پرداخته است)، افراد جداگانه به عنوان انسان و حوزه ی تفکر و آگاهی را می توان با موضوعات تئوری میدان ماکسول، نظریه نسبیت و فیزیک کوانتوم مقایسه کرد. اگر با استناد به تئوری میدان، نسبیت و فیزیک کوانتوم بتوان تئوری نیرو و شتاب نیوتن را مردود اعلام کرد آنگاه می توان با اتکاء به کمبودهای تئوری مارکس در مورد افراد، تئوری کالا و سرمایه داری او را نیز مردود اعلام کرد. اما، اینها ممکن نیستند.

در طرف دیگر، آن دسته از ما که مرتب طبل دیکتاتوری طبقاتی و سرنگونی سرمایه داری را می کوبیم، از این غافل هستیم که همان گونه

نفی می کنند، نه ضرورت جایگزینی سرمایه داری با یک سیستم انجمن همیاری انسان ها به آن گونه عمومی که مارکس و انگلس به آن می نگریستند و نه پس از پیروزی انقلاب کارگری می توان ضرورت آمادگی عملی کامل برای درهم شکستن بقایای ماشین دولتی سرمایه داری و تلاش قهری آن برای بازگشت را از طریق نیروی مهار کننده ی انقلابی بتوان کنار گذاشت.

که نظریات فیزیک کوانتوم، گرانش و نسبیت، حرکت در سطح ذره ها و روابط آنها و کل هستی را توضیح می دهند، مجموعه ی دانش ژنتیک، نورولوژی، روانکاوی، روانشناسی کودک، رشد و سالمندی و بسیاری مسائل دیگر که جدا از روابط عمومی و تولیدی اجتماعی نیز پایه ای قوی در شکل گیری ویژه گی های اندیشه گری و کردار فردی دارند، بایستی در چهارچوب فکری ما جای بگیرند اگر که می خواهیم به مشکلات انسانی به آن گونه پاسخ دهیم که نتیجه ی دیالکتیک تاریخ است، که در پیامد آن به قول مارکس، انسان به دور خورشید راستین خویش می گردد و نه به دور مارکس، انگلس، لنین، استالین و یا هر فرد دیگر، حزب و یا دولت از هر نوعی و با هر اسمی. از آن گذشته، ما نباید این گفته مارکس دو سال قبل از مرگ او را فراموش کنیم که: "یک دولت سوسیالیستی نمی تواند در یک کشور بوجود بیاید مگر آن که شرایط آن چنان توسعه یافته باشند که بالاتر از همه بتواند اقدامات لازم را برای ارعاب توده های بورژوازی انجام بدهد تا بتواند به اندازه ی کافی-شرط اول-یعنی وقت برای عمل ادامه دار بدست آورد.[۷۵]" (تأکید از مترجم)

سرانجام، در رابطه با آن عده از نیروهای قبلاً در کمپ کمونیسم که از آن رویگردان شده و امکان فرار سیستم سرمایه داری از بحران را به جان خریده و ترویج و تبلیغ می کنند، نکته ای دیگر لازم به توضیح می باشد. روند حوادث و پیشرفت علم و بویژه هوش مصنوعی و جایگزینی انسان با انواع و اقسام هوشِمان (ربات)، به سوی جایگزینی نزدیک به کامل انسان با ماشین ها می رود و این روند اینک هراسی در بین ثروتمند ترین افراد اجتماعی و شرکتهای سرمایه داری در جدل پیرامون هوش مصنوعی به راه انداخته است. علت این جدل چیست و چرا سرمایه داران بایستی از جایگزینی نیروی کار انسانی با هوش مصنوعی و هوشِمان بترسند؟

---

[۷۵] (پاسخ) مارکس به دوملا نیوون هویس در لاهه، لندن، ۲۲ فوریه، ۱۸۸۱.

سرمایه داران خودشان از احتمال قرار گرفتن هوش مصنوعی در دستان آدمهایی با نیت بد و بیکاری عده ای وسیع می گویند. اما، برای رسیدن به علت این ترس، شاید لازم باشد تا با نگرشی رو به جلو بر اساس پیشرفتهای اجتماعی و اقتصادی، جامعه آینده را در ذهن خود ترسیم کرد. در شرایط چنین پیشرفتهایی چهار امکان کلی را می توان در نظر گرفت: ۱- سیستم سرمایه داری که بر اساس استثمار از نیروی کار قرار دارد، حتی اگر با انقلاب کارگری از بین نرود بخودی خود فسخ خواهد شد و جامعه ی کمونیستی جایگزین آن خواهد شد؛ ۲- انقلاب قهر آمیز کمونیستی؛ ۳-بخشی از طبقه سرمایه دار که قدرت اصلی را در هوش مصنوعی بدست آورده، اکثریت جامعه و بخش مهمی از دیگر سرمایه داران را از بین خواهد برد و جامعه ای با کمترین تعداد ممکن و بر اساس "بهترین" ژنها جایگزین می شود؛ ۴- مبارزه بین گروههای مختلف سرمایه دار، تمامی اجتماع انسانی و حتی فراتر از آن زندگی بر کره زمین و حتی موجودیت خود کره زمین را به خطر خواهد انداخت. به عبارتی اگر چه زنگ مرگ سرمایه داری نزدیک به دو قرن است که به صدا درآمده و جامعه ی انسانی و تمامیت زندگی در خطرند، گوشها هنوز کر هستند.

اما کر بودن ما و به تأخیر انداختن مرگ نمی تواند از مرگ جلوگیری کند، همان گونه که تمامی پزشکان دنیا نیز نمی توانند از مرگ حتمی یک بیمار جلوگیری کنند. هر لحظه که ما این مرگ حتمی را به عقب اندازیم، نه تنها انسان های بیشتری طعمه ی این سیستم مملو از حرص می شوند که امکانات شماره ۳ و ۴ بالا احتمال بیشتری نسبت به امکانات شماره ۱ و ۲ پیدا می کنند. اما اگر بتوان از این پیشرفتها در جهت انقلاب اجتماعی استفاده کرد، آنگاه می توان در کلام مارکس راهی را پیش گرفت که زندگی و کره زمین ادامه یابند:

<u>تا انسان چون خورشید راستین خویش بدور خود بگردد!</u>

پاسخ مارکس به دوملا نیوون هویس[۷۶] در لاهه

لندن، ۲۲ فوریه، ۱۸۸۱

"مسئله" ی کنگره ی آینده ی زوریخ که مرا در خبر آن قرار می دهید به نظر من یک اشتباه است. آنچه که در هر شرایط معینی در آینده بایستی انجام شود، آن چیزهایی که بلافاصله بایستی انجام شوند، البته تماماً بستگی به موقعیت تاریخی ویژه ای دارند که فرد بایستی در آن شرایط عمل بکند. اما این پرسشی درخلاء و بنابراین واقعاً بیان یک مشکل خیالیست که تنها جوابی که می توان به آن داد انتقاد از خود پرسش است. هیچ معادله ای نمی تواند حل شود مگر آن که اجزای حل آن در خود معادله داده شده باشند. بعلاوه، سردرگمی دولتی که ناگهان بواسطه ی پیروزی مردم بوجود آمده باشد هیچ چیز بویژه "سوسیالیستی" ندارد. برعکس. (اگرچه) سیاستمداران پیروز بورژوازی بلافاصله با پیروزی خودشان سردرگم می شوند، اما یک سوسیالیست حداقل می تواند بدون سردرگمی دست به عمل بزند. بهر حال، در مورد یک چیز می توانی مطمئن باشی: یک دولت سوسیالیستی نمی تواند در یک کشور بوجود بیاید مگر آن که شرایط آن چنان توسعه یافته باشند که بالاتر از همه بتواند اقدامات لازم را برای ارعاب توده های بورژوازی انجام بدهد تا، بتواند به اندازه کافی-شرط اول- یعنی وقت را برای عمل ادامه دار بدست آورد.

---

[76] Domela Nieuwenhuis
Source: *Marx and Engels Correspondence*;
Publisher: International Publishers (1968);
First Published: *Gestamtausgabe*;
Translated: Donna Torr;
Transcribed: Sally Ryan in 2000;
HTML Markup: Sally Ryan.

احتمالاً شما به کمون پاریس اشاره خواهید کرد؛ اما جدای از این واقعیت که این (کمون-مترجم) فقط بپاخیزی یک شهر تحت شرایط استثنایی بود، اکثریت کمون به هیچ معنایی سوسیالیست نبود، نه اینکه می توانست باشد. با اینهمه، با مقدار کمی عقل سلیم، آنها می توانستند با وِرسالیها (بخوان بورژوازی-مترجم) به سازشی برسند که برای همه ی مردم مورد استفاده می بود- تنها چیزی که می توانست در آن زمان به آن دست یابد. مصادره ی بانک فرانسه به تنهایی کافی بود که مانع تمامی ارعابات مردم وِرسای با ترور و غیره و غیره بشود.

خواسته های عمومی بورژوازی فرانسه که قبل از ۱۷۸۹ مطرح شدند به همین سان بودند، همان گونه که (با تغییرات مربوطه) بعنوان اولین خواسته های بلافاصله ی امروز پرولتاریا در تمامی کشورهایی می باشند که تولیدشان سرمایه داری ست. اما آیا هیچ فرانسوی قرن هیجدهم کوچکترین ایده ای از قبل داشت که چگونه خواسته های بورژوازی به انجام خواهند رسید؟ دکترین ها و پیش بینی های لازم خارق العاده برای انقلاب آینده فقط می تواند ما را از مبارزه امروزی مان منحرف کند. رؤیای اینکه انتهای جهان نزدیک بود به مبارزه ی مسیحیان با امپراطوری روم الهام داد و به آنها برای پیروزی اعتماد به نفس داد. بینش علمی درباره ی اضمحلال اجتناب ناپذیر نظم حاکم اجتماعی که پی در پی در جلوی چشمان ما در جریان است، و با اشتیاق روزافزونی که توده ها با ارواح پیر دولت تنبیه می شوند-درحالی که همزمان ابزار تولید با گامهای غول پیکر پیشرفته می شوند- تمامی اینها تضمین کافیست که در لحظه ی آشکار شدن یک انقلاب پرولتری واقعی، شرایط (اگر چه مطمئناً اینها بسیارخوب نخواهند بود)، شکل عملی بلافاصله او را نیز فراهم خواهند کرد.

اعتقاد من آن است که موقعیت جدی برای (ایجاد-م) یک انجمن بین المللی جدید طبقه ی کارگر هنوز نرسیده است و به این دلیل به نظر من تمامی کنگره های کارگران، بویژه کنگره های سوسیالیستها، تا جائی که به موقعیتهای عملی و بلافاصله ی این یا آن کشور مربوط نباشند، نه تنها بیهودگی محض بلکه زیان آور می باشند. آنها همیشه در موضوعات کهنه ی پیش پا افتاده ی عمومی محو می شوند.

مارکس

نامه ی کارل مارکس به پدرش در سن ۱۷ سالگی

پیش درآمد مترجم

ویژه گی خمیر مانند و شکل پذیری فوق العاده ی سلسله بافه ها (سلسله ی عصبی) تا دوره هایی معین (که دوره های حساس یا قطعی نامیده می شوند) و سپس تثبیت آن در پایان رشد و تکامل آن دوره[۷۷] و تقریباً عدم امکان برگشت به شرایط نخستین آمادگی سلسله بافه ها[۷۸] بدون در خطر گرفتن آگاهی، حالت روانی،[۷۹] شخصیت، خرد و حتی زندگی اندامگان انسان[۸۰] مسئله ای است که از چشم نیروهای فعال اجتماعی همواره پنهان مانده و یا به آن اهمیت لازم داده نشده و نمی شود و شاید حتی موضوع فکری آنها نباشد و ربط آن را با مسائل اجتماعی قبول نداشته باشند. به هر حال، اگر چه پایه های علمی این دریافت فقط با تکیه بر علوم ژنتیک، تکامل، نورولوژی، روانکاوی، روانشناسی، مهندسی زیستی و علوم دیگر می تواند به نحو جامعتری درک شده و مورد استفاده قرار گیرند و به واقع این داده ها در چند دهه ی اخیر جمع آوری شده اند، اما خردمندان باستان نه تنها به این مسئله پی برده بلکه از آن وسیله ای بس خطرناک و مخرب برای جامعه ی بشری ساخته اند.

---

[۷۷] این دوره برای هر نوع یادگیری (و یا مدارهای ویژه ی آن) از نظر زمانی فرق می کند. به عنوان مثال یادگیری زبان، تشخیص نوا و طنین آن، حس بینایی، حس لامسه و غیره ، از جمله توانایی شناخت و درک در دوران بلوغ.

[۷۸] مگر در شرایط خاص و برای مدتی کوتاه مثلاً در دوره ی آسیب که شرایط ترمیم از طریق فعال شدن ویژه گی خمیرمانند فراهم می شود.

[۷۹] به عنوان مثال باز بودن بیش از حد دوره خمیر مانندی در دوره بلوغ می تواند ناحیه ی مغزی پیش از پیشانی را در حالت عدم ثبات قرار داده و موجبات روان پریشی و به ویژه بیماری اسکیزوفرنی (روان شکافتگی) منجر شود.

[۸۰] حتی دیگر پستانداران و گونه هایی ازغیر پستانداران.

اولین پیشرفتها ی دوره های معاصر برای درک علمی این روند با روان پزشکی فروید توانمند شد که نتیجه اش آن چنان درکی بود که بر طبق آن شخصیت فرد تقریباً در حوالی ۷ سالگی تثبیت می شود. یا به قول رایش، اگر چه فرد هنوز به تغییر ادامه می دهد، اما شخصیت فرد همچون خطی سرخ خود را از زمینه ها ی موجود دیگر جدا می کند.[۸۱] اما، همان گونه که در بالا اشاره شد، این مسئله توسط خردمندان باستان و از جمله افلاطون هم دریافت شده بود. به عنوان مثال، فرزندان پسر پادشاهان بلافاصله بعد از آن که از شیر خواره گی گذشت می کردند از خانواده جدا شده و به طرز خاص برای پادشاه شدن در آینده تربیت می شدند. این فرزندان پسر بعد از سن ۷ سالگی به خانواده پادشاه و به نزد مادر باز می گشتند. فرض بر این بود که پسر دیگر در روند خاص پادشاه شدن قرارگرفته است. به کلام ساده، پسرانی که از مادر دور شده و عشق مادری را تجربه نکرده و با رسوم مردانگی سلاطین تربیت شده بودند می توانستند بدون وابستگی عاطفی قوی به دیگران، برای حفظ حکومت به هر وسیله ای دست بیازند.

درک این موضوع در اینجا از آن نظر اهمیت دارد که ما در نامه ی مارکس به پدرش که در سن ۱۷ سالگی نوشته شده است (دوره ای از خمیر مانندی مغز که با شناخت امروزی می توان گفت دوره ی کامل شدن روند مکانیستی و دینامیستی شناخت (ونه محتوای آن) می باشد)، با شخصیتی روبرو می شویم که بر مبنای درک ارائه شده، ۱۰ سال از زمان تثبیت شخصیت او گذشته است.[۸۲] با چنین پیش زمینه هایی که گفته

---

[۸۱] ویلهلم رایش، تجزیه و تحلیل شخصیت.

[۸۲] این روند تکامل مکانیسم و دینامیسم شناخت بر بستر شخصیتی شکل می گیرد که سالها از شکل گیری آن گذشته و تثبیت شده است. بنابراین، این روند نمی تواند در تخالف با شخصیت حرکت کند و در آن جا هم که به تخالف می رسد می تواند (ادامه در زیر نویس ص بعد)

شد، ما نمی توانیم بجز این ثبات نسبی چیز دیگری را در او تا زمان مرگش مشاهده کنیم. به عبارتی، تمامی رفتارها و کردارها و تصمیمات مارکس را فقط بر بستر این شخصیت شکل گرفته می توان بررسی کرد. طبعاً مارکس نیز مانند هر فرد دیگری در زندگی تغییر کرده و در نظراتش تغییر حاصل شده است، اما شخصیت او که به واقع مکانیسم و دینامیسم درونی جنبش فردی اوست ضرورتاً بایستی به گونه اساسی پایدار و جهت یاب او می بوده باشد. این درک در عین حال از آن جهت ضروری است که بدون دریافت آن نه می توان موقعیت افراد را بخوبی شناخت و نه آن که انقلابی به عمق انقلاب سوسیالیستی را به انجام خوش رساند (البته این یک فرضیه از طرف نویسنده ی این سطور می باشد که لزوم دارد در جای مناسبی شکافته شود.)

از آن جایی که مترجم در تفسیر خود از کتاب " نیوتن، ماکسول و مارکس"، از مارکس به عنوان "آزادیخواه ترین دانشمند تاریخ" سخن می گفت، بایستی برخورد ی واقع بینانه و به دور از سمت گیری جانب دارانه به مارکس اتخاذ می کرد. بنابراین نظرات مخالفین برجسته مارکس را بایستی در نظر می گرفت. یکی از مهمترین و خوشنام ترین این مخالفین مارکس کسی نبود بجز کارل پوپر و بویژه دیدگاه هایش در کتاب "جامعه ی باز و دشمنانش". علیرغم برخی انتقادات درست و همین گونه نادرستی های بسیاری که می توان در نقد پوپر یافت، در اینجا آخرین

به انحاء مختلف خود را در تحلیل اشتباهش قانع کند. در اینجا به این بسنده می کنیم که شخص در این شرایط نمی تواند بر علیه شخصیت خود حرکت کند چرا که تمامی موجودیت روانی و حتی تن او در خطر نابودی قرار می گیرند. عدم شناخت این مسئله موجب شده و می شود که به افراد این گونه برخورد شود که مثلاً چرا با دیدن واقعیات عو ض نمی شوند و یا چرا واقعیات را به دلخواه خود تعبیر می کنند و در جنبش چپ مثلاً این گونه برداشت می شود که تمامی ایستادگی ها در برابر تغییر رای یا روش بخاطر حفظ منافع سرمایه داری است در حالیکه، این مسئله مشکل تک تک افراد انسان است و به هیچ گروه و طبقه ویژه ای وابستگی ندارد. تنها تفاوت آن است که نظرات متفاوت هستند، اما نتیجه کار چه دست این گروه باشد یا آن گروه فرقی نمی کند.

پس درآمدی را که پوپر به کتاب خودش نوشته بازگو می کنیم تا توضیح بدهیم که عدم درک موضوع شکل گیری شخصیت و محدودیت های زیست شناسانه که چهارچوب آن را تعیین می کنند، حتی دانشمند برجسته ای در امور مسائل اجتماعی همانند کارل پوپر را به گمراهی کشانده و نه تنها او را به تخطئه کننده ی مارکس تبدیل کرده بلکه بالاتر از آن، روند فکری اشتباهی را ترویج می کند که البته نمی توان و نبایستی به خطا گفت که عامدانه این کار را می کند. کارل پوپر می گوید:

"چند سال پس از تألیف این کتاب، با کتاب لئوپولد شوارتز چیلد به نام پروسی سرخ آشنا شدم. من تردید ندارم که این مؤلف، بدون ذره ای شفقت و با دیدی بس دشمنانه بر مارکس می نگرد و غالباً مارکس را در تیره ترین کسوت ها تصویر می کند. این کتاب، گرچه چندان رعایت انصاف نکرده است، ولی اشتمال دارد بر شواهد مستند، علی الخصوص بر مکاتبات بین مارکس و انگلس که خود نشان می دهد مارکس، کم تر از آن چه من در کتاب خود از او توصیف کرده ام، نوع دوست و عاشق آزادی بود. لئوپولد شوارتز چیلد در کتاب خود از مارکس چهره ی مردی را تصویر می کند که می خواهد "پرولتاریا" را وسیله ای قرار دهد از برای ارضای جاه طلبی خود. این چهره البته ممکن است بیش از آن سان که اسناد و مدارک منقول نشان می دهند، خشونت آمیز ترسیم شده باشد، ولی به هر حال خود آن اسناد و مدارک واقعاً حال آدمی را نسبت به مارکس منقلب می کنند." (جامعه ی باز و دشمنانش. ص ۵۸۴)

جدا از آن که نویسنده ی "پروسی سرخ" به چه مدارکی استناد کرده باشد، درکی نسبی از روند شکل گیری شخصیت بلافاصله می بایستی تمامی انتقادات مغرضانه را به چالش بکشاند. نمی توان گفت که کارل پوپر با این روند آشنا نبوده است چرا که حداقل در دوره ی او فروید و دیدگاه های او شناخته شده بودند. اما می توان گفت که پوپر

حداقل نامه ی مارکس به پدرش را نخوانده است (و به جرأت می توان گفت حتی نامه های مهم دیگری را که نویسنده ی "پروسی سرخ" به آنها استناد کرده نخوانده و فرض را بر این گذاشته که تکه پاره های نقل شده با امانت نقل شده و گویای شخصیت مارکس می باشند) وگرنه نمی توانست ادعا کند که " ولی به هر حال خود آن اسناد و مدارک واقعاً حال آدمی را نسبت به مارکس منقلب می کنند." به واقع اگر دانشمندی چون کارل پوپر هم در غفلت می ماند، نمی توان انتظار داشت که آن "مارکسیست هایی" که نوشته های مارکس را چون آیه های قرآن و انجیل و تورات می دانند بتوانند به این درک ضروری برای پیشرفت آزادی و عدالت در اجتماع رسیده باشند. به واقع، اگر مارکس از دوره ای به بعد ثابت ماند و تغییر شخصیتی نکرد (اگر چه در مورد برخی از نظرات مهم خود تغییر نگرش داد)، به همان سان، بقیه انسانها نیز از دوره ای به بعد نمی توانند تغییر بنیادی بکنند و بعد از شرایط بحرانی دوره ی انقلاب به شرایط پیش از انقلاب بازگشت می کنند[۸۳]. در نتیجه هر حرکت انقلابی و به هر حال هر حرکتی برای تغییر اجتماعی بایستی با این آگاهی به محدودیت های شدید ظرفیت انسانها از دوره ای معین برای تغییر بنیادین رفتاری سازمان دهی شود. باید تأکید کرد که این محدودیت و مشروط بودن خمیر مانندی مغز ربطی به خوبی و یا بدی کسی ندارد و تمامی انسانها بدون وابستگی های فردی، گروهی، عقیدتی، مذهبی، سیاسی، طبقاتی، حزبی و غیره از این لحاظ در شرایط یکسانی قرار دارند. این مشکل فقط بر بستر واقعیات علمی مربوط به شکل گیری سلسله ی

---

[۸۳] در دوره های انقلابی و در مدتی که شرایط اجتماعی در جوش می باشد شاید بتوان گفت دریچه ای بر فعالیت خمیر مانند سلسله ی عصبی گشوده می شود. این گشایش به ناگزیر چه به خاطر کاهش انرژی هیجانی-انقلابی و چه به خاطر نیاز به مانایی نفس و زندگی نمی تواند برای همیشه باز بماند و با پایان دوره ی بحرانی انقلاب اساساً بسته می شود. البته شاید بتوان با شناخت کارکرد و عواقب سازنده و مخرب آن به گونه ای خلاق حد اقل این دوره ی خمیر مانند را در شرایط اجتماعی تا حدی تداوم بخشید. به این مسئله در جایی دیگر بایستی پرداخته شود.

عصبی می تواند مورد بررسی قرار گیرد و خارج از حوزه ی اختیار فردی و طبقاتی و شرایط اجتماعی قرار دارد. شرایط معین فقط شکلهای مشخص سلسله عصبی و شخصیت را تعیین می کنند ولیکن دینامیسم و مکانیسم درونی زیستی آنها را در بنیاد تعیین نمی کنند.

با این پیش زمینه، از آن جایی که نامه ی کارل مارکس به پدرش در سن ۱۷ سالگی نشان دهنده ی سنگ بنای شخصیتی تمامی تلاشهای مارکس می باشد و خط بطلانی بر تمامی غرض ورزان با تحلیل های خارج از زمان و مکان آنها می باشد، تصمیم گرفته شد تا به برخی از مسائل و تحریفات مطرح شده در کتاب "پروسی سرخ" تا آنجا که به دوران جوانی مارکس مربوط می شود پاسخی داده شود.

البته، شخصیت فردی ربطی یک به یک و مستقیم با دیدگاه های علمی یک دانشمند و یا کارهای فرهنگی یک خالق هنری و یا تصمیمات سیاسی یک سیاستمدار ندارد و نمی تواند در تأیید یا رد آن نظرات مورد استفاده قرار بگیرند. گویا که مثلاً با اتکاء به ایرادات فردی اَینشتَین یا نیوتن و بسیاری دیگر می توان نظرات آنها را رد کرد و یا اینکه با استناد با چاقی و یا شکم باره گی یک پزشک به این نتیجه رسید که نظرات او در باره ی اثرات مخرب چاقی و یا شکم باره گی غلط هستند. به عنوان مثالی دیگر، آیا با اتکاء به بیماری روانی سالوادور دالی یا طرفداری او از فاشیسم و ژنرال فرانکو در اسپانیا می توان از اهمیت کارهای هنری او چیزی کاست؟ اما، تمامی انتقادات شخصیتی به مارکس به واقع برای رد نظرات او و دفاع از جامعه ی سرمایه داری و بقای استثمار انسان از انسان می باشند و نه اینکه تناقضات فکری و عملی یک نابغه به عنوان یک درس و برای تحقیق بیشتر مورد توجه قرار گرفته باشند. با این مقدمه، اینک می توان نگاهی اجمالی به نامه ی مارکس به پدرش انداخت.

کارل مارکس این نامه را در سن ۱۷ سالگی به پدرش در تاریخ شانزدهم آگوست ۱۸۳۵ نوشته است. پدر مارکس که از توانایی های پسرش به خوبی خبر داشت، می خواست که او درس خوانده و در یکی از دانشگاه های دولتی و یا دستگاه دولت پروس کار کند. برای درک تفاوتهای کارل مارکس و پدرش می توان به عنوان مثال، به اعلامیه ی پدر او بنام "در دفاع از شاه پروس در مشاجرات مربوط به کلیسا در کلن" اشاره کرد (پروسی سرخ، ص ۳۳، لئوپولد شوارتز چیلد، ۱۹۴۷.) هم چنین در همین کتاب به نقل قول هایی از پدر مارکس در مورد خود خواهی مارکس و از دست دادن امکان به دست آوردن کاری در خور او و از بین رفتن امیدهای پدرش اشاره می شود. مثلاً: "تو به خوبی آن عقیده ی مرا در مورد خودت تأیید می کنی که علیرغم خیلی کیفیات خوب، خودخواهی شور حاکم بر توست." (ص ۱۶) و یا: "من به تو عدالت می کنم، اما تقریباً نمی توانم خودم را از این فکر خلاص کنم که تو بدون خود خواهی نیستی، که تو بیش از آن (خود خواهی-م) داری که برای نگه داری از خود لازم است." (همانجا) اما کارل مارکس جوان راه خود را یافته بود و در این نامه که متن اصلی آن به لاتین نوشته شده است، اندیشه های خود را با پدرش در میان می گذارد و با تحلیلی فلسفی و خردمندانه و نه چندان سربسته می گوید که چرا او بایستی به راهی مخالف پدرش برود. راهی که علیرغم تمامی سختی هایی که ممکن است برایش داشته باشد، اما انتخاب خود اوست و تمامی عواقب آن را پذیرا خواهد بود.

در این نامه، کارل مارکس به نظر پدرش در مورد خود خواهی با استادی پاسخ می دهد. در حالی که منظور پدر از خودخواهی مارکس آن است که به امید ها و خواسته های پدر (و احتمالاً خانواده و مخارجی که برای او متحمل شده اند) توجهی نمی کند، آن چنان که در این نامه ی کارل مارکس روشن خواهد شد، مارکس خودخواهی را آن چیزی می بیند که فرد به فکر خودش باشد و اجتماع را فراموش کند. مارکس در این نامه

روشن می کند که او هدف خودش و اجتماع را در تضاد با هم نمی بیند. این نگرش او که بعداً خود را در مقدمه ی کتاب "فقر فلسفه" نشان می دهد که در آن خواستار جامعه ای می باشد که در آن "انسان همچون خورشید راستین خویشتن خویش به دور خودش به چرخد"، سپس، "از خود بیگانگی" انسان و کار او در شرایط جامعه سرمایه داری را به نقد می کشد و شرط اول جامعه ی واقعاً آزاد را زندگی بر مبنای کار خود انگیخته توسط هر انسان معرفی می کند. مارکس به پدرش می نویسد که فرد می تواند به شخصه موفق باشد، اما اگر این موفقیت به سود اجتماع نباشد، هیچ وقت فرد به کمال و بزرگی انسانی نخواهد رسید.

پاره ای دیگر از نقل قول های آورده شده از نامه های پدر مارکس برای سوء استفاده و تخریب شخصیت مارکس عبارتند از: "برای خوبی خودت، من جرأت می کنم و این مفاد را رها نمی کنم تا زمانی که متقاعد شده باشم که آن قدر عاقل هستی که شخصیت نجیب تو از لکه رها باشد." (همانجا، ص ۱۶) " فقط اگر قلبت خالص و انسانی بماند، فقط اگر روح شیطانی نتواند آن را از احساسات بهتر دور کند-فقط آن وقت به آن خوشحالی می رسم که برای سالها آرزو کرده ام تا به واسطه ی تو به آن برسم." (همانجا)

این نقل قول ها اگر همانند نویسنده ی کتاب "پروسی سرخ" و یا کارل پوپر خارج از موقعیت اجتماعی و تفاوت نسلی در نظر گرفته شوند بیشتر ما را گمراه می کنند تا راهگشا باشند. همان گونه که گفتیم خودخواهی مطرح شده توسط پدر مارکس ربطی به خود خواهی مارکس ندارد. مارکس نظری متفاوت با پدرش دارد و تأمین نکردن خواسته های پدر در انتخاب شغل و تحصیل خودخواهی به شمار نمی رود مگر در فرهنگ های عقب مانده و اشرافی. در آنجا که پدر مارکس از لکه و یا روح شیطانی سخن می گوید، می توان گفت که به واقع منظورش آن است که

مارکس با دنبال کردن عقاید خود از لحاظ در افتادن با سیستم پادشاهی پروس مایه ی لکه ننگی برای پدر و خانواده ای می شود که شاه دوست یا وطن پرست هستند. افکار مارکس به این خاطر شیطانی به شمار می روند که بر خلاف سلطنت و سرمایه داری می باشند. این گونه نسبت دادن ها را ما در جریان خیزش مردم در سال ۱۳۵۷ و در جنگ جوانها بر علیه واپسگرایی مذهبیون، سالمندان و حتی قشر خاکستری مشاهده کرده ایم و اینک هم می بینیم که نمایندگان جمهوری اسلامی افکار جوانان نسل جدید را شیطانی می خوانند.

در کتاب "پروسی سرخ" همچنین از قول پدر مارکس نقل می شود که کارل مارکس ولخرج است و این را دلیل ضعف شخصیت مارکس معرفی می کند. در این مورد از پدر مارکس نقل می شود: "الان یک نامه ی اعتباری برایت می فرستم. برای بیشتر از آنچه که پرسیده ای. اما اعتماد می کنم که بیش از آن که احتیاج است خرج نکنی." (ص ۳۰) "مثل اینکه ما از طلا ساخته شده ایم، پسر من در یک سال ۷۰۰ تالرز (واحد پول آن موقع پروس-م) خرج کرده است، علیرغم تمامی توافقات، علیرغم آنچه که مرسوم است، در حالیکه حتی ثروتمند ترین به ندرت ۵۰۰ (تالرز-م) خرج می کنند." (ص ۳۰) حتی اگر تمامی این گفته صحت داشته باشد، مارکس جوانی ۱۷ ساله بود و در یک خانواده ی مرفه آن دوره این روش زندگی روال معمول بود و حداکثر اعتراضی که می توان کرد این بود که او ولخرج تر بود. اما هیچ کدام از آن افرادی که کمتر خرج می کردند نتوانستند چنان اثر بزرگی را بر جامعه ی انسانی بگذارند که مارکس گذاشت. آیا این اثر مثلاً به چند صد تالرز نمی ارزد؟ از طرف دیگر، در دوره ی فعلی، این به اصطلاح عیاشی گری، بخشی از زندگی عادی اکثر جوانان (حداقل از بین اقشار مرفه تر و حتی در بسیاری خانواده های کارگری) می باشد. به زبانی، کارل مارکس از دوره ی خود بسیار جلوتر بود و در آینده زندگی می کرد. انتقاد به این "کمبودها" در واقع نه تنها توهین

به تمامی جوانان می باشد، نه تنها نشان می دهد که کمتر کسی چون مارکس شاید بتواند وضع جوانان و مشکلات آنها را تشخیص بدهد، بلکه نشان دهنده ی غرض ورزی نویسنده ی کتاب "پروسی سرخ" و نبود ژرف بینی کارل پوپر می باشد.

سپس انتقاد به آن جا کشانده می شود که مارکس کارهایش را در مدرسه انجام نمی داده است و حتی می خواستند او را بیرون کنند و یا این که به خاطر مستی و سرو صدا در شب دستگیر شده است (ص ۱۷.) و یا این که با استناد به نوشته های پلیس می نویسد که: "اسلحه ی قدغن شده با خود حمل کرده و تحقیقات هنوز ادامه دارد." (ص ۱۷) گویا که می توان با استناد به ضعف های اَینشتَین در ریاضیات در دوران معینی از زندگی، او را تخطئه کرده و کارهای علمی او را رد نمود. در جایی دیگر از احتمال همکاری مارکس با پلیس می گوید: "مارکس در باره ی آینده ی خود نگران است، و آینده ی نزدیک خود. کاملاً طبیعی بنظر می رسد که از او به عنوان همکار (با پلیس-م) در قضیه ی "کتاب های سال" فکر کرد." (ص ۷۰) و یا اینکه: "کارل مارکس، آن گونه ای که همیشه در پشت یک دیوار شیشه ای زندگی می کرد، هیچ وقت کاری به فقرا نداشت." (ص ۷۴) این گونه انتقادات بوضوح برای تخریب شخصیت می باشند و ربطی به ملاحظه برای اصول انسانی و شناخت گوشه های زندگی انسانی و حتی زندگی واقعی مارکس ندارند و بنابراین ارزش تلف کردن وقت بر روی آنها را ندارند.

شاید منصفانه ترین برخورد به مارکس این باشد که ببینیم به لحاظ اصول اخلاقی و عملی، مارکس در مقام مقایسه با مفاد این نامه ی دوران ۱۷ سالگی چگونه زندگی کرد و چه تغییراتی در او حاصل شد. قبل از هر چیز همان گونه که در ابتدا گفتیم، داده های فعلی روانشناسی و روانپزشکی این است که شخصیت فرد به واقع در حواشی سن ۷ سالگی

شکل اصلی خود را گرفته است و امکان تغییر بنیادهای آن پس از این دوره (حداقل در شرایط عادی) تقریبا وجود ندارد و اینکه شناخت و یا چگونگی کارکردن با مقولات شناخت در دوره بلوغ شدت گرفته و با پایان این دوره هم به پایان می رسد. بنابراین، نظرات مارکس که در این نامه به وضوح شکل منسجم گرفته اند می بایستی در روند زندگی او خود را نشان بدهند (البته نامه ی ۱۹ سالگی مارکس به پدرش جزئیات بیشتری از روند شناخت او را نشان می دهد اما در اصول آن چه که در نامه ی ۱۷ سالگی او دیده می شود اثری نمی گذارد). در این نامه، ضرورت بررسی یک شغل به دقت موشکافی می شود که بایستی فرد را نسبت به آن راضی کند، به گونه ای که تمامی مشکلات آن را بتواند قبول و تحمل کند، این شغل بایستی هم منافع فرد و هم منافع اجتماع را تعیین کند، این کار بایستی خود انگیخته باشد، این کار نبایستی عجولانه انتخاب شود، فانتزی در باره شغل، به دنبال زرق و برق و در نتیجه جاه طلبی نرفتن، خارج از توانایی خود حرکت نکردن، به دنبال توهّم نرفتن، تفاوت حقایق مطلق در مقابل خود زندگی، تفاوت کار و دستاوردهای فردی در مقابل منافع اجتماعی، تفاوت یک انسان موفق و یک انسان کامل و واقعاً بزرگ و عاقبت فرد در نتیجه ی انتخاب شغل از مطالبی می باشند که مارکس به آنها پرداخته است.

آیا مارکس در درازنای زندگی شصت و اندی که داشت برخلاف این دیدگاه های خود حرکت کرده است؟

هم بررسی این نامه و هم نامه ی ۱۹ سالگی مارکس به پدرش نشان می دهند که مارکس انتخاب شغل آینده اش را به هیچ عنوان سرسری نگرفته است. حجم مطالعات او، تمرین شاعر شدن، دست به قلم بردن، شرکت در محافل روشنفکری و همواره بررسی آن که چه کاری را دنبال کند همگی نه تنها نشان دهنده ی باور گفتاری، بلکه اندیشمندانه

و کرداری او به شیوه ی برخورد او می باشند. درست است که مارکس سرانجام به راهی افتاد که از لحاظ مالی همواره در وضعیت فقر به سر می برد، اما او تمامی این مشکلات را قبول و تحمل کرد. شغلی که او انتخاب کرد تجزیه و تحلیل و شناخت ساختار اجتماعی بود که سرانجام به تجزیه و تحلیل جامعه ی سرمایه داری و اثرات تخریب کننده آن بر کارگران و زحمت کشان و نقش آن در روند تاریخ آینده جامعه منتهی شد و در دوره ای سازماند هی کارگران برای مبارزه ی رو در رو با جامعه ی سرمایه داری را به عهده گرفت و به معنای واقعی، شغل (کار فکری) او، هم در جهت منافع (ذهنی) فردی و هم اجتماع بود. مهمتر از همه، این شغل خود انگیخته بود و نه به خاطر زرق و برق که جاه طلبی را در او تقویت کند. به واقع از سال ۱۸۵۲ به بعد، همان گونه که مارکس گفت در هیچ گونه تشکیلاتی کار نکرد و خودش را به کار تئوریک محدود کرد، چرا که آن را برای طبقه کارگر مهمتر می دانست تا شرکت در فعالیتهای سیاسی روزمره. با این روش، او به همچنین نشان داد که علاقه ای به قدرت شخصی، ریاست حزبی، تشکیلاتی یا دولتی نداشت.

آیا مارکس خارج از توانایی خود حرکت کرد؟ نامه نگاری ها ی مارکس نشان می دهد که او نه تنها از ابراز نظر قطعی در باره ی هر چیزی که در مورد آن اطلاعات جزئی نداشت خود داری می کرد بلکه بوضوح از عدم اطلاع خود سخن می گفت[۸۴] و اگر لازم می دید برای شناخت بیشتر آن موضوع دست به مطالعه ی جدی می زد.[۸۵] مارکس همان گونه که نشان داد به دنبال حقایق مطلق نبود بلکه می خواست به زندگی بر طبق شرایط موجود شکل دهد. آیا تبدیل شدن به تأثیر گذارترین فرد تاریخ در هزار سال گذشته نشان نمی دهد که اتفاقاً توانایی های خود را به درستی

---

[۸۴] نامه مارکس به انگلس به تاریخ ۲۸ ژانویه ۱۸۶۳.

[۸۵] نامه مارکس به انگلس به تاریخ ۲۸ ژانویه ۱۸۶۳.

تشخیص داده است؟ آیا نشان نمی دهد که آن چه که پدر و دیگران تصور می کردند نه خودخواهی بلکه شناختی واقعی از توانایی های خودش بود؟

اگر چه می توان گفت که کمونیسم در هیچ کشوری به پیروزی واقعی نرسید و بنا براین به این نظر رسید که مارکس بر اساس یک توهّم حرکت کرده است، اما حرکت مارکس بر اساس مطالعه ای عمیق صورت گرفت و براساس نتایج آن حرکت کرد. اگر چه ایده آل های او به گونه ای کامل مادّی نشدند، اما نمی توان انکار کرد که تجربیات عملی بسیاری بر اساس تئوری های او صورت پذیرفتند که صورت جهان را برای همیشه عوض کردند. به واقع، در حالیکه مارکس به عنوان تأثیر گذارترین فرد بر جامعه بشری در ۱۰۰۰ سال گذشته شناخته شده است، اَینشتَین نفر دوم می باشد. مارکس یکی از سه پایه و اندیشمندان پایه و شاید مهمترین بنیانگزار جامعه شناسی مدرن می باشد. حداقل به پهنای افلاطون و اما در جهتی انسانی، مارکس بر اندیشه انسانی اثر گذاشته است. بنابراین، علیرغم پاره ای از ناکامی های مهم، به هیچ عنوان نمی توان گفت که مارکس بر اساس یک توهّم حرکت کرده است. در اینجا می بینیم که مارکس از یک انسان موفق تبدیل به یک انسان بزرگ می شود چرا که به قول خودش در همین نامه، انسان وقتی یک انسان بزرگ می شود که برای نوع بشر کارکند. آیا مارکس زندگی خود را برای نوع بشر نگذاشت؟

آخرین جمله ی مارکس به پدرش در واقع آن چیزی است که در زندگی بر او گذشت: بیش از همه برای نوع بشر کار کرد، هیچ باری نتوانست او را به پایین خم کند چرا که فداکاری های او برای نفع همگان بود. به واقع، مارکس در حالیکه با وجود بیماری افونی شدید و مزمن و با وجود مخفی شدنهای پی در پی از صاحبخانه به دلیل ناتوانی در پرداخت اجاره خانه، در کتابخانه های لندن به تحقیقات خود در جهت منافع طبقه کارگر تلاش می کرد، "هیچ شادی کوچک، محدود و خود خواهانه ای" را

تجربه نکرد، اما خوشحالی او متعلق به میلیون ها بشر در سراسر جهان بود. به همین خاطر کردار و اندیشه او حتی امروز و بعد از شکست اردوگاه سوسیالیسم گذشته، در جهان امروز زندگی می کنند و "اشک های داغ مردم نجیب" هنوز بر روی خاکستر او ریخته می شود. هیچ کس بهتر از این جوان ۱۷ ساله نمی توانست این چنین آینده ی خود را در آخرین پاراگراف نامه اش ترسیم کند:

"اگر ما موقعیتی را در زندگی انتخاب کرده باشیم که بتوانیم درآن بیش از همه چیز برای نوع بشر کار کنیم، هیچ باری نمی تواند ما را به پایین خم کند، چرا که آن ها فداکاری برای نفع همگان می باشند؛ بنابراین ما هیچ شادی کوچک، محدود و خود خواهانه ای را تجربه نخواهیم کرد، بلکه خوشحالی متعلق به میلیون ها خواهد بود، کردار ما بی سر و صدا اما برای همیشه زندگی خواهد کرد، و بر روی خاکستر ما اشکهای داغ مردم نجیب ریخته خواهد شد."

اینک ترجمه ی این نامه مارکس در سن ۱۷ سالگی به پدرش را به همگان پیش کش می کنیم.

اندیشه های یک مرد جوان در مورد انتخاب یک شغل[۸۶]

خود طبیعت آن حوزه فعالیتی را که حیوان بایستی درآن حرکت کند تعیین کرده است، و آن حیوان به گونه ای صلح آمیز در این قلمرو حرکت می کند، بدون آن که تلاش کند که آن را دور بزند، بدون حتی کوچکترین کوره خبری از چیزی دیگر. خدا به انسان نیز یک هدف کلی داد، که به خود و انسانیت شرافت ببخشد، اما خداوند این را به انسان سپرد که به دنبال ابزارهایی بگردد که بتواند به کمک آنها به این هدف برسد؛ او این را به او واگذاشت که موقعیتی را در اجتماع انتخاب کند که برای او مناسب ترین باشد، که از طریق آن می تواند به بهترین وجه خود و اجتماع را ارتقاء بدهد.

این انتخاب یک امتیاز بزرگ انسان در برابر بقیه خلقت است، اما در عین حال کرداری می باشد که می تواند تمامی زندگی او را نابود کند، تمامی برنامه هایش را نازا کند، و او را ناخشنود سازد. بنابراین، در نظر گرفتن جدی این انتخاب، مطمئناً نخستین وظیفه ی یک مرد جوان است که در حال آغاز کارخود است و نمی خواهد مهمترین امور خود را به شانس واگذار کند.

هرکس هدفی را در نظر دارد، که حداقل به دید او بزرگ به نظر می رسد، و به واقع این چنین است اگر که عمیق ترین اعتقاد، درونی ترین ندای دل آن را این چنین اعلام کند، چرا که خداوند هیچ گاه انسان

---

[86] **Source**: MECW Volume 1
Written: between August 10 and 16, 1835
First published: in *Archiv fÖr die Geschichte des Sozialismus und der Arbeiterbewegung,* 1925
Translated from the Latin.
Transcribed: by Sally Ryan.

فناپذیر را به گونه ای کامل بدون راهنما رها نمی کند؛ او با ملایمت اما با قاطعیت سخن می گوید.

اما این صدا می تواند به سادگی غرق شود، و آنچه که ما به مانند الهام خود گرفتیم می تواند محصول یک لحظه باشد، که لحظه ای دیگر شاید می تواند آن را نابود کند. تخیل ما، احتمالاً به آتش کشیده شده است، عواطف ما تهییج شده اند، اشباح در جلوی چشمانمان پرواز می کنند، و ما سرتاسر به درون آنچه که غریزه ی بی پروا پیشنهاد می کند غوطه ور می شویم که ما تخیل می کنیم خود خدا آن را به ما نشان داده است. اما آنچه که ما به شدت در آغوش می گیریم به زودی ما را دفع می کند و ما تمامی موجودیت خود را در ویرانه می بینیم.

بنابراین ما بایستی به گونه ای جدی بررسی کنیم که آیا ما در انتخاب یک حرفه الهام گرفته ایم، آیا یک ندای درونی آن را تأیید می کند، یا اینکه این الهام یک توهّم است، و آنچه را که به عنوان فراخوانی از خداوند پنداشتیم خود فریبی بود. اما به جز با دنبال کردن خود منبع الهام چگونه می توانیم این را تشخیص بدهیم؟

هر آنچه که زرق و برق بزرگی است، زرق و برق آن جاه طلبی را تحریک می کند، و جاه طلبی به آسانی می تواند الهام را تولید کرده باشد، یا آنچه که ما از آن الهام گرفتیم؛ اما خرد دیگر نمی تواند آدمی را مهار کند که به وسیله ی الهامات شیطانی فریب داده شده باشد، و با سر به آنچه غریزه ی بی پروا نشان می دهد فرو می رود: او دیگر موقعیت خودش را در زندگی انتخاب نمی کند، برعکس (موقعیت او) به وسیله ی شانس و توهّم تعیین می شود.

نه آن که از ما خواسته می شود که آن شغلی را اتخاذ کنیم که درخشان ترین فرصت ها را به ما عرضه می کند؛ این آن چیزی نیست که ما احتمالاً برای سال های درازی بتوانیم آن را نگه داریم، هرگز ما را خسته

نکند، هرگز شور و شوق ما را کم نکند، هرگز اجازه ندهد که اشتیاق ما سرد شود، اما آن چیزی که به زودی آرزوهای خود را در آن بر آورده نشده می بینیم، ایده های ما برآورده نمی شوند، و ما به سختی بر علیه خدا سخن گفته و به نسل انسان فحش خواهیم داد.

اما این تنها جاه طلبی نیست که می تواند اشتیاق ناگهانی برای یک شغل ویژه را برانگیزد؛ ممکن است که ما آن را در تخیل خود تزئین کرده ایم، و آن را تزئین کرده ایم تا به نظر برسد که بالاترین چیزی است که زندگی می تواند به ما عرضه کند. ما آن را تجزیه و تحلیل نکرده ایم، تمامی وزن آن را، مسئولیت بزرگی را که بر ما تحمیل می کند درنظر نگرفته ایم؛ ما فقط آن را از یک فاصله دیده ایم و فاصله فریبنده است.

خرد خود ما که به وسیله ی عواطف فریب خورده است و با خیال پردازی کور شده است نمی تواند در اینجا مشاور ما باشد؛ چرا که نه از طریق تجربه و نه با مشاهدات عمیق پشتیبانی می شود. بنابراین چشمانمان را بایستی به طرف چه کسی برگردانیم؟ وقتی که خرد خودمان ما را رها کرده است، چه کسی بایستی ما را پشتیبانی کند؟

قلب ما به ما می گوید، پدر و مادر ما، که درحال حاضر جاده ی زندگی را پیموده و سختی سرنوشت را تجربه کرده اند.

و اگر اشتیاق ما همچنان دوام یابد، اگربعد از آن که با کمال خونسردی آن را بررسی کرده ایم، بعد از آن که صدمات آن را درک کرده ایم و با سختی های آن آشنا شده ایم، هنوز به دوست داشتن یک شغل ادامه بدهیم و معتقد باشیم که به طرف آن خوانده شده ایم، آن وقت بایستی آن را برگزینیم، در این صورت، نه اشتیاق ما اغفالمان می کند نه آن که عجله ی زیاد ما را با خود می برد.

اما ما همیشه نمی توانیم موقعیتی را بدست آوریم که معتقدیم به آن فراخوانده شده ایم؛ روابط ما در اجتماع قبل از آنکه در موقعیتی باشیم که آنها را تعیین کنیم تا اندازه ای پیش از آن، آغاز به بنا شدن کرده اند.

خود ساختار فیزیکی ما اغلب مانعی تهدید کننده است و اجازه ندهیم هیچ کس به حقوق آن اهانت کند.

درست است که ما می توانیم بر آن فائق شویم؛ اما سقوط ما تندتر خواهد بود، چرا که ما این ریسک را می کنیم تا بر خرابه هایی در حال فرو ریختن بسازیم، بنابراین تمامی زندگی ما مبارزه ای نا خوشحال بین اصل ذهن و ماده می باشد. اما آن کس که نتواند عناصر متخاصم درون خودش را آشتی بدهد، چگونه می تواند فشار توفانی زندگی را تاب بیاورد، چگونه می تواند با آرامش عمل کند؟ و تنها از آرامش است که اعمال بزرگ و زیبا می توانند برخیزند؛ این تنها خاکی است که میوه های رسیده به گونه ای موفقیت آمیز در آن رشد می کنند.

با این که ما نمی توانیم برای مدتی طولانی و به ندرت با خوشحالی با ساختار فیزیکی ای که مناسب شغل ما نیست کار کنیم، اما، فکرقربانی کردن سلامت خودمان به خاطر وظیفه با فعالیت شدید اگرچه ضعیف هستیم، بر می خیزد. اما اگر ما شغلی را انتخاب کرده باشیم که استعداد آن را نداشته باشیم، هرگز نمی توانیم آن را ارزشمندانه انجام بدهیم، ما بزودی با شرمندگی به عدم توانایی خود پی می بَریم و به خودمان می گوییم که مخلوقات بی مصرفی هستیم، اعضای یک اجتماع که از انجام کارشان ناتوان می باشند. آن وقت طبیعی ترین عقوبت تحقیر خود می باشد، و چه احساسی دردناک تر و نا توان تر در جبران همه ی آن چیزهایی است که جهان خارج می تواند عرضه کند؟ تحقیر خود ماری

است که سینه ی فرد را می جود، خون زندگی را از قلب فرد می مکد و آن را با سمّ مردم گریزی و نا امیدی مخلوط می کند.

توهّم در مورد استعدادهای ما برای شغلی که از نزدیک بررسی کرده ایم اشتباهیست که انتقامش را از خود ما خواهد گرفت، و حتی اگر با انتقاد جهان بیرونی مواجه نشود، موجب درد سهمناک تری در قلب ما می شود که چنین انتقادی می تواند بر ما وارد سازد.

اگرما همه ی این ها را در نظر گرفته باشیم، و اگر شرایط زندگی ما اجازه دهد که هر شغلی را که دوست داریم انتخاب کنیم، ممکن است آن را انتخاب کنیم که بزرگترین ارزش را برای ما تضمین می کند، آنچه که بر پایه ایده هایی قرار دارد که ما به گونه ای کامل به حقیقت آنها متقاعد شده ایم، که به ما وسیع ترین میدان کار برای نوع انسان را عرضه می کند و برای خودمان به آن هدف عمومی، کمال، نزدیک بشویم که هر شغلی فقط ابزاری برای آن می باشد.

ارزش چیزیست که بیشتر از همه یک مرد را متعالی می کند، که نجابت بالاتری به اعمال او و تمامی تلاش هایش می رساند، که او را صدمه ناپذیر می کند، به وسیله ی جمعیت تحسین شده و بالاتر از آن قرار می گیرد.

اما ارزش فقط با آن شغلی تضمین می شود که ما درآن ابزاری خدمت کارانه نباشیم، بلکه درقلمرو خودمان در آن مستقلانه عمل می کنیم. این فقط می تواند با شغلی تضمین گردد که خواهان اعمال ناشایست نباشد، حتی اگر فقط در جنبه ی ظاهری آن ناشایست باشد، شغلی که بهترین ها می توانند با غروری نجیبانه دنبال کنند. شغلی که این (منظور-م) را به بالاترین درجه تضمین می کند همیشه بالاترین نیست، اما همیشه برترین می باشد.

اما درست همان گونه که شغلی که به ما ضمانت ارزش نمی دهد ما را کوچک می کند، مطمئناً ما در زیر بار آن چیزی از پای در می آییم که بر اساس ایده هایی قراردارد که ما بعداً تشخیص می دهیم که نادرست می باشد.

درآنجا ما چاره ای به جز فریب دادن خود نداریم، و این چه رهایی فرو مانده ایست که با خیانت به خود به دست می آید!

شغل هایی که آن چنان که با حقایق مطلق مشغول هستند چندان درگیر خود زندگی نیستند، برای مرد جوانی که پایه هایش هنوز محکم نیستند و عقایدش هنوز نیرومند و غیر قابل تکان خوردن نباشند، خطرناک ترین می باشند. در عین حال، این شغل ها اگر در قلب ما ریشه کرده باشند و اگر ما قادر باشیم که زندگی خودمان و تمامی تلاش های خودمان را به خاطر ایده ای که در آنها غالب است قربانی کنیم، ممکن است متعالی ترین به نظر برسند.

آنها می توانند خوشحالی را به آدمی اعطا کنند که شغلی برای آنها دارد، اما آنها کسی را که با عجله، بدون اندیشه آنها را اتخاذ می کند نابود می کنند.

ازطرف دیگر، احترام زیاد برای ایده هایی که شغل ما بر مبنای آنها قرار دارند به ما جایگاه بالاتری در جامعه می دهد، ارزش خودمان را بالا می برد، و اقدامات ما را غیر قابل چالش می کند.

کسی که حرفه ای را انتخاب می کند که برای آن ارزش زیادی دارا می باشد از ایده ی شایسته نبودن برای آن می لرزد؛ او فقط به خاطر آنکه موقعیت او در جامعه نجیب است به گونه ای نجیبانه عمل می کند.

اما راهنمای اصلی که بایستی ما را در انتخاب یک شغل هدایت کند رفاه نوع انسان و کمال خودمان می باشد. نبایستی این گونه اندیشه

شود که این دو علاقه می توانند در تضاد با هم باشند، که یکی بایستی دیگری را نابود کند؛ برعکس، طبیعت انسان آن چنان ساخته شده است که او فقط از طریق کارکردن برای کمال، برای خوبی همنوعان خود می تواند به کمال خودش برسد.

اگر او فقط برای خودش کار کند، احتمالاً او می تواند که دانش آموخته ای مشهور، یک خردمند بزرگ، (یا-م) یک شاعر عالی شود، اما او هرگز نمی تواند یک مرد کامل و حقیقتاً بزرگ باشد.

تاریخ آن مردانی را بزرگترین می نامد که با کار کردن برای منافع عمومی خود را نجیب کرده اند؛ تجربه آدمی را به عنوان خوشحال ترین اعلام می کند که بیشترین تعداد مردم را خوشحال کرده باشد؛ مذهب خودش به ما یاد می دهد که (آن-م) موجود ایده آل (اشاره مارکس در اینجا به مسیح است-م) که همه سعی می کنند تا از او کپی کنند خود را به خاطر نوع انسان قربانی کرد و چه کسی جرأت می کند که چنین داوری هایی را به هیچ بگیرد؟

اگر ما موقعیتی را در زندگی انتخاب کرده باشیم که بتوانیم درآن بیش از همه چیز برای نوع بشر کار کنیم، هیچ باری نمی تواند ما را به پایین خم کند، چرا که آن ها فداکاری برای نفع همگان می باشند؛ بنابراین ما هیچ شادی کوچک، محدود و خود خواهانه ای را تجربه نخواهیم کرد، بلکه خوشحالی متعلق به میلیون ها خواهد بود، کردار ما بی سر و صدا، اما برای همیشه زندگی خواهد کرد، و بر روی خاکستر ما اشک های داغ مردم نجیب ریخته خواهد شد.

مارکس

منابع انگلیسی

Aeschylus: Plays, tr. G.M. Cookson (London: Dent, 1956)
Archimedes. The Works of Archimedes with The Method of Archimedes, Tr. Thomas L. Heath (Dover :Publications, 1950)
Aristotle. Basic Works of Aristotle, ed. Richard McKeon (New York: Random House, 1941)
Bacon, Francis. The New Organon and Other Writings (Library of Liberal Arts, 1960)
Barnett, S. J., "A New Electron-inertia Effect …," Philosophical Magazine 12 (1931), pp. 349ff.
Bence Jones, Henry. The Life and Letters of Faraday (2 vols.; London: Longmans, Green, and Co., 1870)
Berle, Adolf A. and G. C. Means. The Modern Corporation and Private Property (New York: Macmillan, 1982)
Brewster, David. Memoirs of the Life, Writings, and Discoveries of Sir Isaac Newton, 2 vols. (Edingburgh: T. Constable & Co., 1855)
Cajori, Floridan, ed., Newton's Principia, Motte's translation revised (Berkeley, California: University of California Press, 1960)
Campbell, Lewis and William Garnett. The Life of James Clerk Maxwell (London: Mcmillan and Co., 2nd ed., 1884)
Castillejo, David. The Expanding Force in Newton's Cosmos (Madrid: Ediciones de arte, 1981)
Cohen, I. B., ed., Isaac Newton's Papers & Letters on Natural Philosophy, 2nd edn. (Cambridge, Mass.: Harvard University Press, 1978)
Davie, George Elder. The Democratic Intellect: Scotland and Her Universities in the Nineteenth Century (Edingburh: Edingburgh University Press, 1978)
Densmore, Dana. Newton's Principia, The Central Argument (3rd edn.; Santa Fe: Green Lion Press, 2003)
Descartes, Rene. The Geomatry of Rene Descartes (Dover Publications, 1954)
Le Monde: Ou, Traite de la Lumiere, trans. Michael Mahoney (New York: Abaris Books, 1979)
The Philosophical Works of Descartes, trans. Elizabeth S. Haldane and G. R. T. Ross. New York: Dover Publications, 1955)
Includes Discourse on Method, Meditations, Rules for the Direction of the Mind, and Principles of Philosophy.

Dobbs, Betty Jo Teeter. The Foundations of Newton's Alchemy, or "The Hunting of the Greene Lyon" (Cambridge, England: Cambridge University Press, 1975)
Duhem, Pierre. Kes Theories electriques de I. Clerk Maxwell (Paris: Hermann, 1902)
Euclid. Elements, All Thirteen Books Complete in One Volume (Santa Fe: Green Lion Press, 2010)
Faraday, Michael. Experimental Researches in Electricity (3 vols.;
London: Taylor & Francis, 1839, 1844, 1855; reprinted Santa Fe:
Green Lion Press, 2000) Short form reference: XR, followed by paragraph Number.
Hamilton, William. Lectures on Metaphysics and Logic (2 vols.; Boston:1859)
Hegel, G. W. F. Philosophy of History, tr. D. E. Jones (London: Macmillan, 1893; Reprinted Dover Publications, 1962)
Hobbes, Thomas, Leviathan (Penguin Books, 1968)
Horsley, Samuel. Isaaci Newtoni Opera Omnia, 5 vols. (1779-1785)
Kautsky, Karl. Theories of Surplus Value (Moscow: 1963-1971)
Koyre, Alexandre. From the Closed World to the Infinite Universe (New York: Harper, 1958; reprinted Peter Smith, 1983)
Locke, John. Second Treatise on Civil Government (Bobbs-Merrill, 1952)
Lucretius, De rerum natura On the Nature of Things), tr. H. A. J.
Munro (New York: Washington Square Press, 1965)
Lukas, Georg, "Reification and the Consciousness of the Proletariat,"
In History and Class Consciousness (Cambridge, Mass.: The MIT Press, 1971)
Manuel, Frank E. Isaac Newton, Historian (Cambridge, Mass: Harvard University Press, 1963)
A Portrait of Isaac Newton (Cambridge, Mass: Harvard University Press, 1968)
The Religion of Isacc Newton (Oxford: Clarendon Press, 1974)
Martin, Thomas, ed. Faraday's Diary (7 vols. And index vol.; London: G. Bell & Sons, 1932-36)
Marx, Karl. Capital, tr. Samuel Moore and Edward Aveling (3 vold.; New York: International Publishers, 1967)
Also tr. David Fernbach (New York: Vintage Books, 1978,1981)
Early Writings, ed. T. B. Bottomore (New York: McGraw-Hill, 1964)
German Ideology (New York: Vintage Books, 1970)
Marx, Karl . Critical Notes on the Article: "The King of Prussia and Social Reform. By a Prussian" (*Vorwarts!*, No.63, August 7 1844, and *Vorwarts!*, No.64, August 10 1844.)

Maxwell, James Clerk. Matter and Motion (Society for Promoting Christian Knowledge 1876). Reprinted Dover Publications (1991)

A Treatise on Electricity and Magnetism (2 vols.; Oxford: Clarendon Press, 1873). Third edition, ed. J. J. Thomson (2 vols., 1892; reprinted Dover Publications, 1954)

McLachlan, Hebert, ed. Sir Isaac Newton: Theological Manuscripts (Liverpool: Liverpool University Press, 1950)

Mehring, Franz, Karl Marx (Ann Arbor: 1962)

More, Louis Trenchard. Isaac Newton, a Biography (New York: Dover Publications, 1934)

Newton, Isaac. Opticks (London, 1730; reprinted Dover Publications, 1952)

Niven, W. D., ed. The Scientific Papers of James Clerk Maxwell (2 vold.; Cambridge: Cambridge University Press, 1890; reprinted Dover Publications, 1952)

Parker, Richard. The Myth of the Middle Class (New York: Liveright, 1972)

Pepper, Jon. "Newton's Mathematical Work," in John Fauval et al., eds., Let Newton Be! (New York: Oxford University Press, 1988)

Plato. Dialogues of Plato, tr. Benjamin Jowett (2 vols.; Random House, 1937). References to individual dialogues specify Stephanus line Numbers.

Ptolemy. Almagest, tr. R. Catersby Taliferro (Chicago: Encyclopedia Britannica, Inc., 1948)

Also tr. G. J. Toomer (Princeton University Press, 1998)

Rosseau, Jean-Jaques. The Social Contract and Discourse on the Origin of Inequality (Washington Square Press, 1967)

Smith, Adam. Inquiry into the Nature and Causes of the Wealth of Nations (Modern Library, 1965)

St. Augustine, Confessions; with The City of God and De Doctrina Christiana (on Christian Doctrine) (Chicago: Encyclopedia Britannica, Inc., 1952)

Staff, Social Sciences 1, The College of the University of Chicago. The People Shall Judge (2 vols.; Chicago: University of Chicago Press, 1949)

Synopticon (GBWW, Vols. 2 and 3) (Chicago: Encyclopedia Britannica, Inc., 1952)

Thomson, William and P. G. Tait. Treatise on Natural Philosophy (Oxford: 1867)

Tyndall, John. Faraday as a Discoverer (Thomas Y. Crowell Co., 1961)

Westfall, Richard. Force in Newton's Physics (New York: American

Elsevier, 1971)
Never at Rest (Cambridge, England: Cambridge University Press, 1980)
Whiteside, D. T. “Sources and Strengths of Newton’s Early Mathematical Papers,” in Robert Paleter, ed., The Annus Mirabilis of Sir Isaac Newton 1666-1966 (Cambridge, Mass.: The MIT Press, 1967)
Whyte, Lancelot, ed. Roger Joseph Boscovich (London: Allen and Unwin, 1961)
Williams, L. Pearce, ed. The Selected Correspondence of Michael Faraday (2 vols.; Cambridge: Cambridge University Press, 1971)
Wilson, Curtis. “Newton’s Path to the Principia” (GIT 1985, pp. 179-229)

منابع فارسی

جامعه ی باز و دشمنانش. کارل پوپر، ترجمه ی علی اصغر مهاجر، پائیز ۱۳۶۴، شرکت سهامی انتشار.

در نقد بر فلسفه ی حقوق هگل، سرسخن، مترجم، ناشناخته، انتشارات مزدک.

نقد فلسفه ی حق هگل، مقدمه، ترجمه ی رضا سلحشور، ژانویه ۱۹۸۹، انتشارات نقد.

سرمایه. کارل مارکس. جلد اول، ترجمه ی ایرج اسکندری.

سرمایه. کارل مارکس. جلد سوم، نقد اقتصاد سیاسی، چاپ چهارم، انتشاراتی پیشرفت، مسکو ۱۹۷۱.

شاهنامه فردوسی.

صدای پای آب. سهراب سپهری.

عقل در تاریخ. هگل، ترجمه ی حمید عنایت. چاپ مجدد، سوئد ۱۹۸۵.

فرهنگ دهخدا.

واژه نامه

A fortiori-- هرچه بیشتر (نیرومندتر)
Abide--- پایدار ماندن
Affront-- توهین
Agamemnon-------------------------------------- پادشاهی اسطوره ای در یونان
Anachronistic-------------------- باستانی، قدیمی، از مد افتاده، خارج از زمان فعلی
Ananke-- ضرورت
aporia-- نشد، تناقض حل ناپذیر
Aufhebung ------------------------------------لغو و ارتقاء (در یک زمان واحد)
Bearing---تحمل
Benchmarks-- معیار، پیمانه
Bewilderment-- سردرگمی
Bondage-- اسارت
Cancellation / Uplifting-------------------لغو، فسخ، حذف / ارتقاء، امید، نشاط آور
Cartesian-- دکارتی
Categories------------------------------------ دسته بندی، رده بندی، مقولات منطق
Chremata-- پول
Commensurate-- متناسب
Concatenation--- ادغام کردن/ شدن
Congealed--- منجمد، یخ بسته
Contrived-- ساختگی
De facto--- عملاً، بالفعل
Differential rent-- اجاره ی افتراقی
Differential-- افتراقی، دیفرنسیال
Discourse-- گفتمان
Discursive--- استدلالی
Disparage-- تحقیر کردن
Disparagement-- تحقیر
Dispassionate--- بیطرفانه
Divided Line--- خط بخش شده

Dramatis person-------------------------------------- شخصیت اصلی نمایشنامه

Drive--- رانش (از راندن)

Dream-picture--- تصویر رؤیایی

Embodiment-- تجسم

Energeia--- عمل

Ensconced-- پنهان شده

Enterprise------------------------------ امر، امر خطیر، کار، پروژه، شرکت، کار آفرین

Envision--- تصورکردن

Equipoise-- تعادل

Excursion--- گشت و گذار

Fable-- داستان

Fathom-- درک کردن

Field--- میدان، میدانی

For the sake of-- از طریق (با کمک)

Francois Quesnay--------"اقتصاد دان و پزشک فرانسوی که بنیانگزار فیزیوکراسی اداره ی طبیعت" در قرن هیجدهم بود. در این نظریه، زمین کشاورزی یا گسترش زمین تنها منبع ثروت ملتها بحساب می آمد. این نظریه یکی از اولین نظریه های اقتصادی بود که بخوبی تدوین شده بود.

Freemasonry of Capital----------------------------فراماسونی کاپیتال / سرمایه

Geist---روح فردی یا گروهی

Heavens--- آسمان

Imbued--- آغشته شدن

Impasse-- بن بست

Ingenious-- مبتکرانه

Intelligibility-- قابل فهم

Interest------------------- مورد توجه، علاقه، سود سرمایه، اهمیت (ریشه ی یونانی)

Intuition--- شهود، بینش

Investment--- سرمایه گذاری

Labyrinth--------------------- --------------------------- دخمه ی پرپیچ و خم

Leviathan---- گناه/حسادت کشنده، جهان مادی، قرار داد اجتماعی، هیولای انجیلی

Logos-- گفتار، گفتمان

Marginal value-- ارزش حاشیه ای

Megethos-- اندازه

Motivational force-- نیروی محرکه

Nous-- خرد

Objectivity--- عینیت

Oikonomike-- مدیریت خانه خانه داری

Omnipotent-- توانا بر همه چیز

Omniscien-- دانای همه چیز

Patronizing------------------ حمایت از بالا، حمایت مشکوک، حمایت همراه با تحقیر

Per se-- فی نفسه

Perplexities-- سردر گمی ها

Polis-- سیاست، شهر سیاسی در یونان

Praxis---------- کِرد اندیش / ورز اندیش: نه صرفا تئوری یا عمل، نه صرفا "عینی" یا "ذهنی"، بلکه فرآیند آوردن انسانیت ما به هستی از طریق و در ورزیدن آگاهانه.

Prescience------------------------------------ پیش دانی، علم غیب، آگاهی از پیش

Profit-- بهره ی پول

Proposition-- پیشنهاد، گزاره

Prospect--- چشم انداز

Reckoning--- حساب کردن

Recognition----------------------- تمیز (دادن)، به رسمیت شناختن، تشخیص دادن

Reductionist--- کاهنده گرا، تقلیل گرا

Rcflcction------------------------ برداشت، برداشتی، پژواک، انعکاس، اندیشمندانه

Reification -- هستانه سازی

Reify-------------------- ساختن چیزی واقعی یا مشخص از موضوعی مجرد یا انتزاعی

Rhetorical-- شیوا کلامی

Scrupulous--- دقیق

Self-activity-- خود فعالیتی

Socratic dialogue (Plato)---------------------------------- گفتگوی سقراطی

Subjectivity-- ذهنیت

Summoning--- احضار

Swerve--- دَمَند، انحراف، کج شدن

شرح کوتاهی بر برخی نامها و اماکن

فیلسوف یونانی پیش از ارسطو و یکی از اولین سوفیست ها ------------------ Gorgias
دخمه ی پرپیچ و خم کریته (محلی در یونان) --------------------- Labyrinth of Crete
طراح سویسی که تحت تاثیر افلاطون در رابطه با نسبت های ----------- Le Corbusier
هندسی بود.
شاعر و فیلسوف یونانی که کتابی در مورد فلسفه ی اپیکرات نوشت-------- Lucretius
یکی از دیالوگ های ارسطویی افلاطون در باره پاکدامنی و پرهیزکاری ------------ Meno
چرخه ی ادیپ سوفوکلس (نویسنده یونانی) --------- Oedipus cycle of Sophocles
نمایشنامه ی اسکیلس در باره ی قتل آگمامنون ------------ Oresteia of Aeschylus
بدست زنش و انتقام اورستیا پسر آگمامنون.
فائیدو یا "در مورد روح" یکی از بهترین گفتگوهای افلاطون -------------------- Phaedo
(به همراه جمهوری و سمپوزیوم) در مورد بی مرگ بودن روح می باشد.
تنظیم کننده ی کتاب افلاطون--------------- Steph (Henricus Stephanus 1598)
در اینجا اشاره به "نمایه ایده های بزرگ" در مجموعه ی------------------ Synopticon
کتابهای بزرگ جهان غرب می باشد.
پادشاه اسطوره ای و قهرمان بنیانگزار آتن ----------------------------------- Theseus
نام قهرمان مردمی یک داستان اروپایی -------------------------- Till Eulenspiegel
کلاف ریسمان آریادنه (که عاشق تزئوس شد و با دادن کلاف ------- Thread of Ariadne
ریسمان به او موجب شد که خود را از دخمه نجات داده و به روشنایی برسد.)

نمایه

آ

ا

ج

چ

ح

خ

ت

ث

ر

ز

د

ذ

س

ش

ص

ض

ط

ع

ک

غ

ف

ق

گ

ل

م

Until human

Would revolve around himself

As his own true sun!